JN312552

# マス・コミュニケーション理論 上
## メディア・文化・社会

スタンリー・J・バラン／デニス・K・デイビス

宮崎寿子 監訳
李 津娥／李 光鎬／鈴木万希枝／大坪寛子 訳

新曜社

MASS COMMUNICATION THEORY
Foundations, Ferment, and Future
by
Stanley J. Baran & Dennis K. Davis

Copyright © 2003 Wadsworth, a division of Thomson Learning, Inc.
Thomson Learning™ is a trademark used herein under license.
All rights reserved.
Japanese translation rights arranged with Thomson Learning Europe, London
through Tuttle-Mori Agency, Inc., Tokyo.

# 日本語版への序文

　私と共著者スタンリー・バランは，本書が日本語に訳されることを非常に嬉しく思っています。翻訳者である宮崎寿子氏と共訳者の方々に感謝するとともに，この本が日本の読者のメディア・コミュニケーション理解を深めることに役立つよう願っています。本書の主たる目的は，前世紀に提示されたさまざまなメディア理論を社会的，歴史的文脈のなかに位置づけることでした。初期の概念や思想にもとづきながら，あるいはそれを批判しながら，現代のメディア理論がどのように形成されてきたかを説明しようとしたのです。

　日本の読者の方々にはまず，この本がメディア理論について基本的に'アメリカの視点'から書かれていることを念頭において頂きたいと思います。私たちは主としてアメリカの社会的，歴史的状況に焦点を当て，これらの条件がメディアに対する見方や概念化，研究方法にどう影響を与えてきたかに注目しています。アメリカ以外の国で発展してきた理論を扱うときには，それがアメリカの理論にどのような意味をもったかを概観しています。たとえば，イギリスの批判理論やカルチュラル・スタディーズの出現とその影響をたどる場合には，私たちの関心の中心は，これらの理論がどのようにしてアメリカで影響をもつようになったか，アメリカにおけるメディアに関する理論にどのような影響をもたらしたかということにあります。このような偏りは，この本がアメリカの学生向けの教科書として書かれたものであるということに起因しています。20世紀のほとんどの間，アメリカは実証研究の方法論を用いてマスメディア研究を開拓してきました。アメリカ国外の各地域では，メディアは大きな影響力をもつという理論がいくつか展開されていましたが，アメリカの一連の研究では当初それに異議を唱え，メディアは最低限の効果しかもっていないという理論を発展させました。ヨーロッパの理論とアメリカの理論の間には明確な相違が

ありました。数量的研究方法は一段と洗練され，20世紀の終わりには，広く普及し始めた質的研究方法によって補完されていきました。現在の実証研究によれば，メディアは中ぐらいの，あるいはもっと強い影響力をもつという見解が支持されています。

　21世紀にメディア理論がどのようなかたちで発展するかを推測するのは非常に興味深いことです。メディアを介したコミュニケーションを中心とする研究はますます盛んになるでしょうし，現代のいくつかの理論はそれを導くかたちで発展していくでしょう。多くのさまざまな新しいメディアが発明され，それが広範囲に採用されたことは，メディア研究をよりやりがいはあるけれども，困難でかつ複雑なものにしました。しかし，そのことがまた，メディア研究をさらに面白く，重要なものにしています。ニュー・テクノロジーはメディアを日常生活の活動に幅広く取り込んでしまい，私たちが起きてから寝るまで，常にメディアが私たちを取り囲んでいます。

　時間利用の研究によると，旧来のメディアに加え新しいメディアが，私たちの余暇時間をますます奪っています。この変化が長期的に社会や個人にどんな意味をもつかについては，今，評価され始めたばかりです。新しいメディア技術はその柔軟性によって，ローカルな日常文化に簡単になじみます。そして今度はこの柔軟性ゆえに新しいメディアが日々の文化的実践をかたちづくる可能性が高まっていくのです。メディアに関連したテクノロジーと文化的実践が今も変化し続けているのを見ると，メディアの役割について明確で安定した理解を作り上げていくことは当面のあいだ難しいでしょう。

　以前にも増して，理論を明確化し発展させる仕事は，グローバルな活動となりつつあります。共有する電子データベースとしてのインターネットの出現とともに，世界のどこででも研究を出版することができ，どこからでも入手することが可能になっています。研究の方法やデザインをどこでも共有することができ，世界中でそれを使うことができるのです。多種多様な文化状況で理論の有効性を測定することもできます。あるメディア理論の限界が明白になるでしょうが，別の理論の有効性がより明確になっていくでしょう。

　この本では，メディアの影響がかなり強いと考えられた時代から，メディアがそれほど重要ではないとみられた時代まで，メディア理論がいくつかの時代

を経てきたことを議論しました。この20年の間に，世界や国家や個人に対してメディアが，強力な役割を果たしているとする見方に戻っています。今日，私たちはさまざまな方法論的手法を駆使することにより，メディアの役割に関してより精密に評価できるようになっています。私たちはメディアの力を過小評価したり，過大評価したりした過去の誤りを知っています。メディアに関して急速に浮上しているパースペクティブはめざましいものです。世界的，国内的，個人的なレベルで，メディアの力（power of media）がどのように作用するかを示す証拠が増えています。これらの識見を確証することができたら，次に私たちが挑戦すべきことは，この力を最も生産的な方法で利用し，かつその乱用を防ぐようなメディア政策を実施することです。

　これからの数世紀の間に取り組むべき研究課題は数多くあります。おそらくこのなかで最も重要なのは，私たちがぼんやりと「グローバリゼーション」と呼ぶ現象にまつわる問題でしょう。メディア技術が世界に広まったことで，国家や文化が相互に出会う方法が革新的に変化しました。これらの出会いは諸々の文化のこれからの発展に，長期にわたって影響をもたらすでしょう。私たちはグローバリゼーションを理解しようとする取り組みに指針を与えることができるような理論を発展させる必要があります。現在の国際的なメディアの構造基盤は，各国の人びとが，それぞれの文化をどのように表現し，経験するかということにかなりの制約を加えています。その国際的構造基盤はほとんど全体的なプランなしに発達し，その基盤を運営する企業は多くの場合，企業が貢献している国家を超えたオーディエンス（聴取者，視聴者）に対しては責任をもとうとしません。

　メディア研究者が立ち向かっている多くの問題は新しい問題ではありません。私たちの著書が明らかにしたように，メディア研究は再帰する一連の問題に出会い，それに取り組み続けてきました。しかし，今日，これらの問題は国内的，地域的というよりグローバルな問題なのです。特定の地域や文化に存在した問題がより広範囲に広がり，あるところから次のところにますますすばやく広がっていきます。新しいメディアの出現によって，グローバルなコミュニケーションがローカルな文脈で解釈されることが増えていますが，これはこれまでに私たちが経験したことのないユニークな問題を生み出します。

　このように，メディア研究者の前に立ちはだかる課題はかつてないほど大き

く，また私たちが有効な理論を生み出す必要性もかつてより高くなっているのです。

デニス・K・デイビス<br>
(ダニーデン，ニュージーランド)<br>
スタンリー・J・バラン<br>
(ウェイクフィールド，アメリカ合衆国ロードアイランド州)

# 目　次（上巻）

日本語版への序文　iii

## 序　章　1
　ユニークなアプローチ　4
　歴史の利用　4
　トピックの利用　5
　全体の見通し　6
　本書を支える哲学　6
　謝辞　7

## 第1部　マス・コミュニケーション理論序論

### 1　マス・コミュニケーション理論概論　11
　メディアに関する3つの疑問　17
　マス・コミュニケーションの定義と再定義　22
　メディア理論の5つの時代　24
　大衆社会と大衆文化の時代　25
　マス・コミュニケーションにおける科学的視点の出現　27
　限定効果パラダイムの出現　29
　文化批判――限定効果パラダイムへの挑戦　31
　中庸効果論の出現　33
　論点に関して進行中の議論　36
　　さらに深く検討しよう！　37
　　批判的思考のための問い　39
　　重要な人物と文献　40

## 2 マス・コミュニケーション理論　41

本章の流れ　42
科学と人間行動　42
"分裂症的"社会科学　49
理論の定義　50
マス・コミュニケーションと理論　56
まとめ　57
　さらに深く検討しよう！　57
　批判的思考のための問い　59
　重要な人物と文献　59

### 第 2 部　大衆社会と大衆文化の時代

## 3 メディア産業の成長と大衆社会論　65

本章の流れ　66
始まり　68
イエロージャーナリズムの台頭　70
マスメディアの発達と衰退の周期　71
大衆社会論者とメディアについての大論争　75
大衆社会論の仮定　78
メディア大論争の高揚　88
初期の大衆社会論の例　89
ゲマインシャフトとゲゼルシャフト　90
機械的連帯と有機的連帯　92
現代の大衆社会論　94
まとめ　98
　さらに深く検討しよう！　100
　批判的思考のための問い　102
　重要な人物と文献　104

## 4 プロパガンダ時代におけるメディア理論の進展　105

本章の流れ　107
プロパガンダの起源　109

プロパガンダがアメリカにやってくる　113
行動主義　116
フロイト主義　116
魔法の弾丸理論　118
ラスウェルのプロパガンダ理論　119
リップマンの世論形成理論　122
初期のプロパガンダ理論に対する反応　124
現代のプロパガンダ理論　126
自由意志論の再生　131
まとめ　131
　さらに深く検討しよう！　133
　批判的思考のための問い　134
　重要な人物と文献　136

# 5　マス・コミュニケーションの規範理論　137

本章の流れ　139
メディア規範理論の起源　142
自由主義思想の起源　144
思想の市場――急進的自由主義の新しい姿　149
メディアに対する政府規制――連邦ラジオ委員会　153
ジャーナリズムの専門職化　156
専門職化の限界　157
出版報道の社会的責任論――戦後の妥協案　160
冷戦による社会的責任論の検証　164
専門的実践を導く社会的責任論　165
社会的責任論にはまだ役割があるのか？　167
市民ジャーナリズム　171
その他の規範理論　173
まとめ　175
　さらに深く検討しよう！　177
　批判的思考のための問い　179
　重要な人物と文献　181

## 第3部　限定効果論の登場と崩壊

## 6　限定効果論の登場　　185

本章の流れ　187
パラダイム・シフト　189
マス・コミュニケーション理論におけるパラダイム・シフト　191
情報と影響の2段階の流れ　195
ラザースフェルド・モデルの限界　200
限定効果論　203
態度変容理論　204
カール・ホヴランドと実験部　206
コミュニケーション研究プログラム　209
メディア効果に着目する研究の出現　211
選択的過程　213
ホヴランド - ラザースフェルドの遺産　221
実験による説得研究の限界　222
まとめ　225
　　さらに深く検討しよう！　226
　　批判的思考のための問い　226
　　重要な人物と文献　228

## 7　中範囲理論による限定効果パラダイムの統合　　229

本章の流れ　233
パラダイムの構築　234
ロバート・マートン——パラダイム構築の達人　236
機能分析アプローチ　239
情報の流れ理論　242
情報普及理論　246
クラッパーの現象論的理論　249
大衆娯楽の擁護　251
多元的エリート論　255
C・ライト・ミルズとパワー・エリート　258
限定効果パラダイムの仮定　260
限定効果パラダイムの欠点　261
限定効果パラダイムの貢献　262

まとめ 263
 さらに深く検討しよう！ 265
 批判的思考のための問い 266
 重要な人物と文献 267

# *8* 支配的なパラダイムへの挑戦
## ——子ども，システム，効果　　　269

本章の流れ 270
子どもと暴力に注目する 270
テレビと暴力に関する諸理論 275
カタルシス 276
社会的学習 278
マスメディアを通じた社会的認知 281
攻撃の手がかり 285
メディアの暴力描写の文脈 287
テレビ視聴の能動理論 288
発達論的視点 289
メディアと子どもの社会化 290
コミュニケーション過程のシステム理論 293
システム理論の出現 294
コミュニケーションの数学理論 296
モデリング・システム 298
簡単なシステム・モデル 299
システム・モデルのヒューマン・コミュニケーションへの適用 300
マス・コミュニケーション理論家によるシステム・モデルの採用 301
閉じられたシステム 対 開かれたシステム 303
システム・モデルの有用性 305
因果関係の評価 306
構造と機能への注目 308
まとめ 311
 さらに深く検討しよう！ 312
 批判的思考のための問い 314
 重要な人物と文献 315

### ボックス

- 2 a 好奇心 - 証拠 - 知識――社会を調べる探偵としてのコミュニケーション研究者　46
  - b 問い続けること　52
- 3 a 新しいメディアに対する懸念　76
  - b 『1984年』からの引用　84
- 4 a 大プロパガンダ家からの言葉　111
  - b ドラッグをプロパガンダする　128
- 5 a 表現の自由を守る感動的な弁護　147
  - b 市場のどのモデル？　151
- 6 a チャールズ・スチュアートとスーザン・スミス――オルポートとポストマンの研究を振り返る　219
- 7 a クラッパーの現象論的理論　252
- 8 a テレビと社会的行動についての公衆衛生局長官報告に関するアメリカ上院公聴会　274
  - b ウェスリーとマックリーンのコミュニケーション過程のモデル　302

### インスタント・アクセス

- 大衆社会論　98
- プロパガンダ理論　132
- 思想の市場理論　155
- 自由主義　169
- 社会的責任論　170
- 2段階の流れ仮説　199
- 態度変容理論　217
- 機能分析　241
- 情報の流れ理論　245
- 情報普及理論　248
- 現象論的理論　250
- 大衆娯楽理論　254
- 多元的エリート論　259
- 社会的認知理論　292
- システム理論　310

## 下巻目次

### 第4部　現代のマス・コミュニケーション理論——合意の探求，難問への挑戦

9　批判理論と文化理論の出現

10　メディアとオーディエンス
　　——日常生活におけるメディアの役割に関する理論

11　メディア，文化，社会に関する理論

12　マス・コミュニケーション理論の動向
　　——合意の探求、難問への挑戦

監訳者あとがき
参考文献
人名索引
事項索引


装幀——虎尾　隆

# 序章 Preface

　私たちが本書の第1版，第2版を執筆したのは，アメリカのメディア産業が急速に変化し，経済的に最も活況を呈していた時期であった。そのとき，アメリカ企業は世界中に進出し，インターネット関連企業や，ネットを使って営業活動を行なう企業は「ニュー・エコノミー」[IT産業を中心とする経済]で隆盛を極めた。そしてこの状況は今後何十年も続くだろうと考える人たちがいた。ニューメディア・テクノロジーが急速に発展し，その応用方法も激増していくなかで，変革を評価するために「インターネット時間」という新しい尺度が作られた。オンライン取引専門企業の優勢の前に従来型の企業は色あせていった。

　メディアに関する理論や研究も変容した。既存の概念に対抗した新しい視点が持ち込まれ，メディア理論も混乱した。研究者たちはメディア変容がもたらすさまざまな問題に立ち向かい，ニューメディアが果たす役割をどう理解すべきか，既存のマスメディアのどこにニューメディアを位置づけるのか議論した。これまでは娯楽としてのマスメディアとその効果を中心に多くの研究を行なってきたが，ニューメディアを中心とした娯楽はマスメディアに取って代わるのだろうかと議論した。インターネットはテレビに取って代わるだろうか，あるいは逆に真空管がインターネットを吸収してしまうのだろうか。人は果たして高画質のテレビを購入するために追加料金を支払ったりするのだろうか。オンラインのわいせつ画像から子どもを守るためには新しい法律が必要だったのだろうか。Eメールの猛勢の前に，対人コミュニケーションはどうなっていくのだろうか。オンライン民主主義国家は成立するか？　MP3は？　ウェブ・ラジオは？

　2001年9月11日にすべてが変わってしまった。本書の第3版を書いていると

き，西欧諸国はニューヨークの世界貿易センタービルとワシントンの国防総省に対するテロ攻撃で大きく動揺し浮き足立っていた。テロに対する新しいタイプの戦争が宣戦布告された。アメリカ国民は大義のためには犠牲を惜しむな，常に警戒を怠るなと命じられると同時に，9月11日には何も起こらなかったかのように日常生活を続けよと言われた。著者として私たちは大きな難問に直面することになった。メディア理論に関していえば，いったい何が依然として妥当であり，何が重要でなくなったのだろうか。こんなに大きな変容を遂げた世界で，今，メディアの果たす役割をどう理解すればいいのか，あるいはどう理解すべきなのか。私たちはすでに第2版で「私たちがメディアの役割を理解できなかったことに対する代価は高くつく」と論じていた。2版ではメディア暴力の影響に関する論争と，ラップミュージックの歌詞に対する禁止令に関した論争を取り上げた。近代的な選挙キャンペーンに対する不満や，民主主義において「実利」ばかりに焦点を当てるようになっている報道機関の役割に対する不満がますます増幅していることを危惧した。今後もこのような問題は引き続き重要であるだろうし，メディア研究の議題として再び登場することは確かである。しかし，しばらくの間は，現在，緊急に解決すべき課題がこれらの問題に取って代わることになった。

　9月11日，自らの社会に関する経験を永遠に変容させてしまうような残虐行為を私たちは目撃した。この大事件を媒介し私たちの家庭にまで伝えることで，メディアの力は，これまでにないほどドラマチックに明示された。しかし，私たちはメディアのこの力をどのように理解すべきなのだろうか。それは歓迎すべきものなのか，懸念すべきものなのか。これはメディアの新しい力なのか，それとも以前からあったものなのか。テロ後の何週間か，アメリカは第二次大戦以来の愛国主義の波に覆われ，政府と大統領への支持は急上昇した。このような世論形成にメディアは何らかの役割を果たしたのだろうか。国家の危機にメディアはどのような役割を果たせるのだろうか，あるいは果たすべきなのだろうか。これは現代のメディア研究者に提起された新しい問いであるが，それはまた古い問いでもある。これは1930年代，40年代に第1世代のメディア研究者が立ち向かった問いでもあった。

　本書では歴史的アプローチを用いてメディア理論を紹介している。社会理論というのは一般的に（メディア理論ならなおさら），その時々に起きている技術的・社会的・政治的緊急問題への取り組みのなかで発展していくのだが，前

版でも指摘したように，このアプローチの価値は，その発展の様（どのように理論が展開していくのか）を示せるという点にある。メディア理論の発展に最も影響を与えたのは，危機の時代，あるいは社会混乱の時代であることが多かった。これらの時代はメディアに関して最も重要な問いが立てられ，その答えを見出すのが最も絶望的な時代でもあった。1940年から半世紀を経て，メディア理論は，経済不況と世界的な広がりをもつ戦争の騒然たる状況のなかで作られ，私たちはそれに依存してきた。しかし1990年代までに初期の関心は消滅してしまった。私たちは前版で，世界が，40年代とはかなり異なる問題を抱えているなか，この劇的なテクノロジー変容の時代は果たして新しい理論を生み出すのだろうかという問いを発した。私たちには経済成長と驚異的な技術変容とともに，安定した秩序ある世界に見合った新しいメディア理論が必要だったのではないだろうか。

　現在，メディアの役割に関する多くの古い問いが，突如，世界的に重要で新たな緊急課題となって私たちの前に立ち表れている。本書を読み進むと，私たちがプロパガンダを非常に重要視しているのがわかるだろう。これはメディアに関して1930年代から40年代にかけて現れた最も重要な問いが，プロパガンダを中心とするものだったからである。メディアによるプロパガンダは，広範囲にわたって，あるイデオロギーから別のイデオロギーへの転向を促すことができたのだろうか。ファシズムや共産主義など全体主義の脅威にさらされたとき，民主主義の維持のためにはメディアを体系的に検閲することが不可避だったのだろうか。民主主義の欠陥があまりにも明白で，世界中の人々を集結することができるほど人々が全体主義の成果に魅せられている時期に，民主主義を広げていくためには，プロパガンダをどのように利用できただろうか。9月11日以降，同種の問題がアメリカ政府の上層で再び話し合われている。戦争への援助と支援を得るために，ハリウッドの作家や幹部がホワイトハウスや軍の会議に招かれた。テレビ・ネットワークは，記号化されたメッセージを送っている恐れのある敵のビデオを自主的に検閲するよう求められた。テレビの画面を通じて，私たちはイスラム世界のさまざまな町で怒っている群集の顔を見た。明らかにプロパガンダが彼らの激情をあおっていた。このプロパガンダは国内の不穏をあおっただろうか。アメリカ国内のイスラム支持者を世界中の仲間とともに改宗させることができただろうか。私たちはプロパガンダをうまく利用することに長けた敵に直面している。その敵は，プロパガンダを利用して，彼らの

宗教的なイデオロギーを広げようとしている。しかし，ほとんどのアメリカ人は，彼らの宗教的なイデオロギーを，自分の生活様式に根本的に反するがゆえに理解できない。しかしながらこのイデオロギーは明らかにイスラム世界の多くの場所では強くアピールした。今後，何年かの間に勃発する新しい戦争において，メディアは私たちにとって最も重要な武器になるだろう。人々の心と精神に訴えるプロパガンダ合戦は再び現れるだろう。メディア理論を理解すれば，この新しい戦争に対する批判的な洞察力を得ることができるだろう。

## ユニークなアプローチ

本書のユニークさは，現在この分野を支配している2つの主たる理論についてバランスよく包括的に紹介していることである。その1つは，社会・行動理論（コミュニケーション科学と呼ばれることもある）であり，もう1つは批判・文化理論である。私たちはこの2つの理論の有効性と限界を知っておいたほうがよい。過去にこれらの理論がどのように発展し，現在はどう展開しており，どんな新しい概念を作りうるのかを知っておくべきである。なぜなら，これらの学派は今日のマス・コミュニケーション理論を代表しており，これから何年かは私たちがマス・コミュニケーションを理解するうえで，支配的な理論であると考えられるからである。

多くの教科書は社会・行動理論を強調し，批判・文化理論を無視，あるいは軽視する。したがって教員と学生は，批判・文化理論を紹介しているほかの書籍を用いて教科書を補わなければならない。このような書籍は社会・行動理論に対してあからさまに嫌悪を示していることが多い。本書は，この問題を解決するために（そしてすべてのマス・コミュニケーション理論の理解を高めるために）異なる理論を用いる研究者間の論理的な相違を体系的に説明している。また，この2つの理論の調整と協調の可能性も探っている。

## 歴史の利用

本書で私たちは，マス・コミュニケーション理論を学ぶ者はメディア理論の

歴史的展開についてしっかりとした基盤をもつことが重要であると考えている。したがってこの後のページでは，明確かつわかりやすく理論史をたどっていく。私たちは，学生が自然に興味を抱くであろう歴史的事件や歴史的人物に関する議論を盛り込んだ。今はどこででも，ビデオやそのほかの資料が手にはいるので，特にその事件や人物について講師が説明する際にそれらを使うことができる。（たとえば政略上使われたプロパガンダや1989年に放映された『宇宙の戦い』，ウェルズの小説，火星人による地球侵略を描いた古典や，アドルフ・ヒトラーなど）。

## トピックの利用

　理論が発達してきたのは，メディアの役割について重要な問いを立てるためである，ということに学生たちが気づくことも重要である。メディアの役割に関する問いは，ニューメディアが出現し，9月11日に起きた出来事によって世界が再編成されたとしても，再び重要な問いとして立ち表れる普遍的なものである。過去にメディアに起こった革新的変容が，現在起こっている変容とどのように関連しているのか意識しておく必要がある。各章の終わりにこのようなことを議論するための質問を設けている。

　私たちはマス・コミュニケーション理論と関連させながら，いくつかの方法でこれを試みている。各章末には「さらに深く検討しよう！」といったセクションを設けている。これは学生にインターネットやWWW利用を促すものである。インターネット上の**インフォ・トラック学生版**（Info Trac College Edition）というサイト（http://infotrac.thomsonlearning.com/）では，関心領域を深めるためにたくさんのジャーナルや雑誌を検索できるし，そこから各章の内容に関連したおもしろいサイトに行くこともできる。「批判的思考のための問い」は2つの機能をもつ。1つは学生が各章の重要なポイントを復習するという機能，もう1つはその情報を利用して自分の価値観や仮説を批判的に再考してみるという機能である。マス・コミュニケーション理論が学生にとって何らかの意味をもっていれば，学生はその理論を使うはずである。

　すべての章には，重要な人物と文献のリスト，重要な概念，出来事，理論家について説明したり解説したりする囲み記事（ボックス），初出の重要な用語

の定義と説明（インスタント・アクセス），章のまとめ，などがある。下巻の巻末には参考文献と詳細な索引がついている。

## 全体の見通し

　本書はマス・コミュニケーション理論の歴史にもとづいた，包括的で，信頼性のある入門書である。重要な理論を説明するために，わかりやすい事例や図，資料を用意した。ここではマス・コミュニケーション理論の主要な2つの理論，社会・行動理論と批判・文化理論の軌跡を追い，これらの2つの伝統がメディア・リテラシー活動をどのように支え，この2つを結びつけるとどのような新しいメディア・コミュニケーション理論が生まれうるのかという議論で締めくくっている。

　私たちは社会・行動理論と批判・文化理論について，多くの事例を示し理論の有効性と限界を深く議論している。メディア理論は人間の創造物であり，それは主として特定の問いや論点を立てるために作られているのである。理論を学ぶときには，その理論家の動機やその人が掲げている問い，論点など，文脈として存在する情報を検証しながら学ぶほうがわかりやすい。

　マスメディア産業が急速な変化を経験し，私たちが9月11日以降の「新しい世界秩序」になじんでくるこの4～5年のうちに，メディア理論を理解することは今以上に必要で一般的なことになるだろう。社会や人々の生活でメディアが果たす役割について，過去に発せられた問いのすべてが，新しい妥当性をもって再び浮上してくるだろう。本書では過去にこの問いがどう提起されたかを追い，将来それをどう提起していくかについての識見を示す。

## 本書を支える哲学

　本書の哲学は比較的単純明快である。それは，今日のメディア技術は新しいかもしれないが，日常生活への影響は過去のそれとそれほど変わらないだろうということである。メディアの変容は常に難問を突きつけてきたが，チャンスを作り出してもいる。私たちはメディアを利用して生活の質を改善することも

できるし，生活を崩壊させてしまうこともできる。私たちは社会としてメディアを賢くも愚かにも使える。賢く使うためには理論が必要である。個人である私たちのためにメディアが果たす役割とは何かを説明し，私たちが住む社会全体のためにメディア産業の発展を導いてくれるような理論が必要である。本書は理論を理解するのに役立つだろう。理論を理解すれば，私たちはメディアをより上手に利用することができ，新しいメディア産業の発展に一役買うことができるのである。

## 謝　辞

　この版を準備するにあたって，私たちは多くの人から援助を受けてきた。最も重要なことは，何代かにわたる社会的・文化的理論家の学術的研究を取り上げたことである。彼らの思想に刺激を受け現在の研究に至ったのである。今コミュニケーション研究者であることは，なんと刺激的で活気にあふれていることだろうか！
　私たちは混沌とした学界で仕事をしているかもしれないが，そのことはまた，活気があり支えになっているともいえる。この場を借りて，アメリカ合衆国と世界中にいる多くの同僚がマス・コミュニケーション理論に捧げた貢献に対し謝意を表明したい。誤りや見落としがあれば残念であるが，それは私たちの責任である。次に掲げる校閲者に感謝したい。

　　ダニエル・A・パニチ（サザン・メイン大学）
　　ジョン・W・オーエン（ウェスタン・カロライナ大学）
　　ドミニク・ラソーサ（テキサス大学オースチン校）
　　ホン・チェン（ブラッドレー大学）
　　エリザベス・M・パース（デラウェア大学）

　この校閲者たちは誤りや見落としを指摘してくれたが，まだ残っているものに関しては責任を負わない。私たちを勇気づけアドバイスして支えてくれた出版社ワッズワースの友人にも感謝したい。ワッズワースの最初の編集者ベッキー・ハイデンと，この教科書の第1版の編集者クリス・クラーキンがいなけれ

ば，この仕事はもっと大変な作業だっただろう。これらの熟練した専門家たちは，教科書を執筆することに未熟な著者が陥りやすい過ちをどう避けるかを教えてくれた。

　家族にも感謝しなければならない。これは決まり文句のようなものになっていることは認めよう。しかし，実際に筆者たちの家族は，本書の進行に伴い，無関心，険悪な雰囲気，不在などに耐えなければならなかった。ペンシルベニア州立大学ではデイビスの家族——ナンシー，ジェニー，ケリー，アンディ，マイク——，そしてウェイクフィールドではバランの家族——スーザン，ジョーダン，マット，シモニー——がこれに苦しんだ。みんなが笑顔と愛で耐えてくれた。

　最後になったが，本書は30年近い共同作業の産物である。私たちはシドニー・クラウス率いるクリーブランド州立大学のコミュニケーション学科で1973年に教職についた。シドニーは私たちと若い教員を刺激し，活動的，創造的な研究者になるよう導いてくれた。今日，多くの活発なコミュニケーション学者が直接的，間接的にクリーブランド大学に結びついている。シドニーはたった1人の人間が学問に大きな影響を与えうることをさまざまな方法で示してくれた。彼は学問，指導，友情をとおして，真に消えることのない痕跡を残したのである。

# 第1部

# マス・コミュニケーション理論 序論

# マス・コミュニケーション理論概論 1

　ワールド・ワイド・ウェブ（WWW）から自由にダウンロードできるプログラムと不正に抱き合わせになっているソフトウェア・プログラム，トップテクスト（TOPtext）["TOPtext" はソフトの商標名で，インストールされると広告主がターゲットとする言葉やフレーズに自動的にリンクが張られてしまう]の流通は，2001年にオンラインの世界や広告産業，一般市民やメディア専門家の間でかなりの論争を巻き起こした。トップテクストはデジタル技術の長い歴史のなかでも最新のもので〈コンテクスチュアルな広告〉である。このソフトはウェブ利用者が好むと好まざるとにかかわらず，即座に広告をディスプレイに映し出す機能をもつ。確かにネット・サーファーたちはすでにこれに似た技術があることは知っている。〈バナー広告〉（ウェブページのトップにあるデジタル「ビルボード」）のようなサイバー広告技術，〈インスティティシャル広告〉（ポップアップ広告）（利用者が，あるページから別のページに飛ぶたびに出たり消えたりする画像）や〈ポップ・アウト〉（開いたウェブページに接して出る2つめの小さなウィンドウに現れるコマーシャル），〈エクストラマーシャル〉（ウェブページを縦断する広告コンテンツのコラム），〈標的となるキーワード〉（スポンサーの名前をタイプするたびに広告主のコマーシャルが利用者のディスプレイに飛び出てくるもの），〈ポップ・アンダー広告〉（利用者が，あるサイトから別のサイトに移るたびに呼び出しもしないのに突如現れるコマーシャル）や〈トランザクション・ジャーナリズム〉（ウェブページのテキストに直接ハイパーリンクを張ること）などがすでに何年にもわたり利用者を満足させたり，悩ませたりしてきた。

　しかし，トップテクストは目新しく，広告主に〈特定の言葉を所有する権利〉を購入する力を与えた。承知のうえ，あるいは知らないうちにこのソフトウェ

アをコンピュータにダウンロードした利用者のディスプレイには，特定の言葉やフレーズ——たとえば「車」「家の購入」「音楽」など——がディスプレイ上に出るたびに，その言葉に黄色い下線が引かれて現れるのである。どんなサイトに行ったか，どんな内容を見るかには関係なく，広告主が購入した言葉やフレーズが現れると，それが強調される。下線が引かれた言葉やフレーズの上を利用者がカーソルで通り過ぎると，即座に，その言葉やフレーズを所有するスポンサーの広告が文字の上に現れるのである。もし，利用者がそれをクリックすると有無を言わさず，即座に広告主のウェブサイトに飛ぶ。多くの広告経営者はトップテクストについて「インターネット上で請け負った広告を確実に実行している」と称しているが，これを「むしろ人々の（インターネット）行動への侵入」と見ている人も多い。さらに別の評論家は，公正性という観点からトップテクストに反対している。あるインディーズ・レーベルのウェブサイトでニューメディア・ディレクターを務めるスコット・ロスは「こういった広告会社はコンピュータをこれから使おうと思っている人々を餌食にしているが，何をやっているかわかっている技術マニアは餌食にはならない。わからないよう密かにビジネスモデルを構築している。私にはこれが正当だとは思えない。これは秘密工作だ」(Evangelista, 2001, p.D3)。

しかし何が正当でないと言えるのだろうか。広告主にはウェブページを見ている人々に自分たちのメッセージを送る権利はないのだろうか。ラジオ番組やテレビ番組では視聴者が好むと好まざるとにかかわらずコマーシャルが放送される。企業は，商標名をさりげなく映画のなかで使用させたり，書籍にまで入れ込む，〈プロダクト・プレースメント〉（商品配置）にどんどん投資するようになっている（Kirkpatrick, 2001）。映画館に行く人や本の読者に対して，このような広告を掲載することについて誰も許可を求めたりはしない。しかしながら，インターネットやウェブはこれらの古い伝統的メディアとは違うのではないだろうか。インターネットは旧来のメディアよりは自由で個人がコントロールでき，もう少しパーソナルなものである，または少なくともそうであったと考えられているのではないだろうか。ウェブの初心者はスポンサーによる絶え間ない妨害と，サイバースペース全体の商業化にうんざりしているのである。

現在私たちは，世界中の社会秩序と文化を変容させるコミュニケーション・テクノロジー革命の真っただ中にいる。これらのニュー・テクノロジー装置は，すでに存在している技術の利用可能性をさらに拡大していく。ニューメディア

を組み合わせて長距離をつなぐメディア・システムを構築することもできるし，一方，広範囲にわたる非常に特殊な目的のために利用することもできる。振り返れば，マス・コミュニケーションの最初の世紀というのは，膨大な観客に対して限られたサービスしか提供することのできない，高価で融通のきかない技術によって独占された時代であったといえる。私たちはこれまで，古いメディア・テクノロジーが提供できるものに私たちのニーズを無理やり合わせるよう強いられてきたのである。高度に集約されたメディア・システムが大都市の大企業によって設立され，制御されていた。ほとんどの人にとって「マスメディア」という用語はいまだにこれらの「巨大メディア」と同義語のままである。現在，コミュニケーション革命の只中にあるにもかかわらず，私たちの目はメディアという名の恐竜にほとんど釘付けになったままである。自分では気づかなかったニーズを，これまでとは異なる別のメディアが充足させてくれる可能性をもっているのだということを，私たちは今やっと理解し始めたばかりなのである。もしそうでなければ，インターネットやワールド・ワイド・ウェブがこれほどまでに人を惹きつけ，論争の的になることはなかっただろう。

　多くの人にとってこの革命が身の回りに与えた影響は，楽しくかつ快適なものであった。ニューメディアは娯楽や情報内容の選択肢を広げてくれた。地方では，その土地の劇場で上映中のわずかな映画のなかから，あるいは三局ばかりのテレビ・ネットワークのなかから選択するのではなく，現在，私たちはケーブル・チャンネルやビデオテープ，ビデオディスクの何百というタイトルのなかから選択することができる。レコード，テープ，ディスクのコピーを友達と交換することによって，大きなホーム・ミュージック・ライブラリーを作ることもできる。テレビやラジオではいつでも7つから8つの異なるニュース番組を見聞きすることができる。離れたところにあるデータベースにパソコンを利用してアクセスし，多様で専門的なトピックについて大量の情報を際限なく見ることができる。地元の一握りの地方ラジオ局ではなく，ウェブを使えば何万という放送局から聴くことができる。インターネットの双方向性を利用して新しいアイデンティティ（個性）を試してみたり，作ってみたりすることもできる。数々の印刷物（活字メディア）が用意されていて，それらの多くは比較的少数の利用者の好みに合うように編集されている。かつての思想の市場は巨大なスーパー・マーケットとなった。欲しいものはどこかで必ず手に入れることができるのである。

本書では，メディア研究者が前世紀と今世紀の間にメディアの役割をどう概念化してきたかを検討する。その目的は，メディアがあなたに向けてあなたのために何をなしうるかについて，歴史に根ざした幅広い視点を示すことにある。私たちはメディアの役割と可能性について最良（かつ最悪）の思想をいくつか再検討している。メディアの起源を訪ね，メディアの影響や役割を理解しようとした初期の取り組みを一緒に振り返ってみようと呼びかけているのである。ニュー・テクノロジーを理解するために展開された理論に焦点を当てつつ，ニュー・テクノロジーの挑戦やさまざまなメディア産業が出現してきた軌跡をたどっていこう。最終的には今現在通用している理論を再検討して結びとし，メディアに対してあなた自身が適切な視点を展開していけるよう手助けしたい。

　私たちはこの本のなかで頻繁にニュー・テクノロジーを事例として用い，重要なポイントを説明したりいろいろな理論の妥当性を示したりしているが，この本はニューメディア・テクノロジーに関する本ではないことを覚えておいてほしい。私たちの目的は，あなたが新しいコミュニケーション・テクノロジーを歴史的，理論的展望のなかに位置づけるのを手伝うことである。より深く情報時代に移行していく今日，私たちが直面している難問は，ある意味ではペニー・プレス［1ペニー新聞。19世紀に大衆向けに作られた，内容も値段も手頃な新聞］時代やラジオ黄金時代に人々が直面していた問題に似ている。当時の人々がどのようにメディア・テクノロジーを理解しようとしたか，生活に与える影響をどう予測しようとしたかを検討することから多くを学ぶことができる。私たちが今日ニューメディアの挑戦に立ち向かうとき，過去の世代の理論が私たちを助けてくれるのである。

　この本は年代順に構成されている。このような構成は部分的には次のようなロジャーズ，ディーリング，バーグマンの信念に，私たちが共感していることを示している。

> 知的歴史を探る最も一般的な方法は歴史的方法である。そこでは個人的，非個人的に影響を及ぼしている主要な事例を特定することによってパラダイムの変容を理解しようとする。そしてその事例が，特定分野の研究の規定条件や方向性を決定づけていると解釈される。知的影響による主たる事例の重要性は認めつつ，このように歴史を社会科学的に理解していくときには，時を越えた影響を説明するパターンを見つけ出す努力をしなければならない。

（1993, p.69）

　本書の年代順の構成は次の見解も反映している。つまり，メディア理論を含むほとんどの社会理論は決して十分に革新的なわけではなく，いつでもその時代の産物として作られているということである。地質学者で動物学者であるスティーヴン・ジェイ・グールドが科学全般について書いているように，理論を扱う者は「自分自身の社会的心理学的文脈のなかだけで仕事をすることができる。このような主張は科学という制度の価値を下げるのではなく，むしろ人間の歴史における偉大な論理学について私たちの見解をより豊かにする。科学の進歩による社会の変容は，社会によって制約され促進される，マトリクス・セットのなかでしか起こりえない」(2000, p.31)。歴史家のジョーン・ジェイコブス・ブランバーグは，より簡潔に社会理論の流れを作る人々について語っている。「科学はそれ自体のなかに文化が組み込まれている。そうでないことなどありえない」(Belkin, 2000, p.43から引用)。一見，今の理論が以前の概念をさらに革新的に改訂したもの，あるいは以前の概念を洗練し統合したもののように見えても，それらのほとんどは古い思想を書き換えたものにすぎないのである。今日の理論を理解するには，それがどんな理論にもとづいているかを理解することが重要である。しかしこのことは，マス・コミュニケーションの理論が，古くて証明されていない概念に取って代わるような新しく改良された概念を，年代ごとに順番に安定したかたちで発展させてきたことを意味するのではない。たとえばメディアと暴力に関する理論はメディアが出現してからずっと存在していた（Ball-Rokeach, 2001; Wartella & Reeves, 1985）。アメリカではすでに1900年代にメディアが与える影響は有害であると取り上げられ，1930年代には強く主張され，50年代にも再び取り上げられた。1960年代は，メディアとその結果生ずる視聴者，聴取者，読者の攻撃性の問題に関して，マスコミ研究者が最も理論に注目した時期であった。1996年制定のアメリカ合衆国連邦通信法の重要な要素の1つに，テレビ製造者はテレビ暴力を探知するためのVチップという装置を組み込まなければならないという要件があった。その後毎年，議会はビデオと映画の暴力について公聴会を開催してきた。

　本書はさらに，すべての社会理論は人間の構築物であるという仮説に立っている。それは研究者たちが自分たちのいる社会世界を理解しようとする積極的な取り組みなのである。個々の理論はたいてい多様でそれぞれ異なる目的をも

つ。あるものは主として政治的・社会的エリートが意志決定しやすい方向に導く。この種の理論は社会構造に焦点を当てる傾向があり，どうすればその構造をうまく維持できるかを説明しようとする。またその他のものは既存社会の変容を求め，社会変革の土台となるダイナミックなプロセスを探求する。その目的は有効な社会変容を導くことなのである。

　学者の世界は，自分が作り出す理論で自分たちが何を達成したいかで異なる。ある10年から次の10年へと，新しい学者グループが新しい目的と共に古いアイデアを新しく体系づける方法を携えて現れるときには，理論構築に重要な質的変化がある。たとえば，社会混乱や外的脅威が存在する時代には，学界は権力をもつエリートに与して既存の秩序を守ろうとする。その他の時代には既存の社会秩序に批判的なグループが出てきて，体制を改良し変容させようとする。さらに別の学者はリベラルな教育，文化的啓蒙といった長期的でヒューマニスティックな将来を目指している。

　本書ではマスコミ理論の発展を5つの特徴的な時代に分けて考察している。それは19世紀のメディア理論の起源に始まり一連の現代的展望で終わる。各時代を検討する際には，その時代に構築されたさまざまなタイプのマス・コミュニケーション理論を紹介し，その目的について考察しその有効性と限界を説明している。その理論がどのような目的に役立ったのか，なぜ他のものに取って代わられたのか，なぜ後になって学者に無視されたのかを指摘している。ほとんどの場合，これらの理論は科学的研究によっては証明することはできなかった。科学的証拠があからさまに彼らの基本概念の多くを否定していたのである。最終的には提案者がそれを支持する証拠を見つけるのをあきらめ，その理論に対する関心は次第に薄れていった。

　私たちはマス・コミュニケーション理論の発展について物語ろうとしている。この物語は過去の理論がどのように生まれ，現在の理論がなぜ重要なのかを理解するのに役立つはずである。過去の理論の多くは非科学的だとか有用性がないということで拒否され，私たちの思考を導く指標としては使われていないが，これらの理論は歴史的道標として重要である（Lowery & De Fleur, 1988）。あるものは今でも一部の人々やメディアで働く人々の間で受け入れられている。しかし，最も重要なことは初期の見解についての知識なしには現在ある理論を適切に評価することはできないということである。

　ここ10年の間にマスコミ理論は，その種類も数も着実に増えてきた。メディ

ア理論は社会科学，人文科学においてやや独立した思想として出現してきた。本書は，この多様で，あるときには相互に矛盾する思想の手引きとして作られた。歴史学，人類学，社会学から心理学に至るまで，あらゆる社会科学の分野の学者が展開した思想を見ることができる。人文科学，特に哲学と文学分析からも知識を引き出している。その結果としての思想の動揺は，取り組みがいのあるものであり発見を促すものである。これらの理論は，より有効で強力な理論的見解を構築するための素材を提供しているのである。

　もし，理論に関して簡潔で矛盾のない定義を探しているならば，本書にそれはない。私たちは理論の狭い定義を避け，メディアを理解し社会でのメディアの役割を理解しようとする体系的かつ学究的な試みに価値をおく包括的なアプローチをとっている。現代の研究者が非科学的だと考えるような最近の理論も取り入れた。ここで検討したいくつかの理論は**グランド・セオリー**（大理論）であり，そこではメディア・システム全体とそれが社会にもたらす影響を説明しようとしている。その他の理論は非常に小さく，メディアの利用や役割については限定された範囲で識見を提供している。この本に取り上げた理論は，ある理論については，その理論が長い間もちこたえているという歴史的重要性を考慮して選択し，また別の理論については，将来の研究に寄与する可能性を考慮して選択した。このプロセスは必然的に主観的であり，私たち自身のマス・コミュニケーション理解に根ざしたものである。現代の展望に関しては，持続しうるもの，革新的な概念を明示しているものに限定した。

## メディアに関する3つの疑問

　本書では全体を通して，マスメディアにより触発され，マスコミ理論発展の刺激となり今もなり続けている3つの論点，疑問点についてのディスカッションを織り込んでいる。

・メディア・テクノロジーの新しい形式は，どのような可能性を提供し，どの

---

■**グランド・セオリー（大理論）**　与えられた事象をあらゆる側面から描写し説明するために作られた理論。

ような脅威を与えているのだろうか。
・その可能性を実現させ，脅威を最小にするためにはメディア技術を制御し，調整していくことが必要だが，どのような形式のメディア行政や産業を構築していく必要があるだろうか。
・民主主義的で文化的に多様な社会に対してメディアをどのように役立てることができるのだろうか。

　これらの問題は19世紀に議論と論争を巻き起こしたが，その議論は現在も続いている。本書でとりあげるほとんどの理論は，この3つの論点の1つかそれ以上の論点について問題提起している。メディア・テクノロジーが新しい形式を発達させることによって——そして9月11日のテロリストの攻撃の後，世界における私たちの立場を国民が再評価することによって——，再び古い問題が浮上し，新しい答えが求められている。今日のインターネットとワールド・ワイド・ウェブは，以前，ペニー・プレスやニッケル・オデオン［20世紀初めにアメリカで生まれた，入場料5セントの映画館の俗称。5セント映画館］やダイムノベル［三文小説のこと。19世紀後半にアメリカで流通した10セントの安価な娯楽小説］で火花が散ったときと同じような論争を引き起こしている。ケーブル・テレビのときも同じで，その前にテレビがあり，その前にラジオが同じ論争を引き起こした。子どもをわいせつなコンテンツから守ること，攻撃的内容の規制，人種的偏見を含む表現の制限，個人のプライバシーの確保，著作権保護，過度の商業化に対する脅威，情報と技術へのアクセスにおける格差が民主主義にもたらす影響など，インターネットとウェブをめぐる論争のすべては過去に何度も，大論争になったものである。こういった論争は決して新しくない。これは定番のスタイルで定期的に繰り返されているのである。

　どの時代においてもニューメディア支持者は，ニューメディアが強力で新しい方法で人々を結びつける可能性をもつと主張する。技術が文化的相違を克服し，空間と時間による障壁を取り除くことによって，新しいコミュニティの形成を支援するのだという。ニューメディア支持者はこの可能性を生かすためにメディア産業を新しく構造化する方法を提案している。支持者たちはメディアが民主主義や文化多元主義，ダイナミックでしかも安定した社会変化のための防壁の役割を果たすような理想的な社会秩序の構築を待ち望んでおり，語り草になっている「インターネットへの期待」を作り出しているのである。これら

のメディア支持者たちは必然的に次のようなメディア批判家と対立している。ニュー・テクノロジーが本質的に危険で，必ず既存の社会秩序を壊し，紛争と無秩序を広く引き起こすと考える批判家である。新しいコミュニケーション技術に対するこれらの批判家たちは既存のメディア産業の現状維持を支持する。彼らにとってはこのメディア実験に伴うリスクは正当ではないと映るのである。批判家たちはメディア支持者を理想的夢想家であり，自分自身は実践的リアリストだと考えている。

　ニューメディア支持者はメディアを使って，私たちの生活を根本的に変え，便利で意味のあるものにすることができると信じている。ニュー・テクノロジーが人々の文化的・経験的地平を拡大するという。彼らは新たに活気づいた能動的オーディエンスを想定し，彼らが，生活を楽しく目的のあるものにするためにメディアを利用する方法を見つけることができると考えている。メディアに反対する者は，普通の人たちはニュー・テクノロジーに圧倒され，ニューメディアの魅力で麻痺し，最終的に巨大な受動的オーディエンス――カウチポテト（長椅子にゴロゴロと横になりテレビを観る人）とインターネット中毒の世界――へと変容していくのではないかと恐れている。支持派は，民主主義的な政府を構築するためにニューメディアを利用する責任ある市民が現れると考えているが，反論者は，社会を騙すことによって力を得るデマゴーグ（民衆扇動家）が現れると考えている。支持者は，ニュー・テクノロジーが文化理解を育て，人々がさまざまな文化と調和して生活できる，理想的社会秩序を想定している。反論者は，その同じ技術が文化的ステレオタイプをきわだたせ，深めていき，他文化への恐怖をまき散らすと主張する。このように彼らは，ニューメディアは調和を構築するのではなく，紛争を煽り立て戦争さえ起こしかねないと考えている。

　たとえば，悪意や党派根性の増幅というのはアメリカの政治討論の特徴であるが，これを議論する場合，メディアの影響を考慮せずに議論することは不可能である。「善」対「悪」，「正」対「誤」を極度に単純化し，ストーリーを巧みに作り出すテレビや出版・新聞ジャーナリズムなどの従来型メディア以外にも，トークラジオ（トーク中心のラジオだが偏見をもった意見が自由に語られることもあることからヘイト・ラジオともいわれる）やインターネット，ファックス，DTP（Desk Top Publishing：コンピュータの性能が上がり，かかる費用が安くなったために出版が簡単になった）などがあり，このようなメディア

の影響を考慮せずに議論することなどできないのである。果たしてメディアがこのような現象を起こしたといえるのだろうか。あるいはメディアは単に既存の状況を強化しただけなのだろうか。このような疑問を解くために私たちは理論とその理論にもとづく研究を見ていく必要があるのだ。

　メディアの役割を調査するために学界には多くの研究コミュニティができた。学者たちは，あるときはメディア支持者，あるいは反論者と親密に交流しつつ研究した。その研究資金はメディアを賛美する，あるいはメディアを恐れるグループや財団や会社から拠出されていた。これらのコミュニティは，大衆社会概念に見るメディア・パラノイアから1960年代にマクルーハンが構想しインターネット時代に生き返ったグローバル・ビレッジ（地球村）まで，広い範囲にわたってメディア理論を作った。メディア理論は，メディア支持者や批判家によって書かれたメディアへの期待や恐れのリストのようなものから始まることが多い。理論が展開していくにつれ，これらの概念にもとづいて研究が実施され，そこから生み出される概念と研究が批判的に評価されていった。マーシャル・マクルーハンが「メディアはメッセージ（およびマッサージ）である」と宣言したときのように，理論が一般の人々の関心を広くかき立てることもあった。しかし，ほとんどの場合，メディア理論に関心をもつのは大学，政府機関，メディア産業の研究者と，FAIR（メディアにおける公正と的確性 Fairness and Accuracy in Media）という団体や，現在は解散したACT（子どものテレビについて行動する会 Action for Children's Television）など特定の関心をもつ集団などに限られた。

　たとえば，テレビ暴力に関するさまざまな理論が，メディア産業や学会で大きな論争を巻き起こし，メディア産業に与する研究者は大学の研究者や公的利益を守ろうとするグループと対立した。しかし，このような論争は，ニュースとして発表されても一般の人々からはほとんど注目されなかった。ジョン・パストール上院議員は，テレビ暴力と子ども番組の質の悪さに対して痛烈な批判を加えたので，1970年代にはテレビ・ネットワークの幹部の間で非常に評判が悪くなった。今，コネチカット上院議員のジョセフ・リーバマンがパストールの批判をそのまま繰り返している。『ニューヨーク・タイムズ』の世論調査によると一貫して80パーセントの人々がテレビには暴力シーンが多すぎると考えているが，その80パーセントの人々にさえこの2人の名前はあまり知られてはいない。

本書全体を通して，メディアに関するこの3つの論点を取り上げたコラム（ボックス）を用意した。あるものは，ある特定の事件や出来事に注目して，論点の1つを浮き彫りにして説明している。またあるものは，ある1つの論点に対し異なる意見をもつグループの論争を取り上げている。さらにあるコラムでは，メディア理論自体は質が悪くても，論点に関連した重要な事例を取り上げ批判している。皆さんがこの3つの論点について思考をめぐらせるときにこのコラムが何かの役に立てば幸いである。このコラムにある資料を，現代の論争や出来事，理論などに結びつけてほしい。「インスタント・アクセス」では議論に出てきた主な理論の有効性と限界をまとめている。有効性は理論の支持者が主張しているもので，限界は批判家の見解である。このようなまとめはせいぜいスケッチ程度の不完全なものである。これで理論がどんなものかわかりやすくなるだろうが，実際にはあなた自身が章全体を読んで提示されている理論を十分に吟味し全体像を理解する必要がある。さらに，各章の終わりでは，マスコミ理論をさらに深く掘り下げて考えるためのガイドと，批判的に思考できるようにするための質問を用意した。前者では，あなた自身をマスコミ行為のなかにおき，後者では，その行為とそこで果たしている自分の役割について吟味することができる。

　過ぎ去った世紀から私たちがメディアについて何かを学んだとしたら，それはメディアというものは，必然的に社会的・個人的混乱を引き起こすような魔力をもつものではないということである。メディアだけで，カウチポテトやインターネット中毒を生み出したり，大々的な政治的デモを起こしたりすることはできない。そして，メディアは，新秩序体制を新しい啓蒙の時代へと導く有用なエージェント（作用因）でもない。分裂させていくのか，共同体を築いていくのかを決めるのは，メディアを利用している人々自身である。メディア・テクノロジーだけでは有効な変化を起こすことはできない。しかしテクノロジーは，個人や集団の行動を増加させ拡大させることができ，そうすることによってかなりの速度と規模で社会変容を促進することができるのである。

　メディア・テクノロジーにはある種の偏りが内在する。メディアは，社会の理解の仕方やある特定の行動を，広め，奨励する。もし，私たちがメディアを賢明に利用するのならば，この特定の行動への偏りを説明する理論を展開していく必要がある。単に恐怖心や楽観主義をあおるのではなく，メディア理論はわたしたちのニューメディアへの理解とニュー・テクノロジー利用を導く道具

となるものでなければならない。メディア理論は，メディア産業を私たちのニーズに役立つものにし，個人の生活や社会の予期しない崩壊を最小限にすることができるようなものでなければならないのである。

## マス・コミュニケーションの定義と再定義

多くのオーディエンスとコミュニケーションをとるために，組織がその手段として技術を利用したときに，**マス・コミュニケーション**が生じたという。『ニューヨーク・タイムズ』（組織）では読者（多くのオーディエンス）に届くように印刷機と新聞（技術とメディア）を使っている。コメディ・セントラル社［アメリカのケーブルＴＶ局］の作家やプロデューサー，映画監督やそのほかの専門家は，さまざまなオーディオ，ビデオ技術，衛星，ケーブル・テレビなどを利用する。ワーナー・ブラザーズは読者にこれから封切る映画を知らせるために広告を打つ。

しかし，この章のはじめに見たようにマスコミ環境は変化し続けている。あなたが名指しで自分に宛てられたダイレクトメール広告を受け取り，そのなかで自分の名前がいたるところで使われていれば，あなたは１人であってもオーディエンスである。もはやオーディエンスとは，伝統的マス・コミュニケーション学の概念で想定されたように多数である必要はないのである。あなたがコンピュータの前に座り，**リストサーブ**に接続し，特定のテーマに熱中している２万人の人たちにＥメールを送ったとしたら，あなたは明らかに多数のオーディエンスとコミュニケーションをとっているといえる。しかし，あなた自身は，新聞やケーブル・テレビ局，映画スタジオのような組織ではない。あなたのような個人でも軽くて携帯できる安価なビデオ装置で，少数の視聴者のために制作して販売することで利益を得ることも可能である。多くのウェブ・サイトやケーブル・チャンネルに魅了されている人たちは，テレビドラマの『フレンズ』や映画の『ハリー・ポッターと賢者の石』などの映画を見ている人と比較する

■**マス・コミュニケーション**　情報源，主に組織が，多くのオーディエンスとコミュニケーションをとるために，その媒介としてテクノロジーを用いる場合を指す。
■**リストサーブ**　自動メーリングリストのサービス。メーリングリストや電子掲示板，あるいは多様なテーマをカバーする討論グループを運営するために用いられるソフトウェア。

と，マス・オーディエンスとはいえない。

　本書で学ぶ多くの理論は現代のコミュニケーション革命以前に発展したものである。だからといって，これらの理論が利用価値がなく流行遅れだというわけではない。しかし，コミュニケーションをとるために人々がどのように技術を使うかを考えるにあたり，多くのことが変化したということを覚えておく必要がある。そのために役立つ方法は，一方の端を**対人コミュニケーション**とし，もう一方の端をマス・コミュニケーションとすると，直線のどこに**メディアが媒介するコミュニケーション**が位置するのかを考えることである。コミュニケーション・プロセスにおいて，人々がもちうる制御力と関与の程度によって，それぞれ異なるメディアが直線のどこかに位置する。たとえば電話は一方の端に位置する。電話は明らかにコミュニケーション技術であるが，対人コミュニケーションの最も典型的なもので，せいぜい2～3人の人が一緒に関与できるだけで，関与の度合いもコミュニケーションの制御力も高い。コミュニケーションはその2～3人のためのもので内容もその2～3人が決定する。多額の資金を投入したハリウッド映画やネットワーク・テレビが放送するアメリカンフットボールのスーパーボールはこの反対の端に位置する。そこで生じるコミュニケーションに対して視聴者がもつ制御力は限られている。確かに人々は内容に関して独自の解釈をすることはできるし，どの程度画面に注目するかは決定できるが，そのコミュニケーションを制御したりそれに関与したりする手段は，主としてそれを見るか見ないかに限定されている。

　今後，現代のマス・コミュニケーション理論を検討していけばわかるように，新しいコミュニケーション・テクノロジーにとって関与と制御は，個人や社会がメディアをどう利用し，そこからどう影響を受けるかを理解するうえで，決定的な要因である。コミュニケーション理論家のスティーブン・チャフィーとミリアム・メッツガーは「現代のメディアは，大量の情報伝達や検索をますます可能にし，内容の創造や選択をも完全に利用者の手中においた。しかもそれを，平均的な利用者がたいした費用もかけずにできるようにしているのだ」(2001, p.369) と説明する。たとえば，DVDというメディア・テクノロジーを

---

■**対人コミュニケーション**　2人あるいは数人間のコミュニケーション，典型的なのは対面式。
■**メディアが媒介するコミュニケーション**　科学技術を媒介として用いる，数人あるいは大勢の人間間のコミュニケーション。

用いれば，視聴者が好きなように映画のシーンの順番を入れ替える「再編集」が可能になるだけでなく，別の終結を挿入することも可能になる。すなわち，同じ映画であったとしても，劇場で見るときよりも，コミュニケーション過程の結果として生じるものに関与し，それを制御することができるのである。この変化はオーディエンスと内容との関係を変化させ，その意味づけに大きな影響を与えている。

## メディア理論の5つの時代

　この本は4つのセクションに分かれている。最初のセクション（今読んでいる第1部）では，本書について，そしてマスコミ理論やメディアに関する3つの論点，およびメディア研究（第2章）について紹介している。後の3つのセクション（第3章から第12章）では，メディア理論の発展していく各時代をたどる。各セクションでは鍵となる出来事や理論家，理論を概観している。個々の章では，最も重要な理論については深く考察している。各セクションでは，世界の出来事がメディアに対する思考にどのような影響を与えたか議論し，メディアの発展において重要な役割を果たした出来事と多様な理論と理論家の登場とを関係づけるのに役立つよう年表も付している。

　授業の演習では，自分がこれらの時代に生きていたとしたらメディアをどう見ていたか想像してみるよう勧めている。各章では重要な理論家とその研究を特徴づけ，理論家の関心と動機を洞察する。各時代に繰り返し起こるメディアの3つの論点と支配的な見解には特に注意を払っている。

　各時代において重要で論争的な見解が出現したことは，自分たちの価値や，既存の思想，研究レベルによって生じる制約のなかで，研究コミュニティが達成した成果である，と見るのが最も妥当だろう。各研究コミュニティは，競合する理論や，限られた研究資金，外圧による政治上の制約，世間一般の価値観からも制約を受けていた。理論家は孤立していても革新的な概念を打ち出すことはできるが，その概念を認知させ，発展させ，広めていくのは研究コミュニティである。このようなコミュニティがどのように作られ機能したかを，そのコミュニティが育て，あるいは否定した理論を描写しつつ考えていきたい。

　メディア理論のさまざまな時代に進んでいくにしたがって，メディアに関す

る現在の思考が，どのように発展してきたか理解することができるだろう。おもしろそうで役に立ちそうに見えるのに，なぜある理論が現在ではもうすたれたと考えられているのかを学んだり，現代の学者がもう古いと考えている概念が，テレビガイドや親向けの雑誌などではいまだに妥当性をもって議論されていることに気づいたりすることもあるだろう。どうして特定の理論が今日の研究者にまだアピールし続けているのか，というその理由も学ぶことができるだろう。現在の理論を使って研究者が見つけようとしている発見とは何かについても学べるかもしれない。最後の3つの章では，現在のメディア研究において支配的な見解について議論し，そこで今日実施されている最も興味深い研究をいくつか概観する。これらの見解の有効性と限界を略述しているので，これらの見解から導かれた概念を自分自身のメディア利用について考えたり，ニュー・テクノロジーが自分の生活や社会にどのような影響を与えるかを考えたりするときに当てはめてみてほしい。皆さんの何人かは真剣にメディア研究に取り組んでいくことを考えてほしい。そして皆さん全員が，より能動的でリテラシーをもつメディア利用者になり，自分自身やコミュニティ，国家，世界のニーズを満たすメディアを形成していくうえで指導的な役割を果たせる人になってほしい。

　それではマスコミ理論の5つの時代を手短かにまとめてみよう。それは大衆社会論の時代，マスコミ学の科学的見解が出現した時代，限定効果論の時代，批判・文化理論の時代，中庸効果論の出現の時代である。ここでの要約を読めば，後の章でより詳しく述べられるトピックがだいたい予測できるだろう。

## 大衆社会と大衆文化の時代

　マスコミ理論の解説を始めるにあたっては，まず，メディアについて人々が最初はどのように考えていたのかということを考えてみよう。これらの考えが最初に出てきたのは，新しいメディア・テクノロジーが広がり始めた19世紀後半である。ニュー・テクノロジーに対しては楽観的な理論家もいたが，多くの人々は非常に悲観的であった（Brantlinger, 1983）。彼らは新しい産業技術を，平和農村を乱し人々を都会に住まわせ，大工場や炭鉱や行政機関の便利な労働力として利用するためだけのものだと非難した。理論家たちは都市における

犯罪，文化的多様性，不安定な政治システムなどの理由から都市を恐れていた。

多くの社会思想家にとってマスメディアは，19世紀の都市の悪いものすべてを象徴していた。メディアだけが取り上げられ，激しい批判にさらされた。下層階級の嗜好に迎合し，政治的不穏を挑発し，重要な文化的規範を犯していると非難された。これらの理論家のほとんどが，自分たちが理解できないことを恐れる教養ある支配的**エリート**だった。当時，荘園貴族の古い社会秩序やその文化や政治が崩れつつあった。メディアがこの崩壊の原因なのだろうか，あるいはただ単にこのような変化を速めただけにすぎないのだろうか。

この時代に出現した支配的な見方は，**大衆社会論**と呼ばれている。これは当初，矛盾する概念の寄せ集めにすぎなかった。あるものはかなり革新的で，あるものはかなり保守的であった。大衆社会概念を解釈するのは難しい。というのはこれが政治的見解の両極から生じているからである。この概念は古い政治的秩序を維持しようとする君主制主義者と，革新的変化を求める革命家によって展開された。基本的にはメディアに対する同じ内容の批判が，イデオロギーの対立する両者により提起されたのである。一般的には大衆社会概念は，社会的エリートに強くアピールした。変化によって彼らの権力が脅かされていたからである。**ペニー・プレス**のようなメディア産業はエリートたちにとって格好の批判の対象となった。これらの産業は単純でセンセーショナルな内容を扱うことで社会的に劣位にあるオーディエンスの欲求を満たした。当時のメディアは病理社会の兆候を示すものとして容易に攻撃を受けた。病理社会は，古い価値観（君主主義）に戻る必要があるのか，あるいはまったく新しい価値観（革命）に適応しなければならないのか。この時期には多くの激しい政治論争がマスメディアをめぐる意見や思想に強く影響を与えていた。

大衆社会論の本来の主張は，メディアが伝統的社会秩序を崩すということであった。この崩壊に対処するためには古い秩序を回復する，あるいは新しい秩序を制定するというどちらかの段階を踏まなければならなかった。しかし，誰

---

■**エリート** 社会システムにおいて高い地位あるいは有利な地位を占める人々。
■**大衆社会論** メディアには大きな影響力があるが，しばしば否定的な役目もあると考える，ヨーロッパの産業社会に関する見通し。
■**ペニー・プレス** 1ペニー［1セント］で販売された新聞。多くの読者を得て，広告主に利益をもたらした。

がそれをすべきか。既存の権威はメディアの管理をゆだねるほど信頼できるだろうか。メディア企業を自由に運営させていいのか。革命グループにメディアを利用させていいのか。19世紀末，20世紀はじめにこれらの問題について大論争が起こった。この衝突は多くの場合，伝統を基盤として権力をもつ地主貴族と，産業革命を基盤として権力を得た都市エリートとを対立させた。そのうち，産業革命のリーダーたちが社会変化に大きな影響力をもつようになった。彼らはマスメディアを含む技術発展のすべてに対して好意的であった。彼らの見解によると，技術は本質的に善である。なぜなら技術は物理的環境を支配することを容易にし，人間の生産力を拡大し，物質的富の新しいかたちを生み出したからである。新しい技術は社会問題に終止符を打ち，理想的な社会の発展へと導くだろう。しかしながら，短期間の間に産業化は大きな問題をもたらした。労働者の搾取，公害，社会不安である。3，4，5章ではこの時代のメディアについて考える。

　今日では，テクノロジーに対する批判者の考えも支持者の考えも共に誤ったものであることは明白である。大衆社会の概念は，メディアは短期間に社会秩序を崩壊させるなどとしてメディアの力をかなり誇張していた。メディアの力というのは，最終的にはオーディエンスが自由に選んだ使い方にあるということを考慮していなかった。大衆社会論者は平均的な人々を批判し，マスメディアがもたらす大衆の堕落は必然的に社会的，文化的崩壊をもたらすと恐れていたが，これは極度に父権主義でエリート主義であった。しかしテクノロジー支持者もまた，その影響を適切に考慮することなく技術を適用することは，多くの不必要で有害な結果をもたらすということを認識していなかった。

## マス・コミュニケーションにおける科学的視点の出現

　1930年代を通して大衆社会論は，特にメディア理論家の間で支配的であり，それ以降常に，新しい技術が既存の体制に脅威になりそうになるたびに，断続的にもてはやされてきた。1930年代に世界で起きた出来事は，大衆社会概念が真実であると絶えず確信させるものであった。ヨーロッパでは反動的・革新的政治運動が，政治権力闘争にメディアを利用した。ドイツのナチスは当時のニューメディアである映画やラジオの力を，プロパガンダの手法として容赦なく

利用した。これらのプロパガンダを実践することで，政治指導者が人々の態度や信念を簡単に操作できるかのようであった。ヨーロッパの各地で，ヒトラー，スターリン，ムッソリーニといった全体主義の独裁者が政治権力を握り，多くの人々を完全に統制下においた。民間メディア，特に放送メディアは，ヨーロッパのほとんどの国で政府が直接管理するようになった。その目的はメディアを社会奉仕に最大限に利用することであった。しかしほとんどの場合，意図しなかった結果として，この絶大な権力が残虐な指導者の手に移ってしまった。この指導者たちは，市民すべてにとって最善のことを自らが具体化していると確信していたのである。そのなかでの重要な例外はイギリスで，独立した公共団体である英国放送協会（BBC）が放送メディアとして創設され運営されたことである。

　大衆社会概念は，それが最も社会に浸透しているときに，最も思いもよらないところから攻撃を受けた。それは，ナチスから逃れ，フォード基金の奨学金により心理学の分野で教育を受けたオーストリアの移民者からであった（Lazarsfeld, 1969）。その移民者とはポール・ラザースフェルドであり，彼はマスコミ研究分野における最適の時期に，最適の場所に来た最適の研究者であった。多くの研究者仲間と同じように，ラザースフェルドは社会問題を理解したり解決するための調査やフィールド実験など，新しく開発された社会科学的方法を探求することに興味をもっていた。彼は自分が受けた教育と，経営技術の高い能力を結びつけた。アメリカに来てから数年後には，彼が設立した社会研究センターであるコロンビア大学応用社会調査研究所は，非常に活気があり成功していた。その名称は総称的だが，この研究所はその初期にはメディアに関連するかなり多くの研究を実施した。

　ラザースフェルドは，理論発展期における典型的な人物の例である。過去の理論に基盤をおくが，その理論を評価するために別の思考や方法も考慮するという革新性をもっている。ラザースフェルドは，大衆社会論に精通しており，かなり共感もしていたが（Lazarsfeld, 1941），何にもまして科学者でもあった。彼はメディアが社会に与える影響について単に思考をめぐらすだけでは十分でないと考え，その代わりに，慎重に計画し精緻化した現場実験を行なうことを提案した。現場実験によりメディアの影響を観察しその度合いを測定することができると考えた。政治的プロパガンダが強力な影響をもつということを仮定するだけでは十分ではなかった。このような効果があることを具体的証拠によ

って証明する必要があると考えた（Lazarsfeld, Berelson, & Gaudet, 1944）。彼の最も有名な業績である投票行動研究は，実際にメディアの力を証明する試みとして始まったが，少なくとも彼とその仲間たちにとっては予期したのとはまったく反対の結果が証明されることになった。

1950年代までにラザースフェルドの研究は膨大なデータを生み出した（コンピュータ時代以前の基準からすると）。彼はこのデータを解釈することで，メディアは以前に想像したほど強い影響力をもっていないと結論づけるに至った。人々はメディアの影響に対抗する多くの方法をもっていること，多くの競合する要因に影響を受けていることに気づいた。メディアは破壊的で社会的な力として働くのではなく既存の社会傾向を強化し，既存の体制を脅かすのではなく強化しているように思えた。大衆社会論者が最も恐れるような脅威を証明する証拠はほとんど見つからなかった。ラザースフェルドは自分の理論を名づけなかったが，それは現在では**限定効果論**と呼ばれている。

今日では，6章，7章に見るように限定効果論は小さなメディア理論の多くを網羅している。この理論ではメディアは，個人の生活やより大きな社会において，非常に限定された役割しか果たしていないとされる。その欠点は認識されつつも，この種の多くの理論が研究の指標として広く利用されている。これらの理論は，さまざまなタイプのオーディエンスに対して，習慣化されたメディア利用が短期間に与える影響を説明するときには特に有効である。これらの理論のいくつかは**行政管理理論**と呼ばれている。というのは，さまざまな組織が実際に意思決定を導く際に利用されているからである。たとえば，テレビ広告主が売り上げを伸ばすためにキャンペーン戦略を展開し評価するときに，これらの理論がテレビの広告主の指針となる。

## 限定効果パラダイムの出現

1950年代をとおして限定効果の概念は学界で受け入れられた。重要な衝突が

---

■**限定効果論**　メディアは，現存する社会に脅威を与えるのでなく，現存する社会的風潮を強化するという見解。
■**行政管理理論**　さまざまな組織が，実践的な判断を導き出したいときに使うメディア理論。

限定効果論者と大衆社会概念の支持者の間でいくつか生じた（Bauer & Bauer, 1960）。1960年代にはメディア効果に関する古典的研究が出版され（Campbell, Converse, Miller & Stokes, 1960; Deutschmann & Danielson, 1960; Klapper, 1960），明確に限定効果概念への支持を表明した。1961年までにはV・O・キーが『世論とアメリカ民主主義』を出版したが，それは限定効果概念と社会政治理論を統合した理論的方法論的力作であり，現在**エリート多元主義**として知られる見解を生み出した。大衆社会概念論者は「非科学的」「非合理的」という攻撃をますます受けるようになった。それは彼らが「堅固な科学的成果」を疑問視したからである。大衆社会概念はさらに学界からの信用を失っていった。というのは大衆社会概念が，1950年代にジョセフ・マッカーシー上院議員によって広められた**赤の恐怖**［共産主義者追放］と結びつけられたからである。マッカーシーとその仲間は共産主義者とされた人々をメディアから追い出すことに躍起になった。このパージは大衆社会論を利用することにより正当化された。一般の人々はメディア操作から保護される必要があるというのである。

1960年代中頃には，大衆社会概念と限定効果概念をめぐる論争は，少なくともマスコミ研究者の間では終わったようである。実証研究による結果は増え続け，ほとんどすべての結果が限定効果論と調和しており，大衆社会論を支持したものはほとんどなかった。これは驚くにはあたらない。というのは，当時実証研究の訓練を受けていた研究者たちのほとんどが，その虚偽性について警告されていたからである。たとえば，アメリカで暴力に関する関心が高まり，権威に対する敬意が消えていったこの1960年代という時代には，マスコミ学でなく，心理学出身の研究者や理論家が，こういった社会病理に対するテレビの影響を積極的に検証し目立っていた（第8章でその功績を検証する）。

多くのコミュニケーション科学者は強力なメディア効果を探求するのをやめ，第8章に見るように，代わりに中庸の，限定的な効果を立証するようになった。何人かのメディア研究者はメディア研究に嫌気がさして，政治学や社会学の仕事に戻った。ポール・ラザースフェルドとともに研究した仲間の1人であるバーナード・ベレルソンは，論争を巻き起こしたエッセイのなかで，コミュニケ

---

■**エリート多元主義** 教養のあるオーディエンスがメディアを利用すれば，民主主義は豊かになると主張する理論。
■**赤の恐怖** アメリカにおいて，1950年代後半から1960年代前半，メディア機関や政府のなかから，レッズ（Reds）と呼ばれる共産主義者を探すときに，基本的自由が脅かされた。

ーション研究領域はもう死んだと宣言した（Berelson, 1959）。ベレルソンは，もう研究すべきものは何もない，今はもっと重要な問題に移行するときだと主張した。皮肉にも彼はこのエッセイをメディア研究という分野が爆発的な成長を遂げる直前に書いた。1960年代後半から1970年代にかけて，多くの学生がジャーナリズム・スクールやコミュニケーション学科に押し寄せた。人数が増えるにつれて教員も増えた。教員が増えるにつれ研究の数も増えた。しかし，何か研究すべきことがまだあったのだろうか。10章，11章がこの問いに答えてくれる。

## 文化批判──限定効果パラダイムへの挑戦

　アメリカのコミュニケーション研究者のほとんどは，自分たちが基盤としている限定効果概念と実証研究の成果には説得力があると思っていたが，他国の研究者たちは第9章に見るように，それほど納得しているわけではなかった。メディアの力に対する関心が，左翼右翼ともに第二次世界大戦のプロパガンダの経験に深く根ざしているヨーロッパでは，大衆社会概念は繁栄し続けた。ヨーロッパ人は，社会理論を実証し発展させていくための科学的，数量的な社会研究方法がもつ力に対しても懐疑的であった。これらの方法は広く，アメリカ独特の物神主義だと見られていた。ヨーロッパの学者のなかには第二次大戦後にアメリカ人がもたらした影響に憤りを感じている者もいた。彼らはアメリカの経験主義は単純で，知的に不毛であると論じた。何人かのヨーロッパの学者はアメリカの考えを迎え入れ支持したが，それ以外の人は強く抵抗し，より偏見のない，より伝統的にヨーロッパ的であると考えるアプローチを支持するよう主張した。
　戦後のアメリカの影響に激しく抵抗したヨーロッパの社会理論家のグループの1つが**ネオマルクス主義者**たちである（Hall, 1982）。この左翼社会理論家たちは，メディアが，支配的な社会エリートの権力を維持させていると考えている。メディアはエリートの利益になるような世界観を広げるために，便利で巧

---

■**ネオマルクス主義**　メディアは支配的な社会的エリートがその権力を維持することを可能にしている，と主張した社会理論。

妙なしかも効果的な手段を提供する。マスメディアは，文化的闘争の場であり支配的でヘゲモニー的（覇権的）な文化が作られる公共領域と見なすことができるという。エリートははじめから圧倒的な優位性をもっているので，彼らがこの闘争を支配する。反論者は周縁に押しやられ，既存の体制が社会を構成する唯一の論理的かつ合理的方法であるとして提示される。ネオマルクス主義者の理論では，メディア制度を検証し，メディア内容を解釈することを重視するようになった。

1960年代にイギリスのネオマルクス主義者は，**イギリスのカルチュラル・スタディーズ**と呼ばれる社会理論学派を発展させた。カルチュラル・スタディーズは，社会のさまざまな下位集団に，ヘゲモニー的な世界観と支配的文化を広めていくマスメディアと，その役割に大きく焦点をおいた。研究者たちは各下位集団がそれぞれどのようにメディアを利用しているかを研究し，メディア利用がどのように支配的エリートを支持するように導いたかを示した（Mosco & Herman, 1981）。研究者たちは多くの場合，人々はヘゲモニー的な考えに抵抗し，社会についてそれに替わる別の解釈を増やしていることを発見した。イギリスのカルチュラル・スタディーズは，メディアの影響について，はじめは**決定論的仮説**（つまり，メディアの影響は強力で直接的であるというもの）をもっていたが，その研究過程でオーディエンスの受容研究に焦点を当てるようになり，ある特定の状況下においてメディアがもつ潜在的な力について，また，メディアの影響に抗する能動的オーディエンスの能力に関する重要な問いを復活させた。この問いは1960年代にアメリカのメディア学者が無視したものであった。というのは，彼らはメディアの力に対しては懐疑的でかつオーディエンスは受動的であると仮定していたからである。

1970年代には，メディアの影響力は強大なのではないかという問いが，アメリカの大学で再びもちあがってきた。この問いは最初は限定効果の見解に縛られず，科学的手法の教育も受けていない人文学系の学者によって頻繁に提起された。彼らの議論は社会科学者からは，決まって無視され周縁に押しやられた。

---

■**イギリスのカルチュラル・スタディーズ**　マスメディアに焦点を当てた考え方。ヘゲモニー的な世界観や，ある社会の数ある下位集団のなかで支配的な文化の助長にマスメディアが果たす役割に，焦点を当てたものの見方。
■**決定論的仮説**　メディアの力は強力で，その影響は直接的であるという仮説。

というのは，人文系の学者は「科学的証拠」をもっていなかったからである。この学者たちの何人かはヨーロッパ的文化批判に惹かれた。他の者は，ハロルド・イニスやマーシャル・マクルーハンなどのカナダの学者を頻繁に引用しながらも（Carey, 1977），「正当な」アメリカのカルチュラル・スタディーズ学派を形成しようとした。この**文化批判**は，初期には効果研究の「主流派」からかなり懐疑的に迎えられたが，次第に限定効果概念に代わる信頼のおける重要な概念としてその地位を確立していった。

## 中庸効果論の出現

　限定効果論は近年，重要な変容を遂げている。これは部分的にはカルチュラル・スタディーズの圧力によるのだが，12章にあるように新しいコミュニケーション技術の出現が人々がメディアをどう利用するか（そしてメディアにどう利用されているのか）に関して，伝統的仮説の再考を迫っているからでもある。ということは，私たちはマス・コミュニケーション理論の第5の時代になるかもしれない時代の初期にいることになる。中庸のメディア効果の概念をサポートする新しい見方，たとえば**コミュニケーション科学**や**社会記号論**，そして**メディア・リテラシー**運動などが出現している。いくつかの要因がメディアがもつ力に関する古い研究課題に再検討を迫った。新しい証拠はメディアが強い影響をもっている可能性もあることを明示している（たとえばIyengar & Kinder, 1986; Wartella, 1997）。この証拠は画期的な研究手法を用いて集められるが，この手法は長期間にわたるメディア効果を研究しやすくしている。この方法はまた，研究者が短期間の影響をより深く精査することを可能にし，これま

---

■**文化批判**　社会における利害の対立や，コミュニケーションという手段によってある1つのグループが他のグループに対して優位を保ち続けるやり方，に関するいろいろな考え方。
■**コミュニケーション科学**　質的，実証的，行動的調査方法を基盤とするすべての研究アプローチを統合しようとする研究の見解。
■**社会記号論**　どのようにして利用者が，メディアで流れるメッセージの意味を理解していくのかを理解するために，利用者の活動に注目して，コミュニケーション科学や批判的研究，カルチュラル・スタディーズを統合したもの。
■**メディア・リテラシー**　メディアで扱われるメッセージにアクセスする能力，それを分析する能力，それを評価する能力，メディアを用いてコミュニケーションをとる能力を総称してメディア・リテラシーという。

での研究では捉えにくかった影響を見つけるのにも役立っている（Berger & Chaffee, 1987a）。

これらの見解の中心にあるのが，メディアを利用して意味ある経験を創造する能動的オーディエンスの概念である（Bryant & Street, 1988）。中庸効果論の見解は，視聴者や読者が直接意図した結果として，重要なメディア効果が長期間にわたって起こる可能性があると認識している。人々はメディアを情報を得るために使ったり，意味ある経験をもたらすのに利用するといったように，特定の目的に役立てることができるのである。

この「意味付与の見解」によると，人々が意味を作り出すためにメディアを使っているときは，すなわち望んでいる経験を意図的に引き出すことができるときは，有意義な結果が生ずる。この結果は，あるときは消費者が意図したものであり，またあるときは期待はずれで不要なものである。意味付与に侵入したり中断させたりする要因が予期せぬ結果を生むことがある。この見解は，将来の研究ではメディアを利用して人々が意味付けを行なうときに意味付けに成功するか失敗するかを中心に研究すべきであることを暗示している。メディア利用の意図的結果と，非意図的結果の双方が研究されなければならないのである。

中庸効果論を展開した理論家たちは以前の限定効果概念の重大な欠点と闘っていた。限定効果論の見解では，文化が変化しているときにメディアが果たす役割を理解したり予測したりできなかった。限定効果論の理論家たちはこのような変化においてメディアが重要な役割を果たしうるという可能性を完全に否定していたので，メディアの力が働いたことが明白な場合にもそれをうまく説明することができなかった。たとえば，限定効果論者は，市民権運動，ベトナム反戦運動，女性運動や60年代のカウンター・カルチャー運動などでメディアが果たしたであろう重要な役割を否定せざるをえなかった。けれどもこれらの運動のリーダーたちはメンバーを集めコミュニケーションをとるために，また，自分たちの考えを人々に表現する道具としてメディアをかなり利用した。さらに，少し常識を働かせ，ちょっと歴史的に吟味すれば，これらの運動がメディアを非常にうまく利用していたことがわかる。この大規模なメディアの影響を示す明白な事例を限定効果論が説明できなかった原因の1つは，**分析レベル**の概念にあるだろう。

社会研究の課題は**マクロな視点**から**ミクロな視点**までさまざまなレベルで研

究できる。たとえば，研究者は文化や社会や国家，組織や集団，小集団や個人に対するメディアの影響を研究できる。メディアによる影響の問題はどのレベルでもアプローチできるはずだし，匹敵する結果を発見することもできるはずである。しかし，限定効果論者はミクロなレベルに注意を集中する傾向がある。特に，データを簡単に，しかも効率的に集めることのできる個人に集中する傾向があった。ミクロなレベルで一貫した効果を示すのが難しいときには，文化レベル，あるいはマクロレベルでの影響の可能性は排除してしまう傾向があった。

　たとえば限定効果論は，広告のイメージが重要な文化変容の原因になりうるということを否定し，広告は単に既存の社会傾向を強化するだけであると主張した。せいぜい（あるいは最悪の場合でも）広告主や政治家が自分の目的を達成するためにこの社会傾向を利用するにすぎないとした。このように，まるである製品の広告主がヤッピーやベビーブーム世代［戦後のベビーブーム時代に生まれ，豊かな社会で高等教育を受け，都市に住み専門職で高収入を得ている若い人］がもつ態度傾向を悪用するのとほとんど同じやり方で，政治家候補者たちは愛国心や人種差別による巻き返しをうまく捕えて，自分たちのキャンペーンを促進できるかもしれない。しかし，政治的指導者たちが私たちのもつ基本的傾向に対して行なうアピールが民主主義や文化に与える効果を，いったい誰が否定しうるだろうか。

　このような強化の議論は妥当かもしれないが，初期には不必要なまでに視野が限定されていた。中庸効果論の理論家たちは，強化概念をメディアの影響に関して重要で新しいカテゴリーであるとし，さらに大きな理論へと発展させた。これらの理論家たちはどんな時代のどんな場合でも，対立し相反する多くの社会的傾向が存在すると論じた。ある場合は広告主が利用する市場テクニックを使って強化するほうが簡単であろう。潜在的に利用可能な社会傾向は，人々の注意が反対の方向に向けられると弱まってしまうことがある。広告主や政治コンサルタントは，既存の市場テクニックで簡単に強化できる社会的傾向のなかから，長期的な公共利益のためではなく，自己利益のために短期間で最も役に

---

■**分析レベル**　個人レベルから社会システムレベルまで，研究者が注目する焦点。
■**マクロ理論**　文化的・社会的レベルで影響を説明しようとする試み。
■**ミクロ理論**　私的あるいは個人的レベルで影響を説明しようとする試み。

立ちそうなものを，プロモーションのためのコミュニケーション基盤として自由に選ぶのである。このようにして，多くの潜在的に建設的な社会的傾向は発展していかない。というのは既存の技術では簡単にそれを強化することはできないし，それとは逆の傾向が即利益を求める広告主によって強化されるからである。砂糖のついたシリアルの販売を促進する土曜の朝刊の漫画は，もっと健康的な食べ物を子どもに奨励する効果的手段にもなりうるのである。あるいは，この章のはじめに戻れば，新しく重要で，知的でかつ文化的な社会共同体の創造に導くことができるインターネットが，そしてメディアを媒介とするコミュニケーションにおいて人々に無制限の支配を与えることもできるインターネットが，そのまさに同じインターネットが，多くの広告と，いっそうの商業化と，さらに強化される広告主の支配で制圧される可能性もある。

## 論点に関して進行中の議論

　カルチュラル・スタディーズが広まり，中庸効果概念が現れたことによって，私たちが掲げたメディアに関連する3つの論点についての議論は活性化した。読者はこれまで，MTV［アメリカのロック・ミュージック専門のケーブル・テレビ局］における暴力と性差別の議論，アル・ゴア対ジョージ・W・ブッシュの選挙でブッシュの勝利にメディアが影響を与えたこと，9・11後の戦争中にアメリカのジャーナリストが軍から受けたテロに対する統制が妥当であるか，またその統制の影響は何かなど，いくつものメディア効果の問題に関わってきたに違いない。このような討論が刺激となって研究が増え，よりよい理論が発展する可能性もあるが，それはまた光より熱を生み出すかもしれない。私たちは，どうしてメディアの影響を明快に理解するのがこんなに困難であったのか，どうしてメディアに関する誤った概念がこんなに簡単に広まったのかをよく理解する必要がある。

　この本の最終章ではメディアに関していくつかの見解を検討し，それらがメディアに関連するこの3つの論点をどう扱い，どのようなかたちで現代の研究課題となっているかを示したい。読者は独自の立場を発展させ，別の議論から自分の見解を守るために，ここにあげた理論を利用して欲しい。この本で紹介している理論は，読者がメディアに関する自分の見解にこれらの理論を組み込

み，自分自身の生活のなかでその重要性を認識しなければ，抽象的な見解で終わってしまう。最終的には，読者自身がメディアを役に立つようにうまく利用し，メディアからのネガティブな影響に対して防御する責任をもっているのである。

　私たちは，今21世紀の初期にいる。この時期はおそらく歴史上の19世紀末に似ていなくもない――それは，数々の斬新なメディア技術が，強力なニューメディアとしてまとまりつつある時期ではないだろうか。私たちはこの挑戦的で不確定な未来に立ち向かうために過去から十分に学んだだろうか。既存の制度の崩壊によって生じたギャップを埋めるために，メディア企業家がニューメディア制度を作るのを私たちは単に見ているだけなのだろうか。あるいは私たちのニーズや，私たちが生きているコミュニティの長期的ニーズを満たすために，新しい制度を作り出す努力の一端を担うのだろうか。この本を読んでいくなかでこのような問題に取り組んでいってほしい。そして最後の挑戦として再びこの問題を提起したい。

### さらに深く検討しよう！

**1** 現代のメディア環境は，その威力を発揮できる場所を求めるニュー・テクノロジーや，もう一度生まれ変わろうとする従来の技術で満ちている。以下のウェブサイトに行き（またはあなたにとってより意味のある別のサイトを見つけて），「ニューキッズ」「ティーンエイジャーズ」「オールドライオンズ」がそれぞれどう位置づけられているか比較しなさい。

ニューキッズ
　DBS（DirecTV）　　　http://www.directv.com
　Tivoh　　　　　　　　http://www.tivo.com

ティーンエイジャーズ
　　Fox Television　　　http://fox.com/home.htm
　　MTV　　　　　　　　http://www.mtv.com
　　CNN　　　　　　　　http://www.cnn.com
　　Wired Magazine　　http://www.wired.com

オールドライオンズ
ABC                   http://www.abc.com
NBC                   http://www.nbc.com
CBS                   http://www.cbs.com
ライフマガジン         http://pathfinder.com/Life/lifehome.html
アメリカ新聞協会       http://www.naa.org/

**2** インターネット上には，この注目すべきニューメディアをとりまく論争を取り扱うサイトがいくつかある。次はそのなかの最良のものである。各サイトに行き，インターネットの力，有用性，脅威という観点から各サイトの考え方を特定できるかどうかやってみよう。

民主主義と科学技術センター　http://www.cdt.org/
ネットスケープのプライバシー保護情報
　　　　　　　　　　　　　http://home.netscape.com/privacy/index.html
インターネットプライバシーのリンク
　　　　　　　　　　　　　http://privacy.net/
EFF（電子フロンティア協会：インターネットにおける自由の問題）
　　　　　　　　　　　　　http://www.eff.org
　　［Electronic Frontier Foundation：ロータス社の創業者が設立した非営利組織で，ネットワーク社会でのプライバシー，表現の自由，情報へのアクセスなどの問題に取り組んでいる。］
ＡＣニールセン             http://www.nielsen.com
インターネット保護者用ガイド http://www.ed.gov/pubs/parents/internet
インターネット定義         http://www.whatis.com

**3** インフォ・トラック学生版（Info Trac® College Edition）を使って，インターネット，WWW，DVD，またはその他の新しいコミュニケーション技術についておもしろいコメントが掲載されている最近よく読まれている雑誌をいくつかチェックしてみよう。その雑誌のコメントの一般的な雰囲気，傾向はどんなものだろうか。

**4** インフォ・トラック学生版の検索ページで見つけた出版物のなかから，次世代の技術を予測した箇所や，それが与えうる影響を予測している箇所を探そう。これらの予測の要点は何だろうか。

### 批判的思考のための問い

**1** メディアが与える影響の基本的な問題についてあなたはどのような立場をとっているだろうか。言い換えるなら，あなたは，メディアが個人，社会，文化に影響を与えると考えているだろうか，もしそうならば，どの程度メディアは影響を与えているだろうか。

**2** 私たちは，新しいコミュニケーション・テクノロジーの力は，メディア産業だけでなく，それに依存する世界も再形成すると強く主張している。現代のどの新聞や雑誌を見ても同様のテーマが繰り返し取りあげられている。人々はインターネットやWWWを重視しすぎているだろうか。これらの技術は，単に「テレビと同じ役目をするものが増えただけ」になる運命なのか。広告を見て買い物をするための手段が1つ増えただけになる運命にあるのだろうか。

**3** アメリカは多様な相違を許容し，賞賛さえする国である。と同時に，アメリカは独特の文化をもっている。誰かが彼（彼女）は「典型的なアメリカ人」だと言うのを聞けば，それが何を意味するかわかる。人々がより特殊なメディア内容を求めるにつれてオーディエンスが分裂していくことは，多様な文化を豊かにしていくのだろうか，それとも，それは私たちをさらに分離させ，お互いを孤立させるのだろうか。

**4** 2001年9月11日に起きたテロリストの世界貿易センタービルと国防総省に対する攻撃の影響が残るなか，多くのメディア機関は，悲劇直後の2，3日の間に自分たちが行なったことについて真剣に反省し，それを分析した。その公共の心の探究を通して，各々のメディアが公衆に対する自分たちの責任をどのように捉えるようになったかについて，あなたは何かわかっただろうか。さまざまなメディアの間で（特に，新しいメディアと古いメディアの間で），そのアプローチにどんな違いがあるだろうか。

**5** 9月11日は，最も緊急の「速報」であった。あなたは，ニュースや情報を得るために，すぐに（つまりインターネット時間で）ネットやウェブを調べただろうか。それとも，テレビでの映像や現場からの音声・映像のほうがあなたには適していただろうか。もしかするとあなたには，新聞や雑誌のような一時的に距離をおく省察のほうがよかったかもしれない。あなたはこんなつらい時に，なぜそのメディアを選んだのか説明できるだろうか。

### 重要な人物と文献

Crowley, D.J., and Paul Heyer (1991). *Communication in History: Technology, Culture, Society*. New York: Longman.（クローリー，ヘイヤー編『歴史のなかのコミュニケーション――メディア革命の社会文化史』林進・大久保公雄訳，新曜社，1995）

Delia, Jesse (1987). "Communication Research: A History." In C. Berger and S. Chaffee, eds., *Handbook of Communication Science*. Beverly Hills, CA: Sage.

Lazarsfeld, Paul F. (1969). "An Episode in the History of Social Research: A Memoir." In D. Flemming and B. Bailyn, eds., *The Intellectual Migration: Europe and America, 1930-1960*. Cambridge, MA: Belknap Press of Harvard University.

Lowery, Shearon, and Melvin DeFleur (1995). *Milestones in Mass Communication Research*. White Plains, NY: Longman.

Rogers, Everett M. (1986). "History of Communication Science." In E.M. Rogers ed., *Communication Technology: The New Media in Society*. New York: Free Press.（ロジャーズ『コミュニケーションの科学――マルチメディア社会の基礎理論』安田寿明訳，共立出版，1992）

Wartella, Ellen, and Byron Reeves (1985). "Historical Trends in Research on Children and the Media 1900-1960." *Journal of Communication*, 35: 118-133.

# マス・コミュニケーション理論 2

　私たちの社会は科学者を尊敬し信じる社会である。科学のおかげで，私たちの生活水準は見事なまでに上がり，周りの世界をさらに深く理解できるようになった。しかし，すべての科学者が一様に尊敬されているわけではない。イギリスの天文学者で哲学者でもあるジョン・D・バロウは，1998年に出版された『科学にわからないことがある理由——不可能の起源』の冒頭に，科学の価値とそれを実用化する人に関して次のように書いている。

　　本棚は精神とシリコンチップの成功を解説する本でいっぱいになっている。私たちは科学に対して，何ができるのか，何をしなければならないのかを教えてくれることを期待している。政府は科学者たちが生活の質を改善し，また，すでに「改善されたもの」から保護してくれることを期待する。社会科学者たちは人間の探求によって生じる多くの問題に終わりはないと考えているのだが，未来学者は人間の探求には終わりはないと見ているのである。
　　（原著 p.1）

　科学者は夢見る人であり，解決者であり，守護者である。彼らは生まれかけの星の写真を私たちに届け，原子内部の仕組みを細部にわたって解明し，電子レンジ，CD，WWWを発明した。社会科学者は，懐疑的な見方をする人であり，白けさせる人である。彼らは，テレビが私たちを堕落させ，現代的政治キャンペーンが私たちを民主主義に参加することに対して懐疑的にさせ，親は子どもをひどいやり方で育てていると言う。あるいは，科学技術ライターであるデイビッド・ブルックスが思い出させてくれるように，「20世紀の社会科学の調査からすると，概して，社会科学は極度に悲観的な分野であるということが

わかる」(2002, p.22)。その結果，私たちはバロウの科学者としての成果はすぐに受け入れる。宇宙は絶え間なく膨張するのか。もちろんである。クォーク[物質の基礎単位であると考えられている理論上の粒子]は存在するのか。当然である。それに対して私たちは社会科学者の成果には疑問をもち続けたままである。学校の制服で生徒の規律はよくなるのだろうか。私の子どもはそうならなかった！　バービー人形で遊ぶと小さい女の子の自尊心は傷つけられるだろうか。私はそうは思わない！

　**社会科学者**は，物理的な世界ではなく，社会的な世界を理解するために論理と観察（だから科学だといえる）を用いているのに，私たちの社会では，社会科学者の理論と発見はなぜ受け入れがたいのだろうか。

## 本章の流れ

　この章で検討するのは，社会科学に関する問いと，そこから派生してきた諸理論，特にマス・コミュニケーションの理論である。人間行動を体系的に研究しようとする人が直面する問題点と，人間行動とマスメディアを研究するときに直面する問題について検討する。また，理論を定義し，マス・コミュニケーション理論に関する分類をいくつか提示する。もっとも重要なことは，じつはマス・コミュニケーション理論の発展とその研究をめぐる諸問題はまったく問題ではないということである。その諸問題は，むしろマス・コミュニケーションの理論研究をより興味深く，刺激的なものにしてくれているのだということを確信してほしい。バロウが述べているように，「完全に知ることができるほど単純な世界は，単純すぎて，それを知っている可能性のある思考力ある観察者を含みえないだろう」(1998, p.3)。

## 科学と人間行動

　私たちの社会がときおり，社会科学者の理論を受け入れがたいと躊躇する根

---

■**社会科学者**　人間の世界や社会における諸現象間の関係性を検証する科学者。

源に**因果性**の論理がある。みんなこの論理を知っている。お湯を沸かすという簡単な例で考えてみよう。私たちが（あるいは私たちの代理人，社会科学者が）独立変数（熱）を操作することができ，毎回同じ条件（海抜0メートル）で，同じ効果（100℃で沸騰する）を生じさせることができると，**因果関係**が成立する。海抜0メートルで水を100℃まで加熱すると，沸騰する。海抜0メートルでビーカーの水を何度加熱してもすべて100℃で沸騰するだろう。それより熱が低いと水は沸騰しない。エベレストの山頂で水を加熱すると，100℃より低い温度で沸騰する。海抜0メートルに戻る（あるいは実験室で気圧を変える）と，100℃で沸騰する。統制された条件での反復的観察，この方法には名前がつけられていて，**科学的方法**と呼ばれ，その定義はさまざまである。次にいくつかあげてみよう。

1 「いまだ発見されていない真理を洞察する手段であって，(1) 探求目的を明示した課題を特定し，(2) その問題を解決するためにデータを収集し，(3) データを位置づける論理的手段として，また，問題を解決する1つの方法として**仮説**を設定し，(4) そのデータの解釈が，研究の出発点となった問題を解明するかどうかを確かめるために，データを処理し解釈することによって実証的にその仮説を検証すること」(Leedy, 1997, pp.94-95)

2 「相互に関連した構成概念（概念），定義，命題のセットであり，これらが，諸現象を説明し予測することを目的として変数間の関係を特定することにより，ある現象についての体系的な視点を提供する」(Kerlinger, 1986, p.9)

3 「私たちの信念が，人間的なものではなく外的に普遍なものによって，いわば，私たちの思考が何の影響も及ぼさないものによって，決定されうる方法…この方法においては，各自の最終的な結論は同じにならなければならない。それが科学の方法である。その基盤となる仮説は…それについての私た

---

■**因果性**　第3の変数によって媒介される場合を含め，ある要因がほかの要因に影響する関係のこと。
■**因果関係**　ある条件下で特定変数に起こる変化が，ほかの変数に常に同じ効果をもたらす関係性のこと。
■**科学的方法**　事実の正確な観察と解釈を通じた真理の追求。
■**仮説**　ある出来事に対する検証可能な予測。

ちの意見にはまったく関係なく，ある性質をもつものが実在するということである」(Peirce, 1955, p.18)

　今世紀，一部の社会研究者が科学的方法を人間行動と社会に関する研究に適用しようとしてきた。第 1 章で述べたように，ポール・ラザースフェルドは社会研究の方法をマスメディア研究に適用するよう初めて主張した人であった。2 章以降で，そのほかのいく人かの主たる先駆者たち，カール・ホヴランド，バーナード・ベレルソン，エリユ・カッツなどの業績を検討する。科学的方法の基本的な論理はかなり単純ではあるが，その社会科学への適用はより複雑になる場合がある。
　たとえば，今までかなり議論されてきた政治キャンペーンのマスコミ報道とそれが投票者数に与える影響を考えてみよう。私たちはメディアが，これまで以上にますます選挙に関心を払うようになっていることを知っている。今日，私たちはテレビで候補者の活動を絶えず見ることができる。中継車で候補者を追い，衛星でニュースを送信するので，地方テレビ局はそれを自分たちのエリアに放送することができる。インターネットとウェブを用いれば候補者やその人の考えや，対立候補者の考えにもすぐアクセスできる。しかし，メディア技術が発達し，キャンペーン報道が刷新したにもかかわらず，アメリカの投票率は著しく低い。アメリカは，世界の民主主義国家のなかでも最も投票率の低い国の 1 つである。メディアの政治キャンペーン報道が投票率の低下を招いたと仮定できるのだろうか。大衆社会論者は直ちにこのように主張しただろう。果たして彼らは正しいのだろうか。どうすればこの主張が妥当であると証明できるだろうか，あるいはどうやって証明すべきだろうか。
　後で見るように，マス・コミュニケーション研究の先駆者たちは，1930 年代にこうした状況に直面した。当時は，マスメディアがもたらす悪影響に関した科学的研究はきわめて少数しかなく，大胆な主張が多かった時期であった。しかし，ラザースフェルドやホヴランドのような人たちは，こうした主張を支持または拒否することができるような観察なしに，このような主張を受け入れることには抵抗を示した。
　しかしながら，このような研究者は，科学的方法をマス・コミュニケーション研究に適用する際に多くの問題に直面した。どうしたら繰り返し同じ現象を観察できるのか。政治報道を見る 2 組の視聴者も，どんな 2 人でも，まったく

同じではありえない。まったく同じ選挙があるわけでもない。科学者が同じ人たちを対象にまったく同じ実験を繰り返し実施しても（たとえば，同じ報道を見せ，投票するかどうか，誰に投票するかを尋ねるという実験），この人たちは，次々に新しい経験（研究ではそれに参加するという経験）を重ねることになるので，前の条件とは異なるものになってしまう。

　観察した結果に影響を及ぼすと思われる条件をどうやって統制できるだろうか。学校，家族，教会から学んできた投票することへの責任や市民としての責任はいうまでもなく，人々が何を見るか，何を読むか，何を聞くか，誰に話すのかをいったい誰が統制できるのだろうか。解決法の１つは，人を実験室に入れ，見るものと学習するものを限定することである。しかし，人は実験室で成長するわけでもないし，実験室の実験で出会った見知らぬ人とテレビを見るわけでもない。皮膚電気反応装置をつけられ，眼球の動きを追う機械で測定されながらメディアからメッセージを得るわけでもない。研究されている最中の原子とは違い，人は社会科学者が発見した結果を受けて行動を変えることもできるし，実際ときには変えることもある。このせいで，因果性を主張することがますます難しくなってしまうのである。

　こうした科学的方法を用いるのは，社会研究者にとっては以下のような４つの理由から困難である。

1　**重要な，興味深い人間行動のほとんどは，測定するのが非常に困難である。**
水が沸騰する温度は簡単に測定できる。精巧で複雑な技術を用いて原子の重さや宇宙が膨張する速度までも測定することができる。しかし，市民としての義務というようなものはどうやって測定すればいいのだろうか。投票回数を数えるべきだろうか。投票しないというある個人の決定は，そうした義務に対する個人的表現かもしれない。テレビ暴力の研究で攻撃性を計る方法のような少しわかりやすい例を考えてみよう。子どもがゴム人形を何回殴るかで攻撃性を測定できるだろうか。隣の人の噂話をするのは攻撃的な行動なのか。態度（観察できる行動というよりは何かをしようとする傾向）をどうやって測定するのか。保守的な政治観をもつ傾向が6.6kgあるとか，愛国心は16.7mmである，といった測定値はいったい何なのだろうか。

2　**人間行動はあまりにも複雑すぎる。**人間の行動を因果関係で説明するのは

## 好奇心 - 証拠 - 知識
### ──社会を調べる探偵としてのコミュニケーション研究者

ボックス2a-1

ジョン・A・コートライト博士
コミュニケーション研究者ジョン・ボワーズとともに『コミュニケーション研究方法論』の共著者。デラウェア大学コミュニケーション学科教授。

---

あなたはこの本の各章で，マス・コミュニケーションについて，多くの情報と，それが日常生活に広くもたらす影響とを目にするだろう（願わくばこれらを学んでほしい）。こうした知識には簡単で一般常識と一致するものもあるが，かなり複雑で理論的であり，直感的知識に反するものもあるだろう。

簡単なものであれ，複雑なものであれ，この本に載っているそれぞれの知識が，コミュニケーション学者の日々頭から離れない質問「なぜ？」「どうして？」「もし……だったらどうなるだろうか？」といういくつかのシンプルな問いに答えるものになっているのだとわかって，驚くのではないだろうか。コミュニケーション研究者はこうした基本的な問いを発することで限りない好奇心を常に発揮し，そして体系的にその答えを探そうとしているのである。

コミュニケーション研究者の（実際にはどの分野の研究者であれ）好奇心が，あなたや研究者でない人の好奇心と異なる点は，彼らの優れた知性や魅力的なパーソナリティにあるのではない。違うのは，コミュニケーション研究者が自分の好奇心を満たすために採用するアプローチである。問いを提起しその問いに答えようとするための科学的アプローチを特徴づけるのは，体系的に答えを出すことをいつまでも強調しているということである。この「体系」は，コミュニケーション研究者が正規の大学教育で習得する数多くの手順，テクニック，アプローチ，分析ツールから成る。大工が金づち，のこぎり，測量機械の1つである水準器を巧みに使えるように学ばなければならないのと同様，コミュニケーション研究者は，その業界でのツールを使えるよう訓練を受けるのである。

正規の訓練というのはさておいて，コミュニケーション研究者をイメージする最善の方法は，大工としてではなく，むしろ事件を立証するために常に証拠を集めている探偵として想像することである。探偵は，ある人物が事件に関わっていることを知っているかもしれないが，その探偵が証拠を得られない限り，直感だけでは不十分である。同様に，あるコミュニケーション研究者が，テレビが特定集団（たとえば12歳未満の子ども）に，何らかの影響を及ぼしているという「確かな予感」をもつかもしれない。しかし，体系的で科学的な手続きを用いて，そうした影響を納得できる証拠とともに示さないと，同じ分野の陪審員，つまり訓

> **ボックス2a-2**
>
> 練を受けた他のコミュニケーション研究者を説得することはできない。
> 　以上のように，この本の各部分を読むときには，今学習していることは体系的な証拠の収集によって導かれた好奇心の結果であることを思い出してほしい。ある結果や理論的主張がばかばかしいと思っても，つまり「私は絶対こういうふうには行動しない！」と思っても，見識ある研究者たちは，証拠にもとづいて平均的な人はそのように行動すると納得したのだということを思い出そう（あなたが平均的でないのかもしれない）。最後になるが，もし，あなたが社会を調べる探偵になりたいなら，コミュニケーション研究者や学者としての道を考えてもいいかもしれない。

容易ではない。水を沸騰させる単一の要因を明らかにするのは簡単だ。しかし，人間の行動については，重要な行為の唯一の原因となる１つの要因を取り出すのは不可能だということがわかる。観察可能な行動を引き起こすさまざまな要因を科学者たちが完全に把握するには，人間の行動は端的に言ってあまりにも複雑すぎる。水を沸騰させる実験で，熱と気圧は簡単に制御できる。化学実験では，元素は比較的容易に統制できる。しかし，媒介されたコミュニケーションが政治キャンペーンに及ぼす影響力について理論を構築したい場合，人々が利用するメディアをどうやって統制できるだろうか。特定のタイプのニュースへの注目度をどうやって統制できるだろうか。どうすれば人々が見たり聞いたりしたものをどの程度理解したのか測定できるだろうか。調査のずっと前から人々に影響を与えていた諸要因についてはどう考慮すればよいか。たとえば，政治的なことについて，両親や学校，仲間から，どのような影響をどの程度受けて社会化してきたのかを，どうやって測定するのか。こうしたすべての要因が（ほかにも要因は無数にあるということは言うまでもないが），人々のメディア利用と選挙における行動との関係に影響しているだろう。何が何を引き起こしたかについて確信をもつことなどできるだろうか。まして投票率は，メディアによる報道がなければ，さらに急激に減少したかもしれない。ある人が投票するきっかけとなる要因が，ほかの人にとっては投票しないで家にいる理由になる場合もあることを忘れてはならない。

3　人間は目標をもち，自分で行動を振り返って考えることができる。私たちは常にすでに起きたことに反応して行動しているのではなく，これから起きてほしいこと，または期待していることに対して行動することが多い。さらに，目標を常に修正し，成功と失敗の可能性をかなり主観的に判断する。水は火にかけた後に沸騰する。水は沸騰することについて何も考えない。水は沸騰を経験し始めようと考えることもないし，その後，その経験が好きではないと判断することもない。私たちは自ら行動することとしないことについて考える。価値，信念，そして態度についてよく考える。水は沸騰に抵抗する態度を発達させないので，自分が経験している熱さを誤認することはない。熱が除かれると，沸騰しなくなる。沸騰しないことについて何も考えないし，沸騰しないと決心するのに迷うこともない。沸騰するのは楽しいとか，熱が十分ない場合でも続けなければならないとかを話す友達もいない。しかし，人間は自らの行動について考えているし，何かが起きると期待して行動を起こすことも多い。あなたは通常ある映画の広告を1つ見ただけでその映画を見にいくだろうか（単純な因果関係），あるいはその映画のプロモーションをまったく見たことがないのに，有益な時間を過ごせると期待して，つまり何か意味をもたせ，特定の経験を作り出すために映画を見にいくだろうか。たとえば，第8章で検討する有名なテレビ暴力に関する研究の1つに，少年たちが攻撃的に行動したのは，暴力的なテレビ番組を見たからではなく，そうした番組を見たかったからだというのがある。彼らが見たかった番組を見せないようにしたことで，彼らはいらだってしまったのである。

4　因果性の単純な論理は，私たち自身に適用された場合には困惑することがある。熱が海抜0メートル，100℃で水を沸騰させるということは容易に受け入れられる。私たちはこうした物理的世界について因果的に説明するのが好きである。ものごとがどうやって作用するのか，何が「こと」を起こすのかを知りたがる。私たちは，物理的法則が常に破られるホラー映画や空想科学映画を見てスリルを感じるのが好きであると同様に，日常生活では物理的法則が作用していることも確信している。しかし，私たち自身を因果的に説明することはひどく嫌なのである。私たちは膨張する宇宙や沸騰点で水の分子が分裂するのを見ることができないから，その次善策である科学者という客観的専門家の言葉を容易に受け入れる。しかし，私たちは自らが新聞を読

んだり，投票しなかったり，映画を見にいったり，ブランドもののズボンを選んだり，行ったことのない土地の人について学んだりするのを知っている。自分のことを説明したり，どうしてあることをするのかについて説明してくれる専門家を必要としない。私たちはそう簡単にメディアの影響を受けているとは言わない。しかし，ほとんどの人は，自分以外の人はメディアからかなりの影響を受けていると確信しているのである（**第三者効果**。Paul, Salwen, & Dupagne, 2000）。

したがって，私たちはメディアから身を守る必要はないが，彼らには必要かもしれない。私たちは一人の自立した男・女であって，自主性をもち，自由に思考する個人である。私たちがビッグマックやポテト，Lサイズのコーラを買ってもそれは，マクドナルドの広告に影響されたのではない。私たちはただ一日頑張ったので休憩をとってもよかっただけなのだ。結局，何か食べるものが必要で，寮に帰る道にたまたまマクドナルドがそこにあっただけなのである。

## "分裂症的"社会科学

社会科学者が自然科学者のように尊敬されないもう1つの理由は社会科学そのものの分裂症的な性格と関係がある。ケネス・ベイリー（1982, p.5）は，「今日でも，社会科学分野には厳密な意味で自分自身を科学者だと思っている人もいれば，自分自身を科学者というよりは人文学者と捉え，社会研究に対してより主観的にアプローチしている人もいる」と述べている。言い換えれば，すべての社会科学者が研究を行なううえで，あるいは証拠を受け入れるうえで同じ基準に執着しているわけではないということである。

この本はマス・コミュニケーション理論に関するものなので，テレビで描かれる暴力というマス・コミュニケーションの事例をあげてみよう。あなたはテレビで描かれる暴力が視聴者の攻撃性を高めると信じているだろうか。確かにこれは膨張する宇宙の存在よりは立証するのが簡単なはずだ。メディア暴力と攻撃性との関係は最初の無声映画のヒーローが最初の無声映画の悪人と激しく

---

■**第三者効果**　「メディアはほかの人には影響するけど，私に対しては影響しない」という考え。

戦ったときから理論化されてきた。その関係は数多くの研究で科学的に証明されてきており，政府のトップ科学者である公衆衛生局長官によってアメリカ議会でも確認されてきた。アメリカ議会が1996年に，Vチップや内容評価コード（content rating code demands）を審議請求したが，それらもこの結果に依拠している。しかし，すべての視聴者が『リーサル・ウェポン14』［このシリーズは4までしか制作されていないが，著者は架空の話として冗談めかして書いている］を見たからといってその後，外に出て隣人を殴るわけではないことはよくわかっている。実際，ほとんどの視聴者はそういうことはしない。メディアと攻撃性との関係を否定している科学的証拠も実際にいくつかある。しかし，別の調査や実験，観察，人文学的証拠はこうした関係が存在していることを主張している。また一方で観察や実験によってこうした関係が存在しないとする証拠や人文学からの証拠もある。そうすると，次のような疑問が残る。ある特定のメディア内容と，この内容を用いて体験し意味を作り出す人との関係は複雑であるが，この複雑な関係を概念化するのに一番都合のいい方法は何だろうか。メディアの役割に関するこうした複雑な問題に取り組むためには，理論を展開していく必要がある。

## 理論の定義

　科学者は，自然科学であれ社会科学であれ，**理論**を扱う。「理論とは出来事がどうやって，なぜ起こったのかについての物語である……科学的理論というのは，次のような前提から始まる。宇宙（行動する人間によって創られる社会的宇宙を含む）は，ある特定の過程での出来事の盛衰を説明する，基本的で本質的な特性と過程を明らかにしているという前提である」(Turner, 1998, p.1)。理論については，より具体的な定義が数多くある。古典的な科学的定義を提示しているボワーズとコートライト（1984, p.13）によれば「理論は……諸変数間の関係を示す一連の陳述から構成されるものである」とある。ベイリー（1982, p.39）が考える理論の概念は，社会的世界を理解するために広範囲からさまざまな方法を受容している。「関心の対象を……ほかの現象と関連づけて

---

■**理論**　現象に関する概念的表現または説明。

……社会現象を説明し予測する。」

　しかし，本書での理論の定義は2つの定義を統合させた，より一般的な視点に立ったものになるだろう。スティーブン・リトルジョン（1996, p.3）は複雑な世界でコミュニケーションがどのように機能しているかを理解する方法にはさまざまなものがあるとしながら，理論とは，体系的な観察にもとづいて創られる，学者による「ある事態，状況についての最上の表現」と定義している。E・M・グリフィン（1994）もこうした広い視点から，理論は「出来事や行動を説明する」見解であり，「それが無いと混乱してしまうような状況を明快なものにしている。混乱から秩序を導く……データを総合し，重要なものに注目させ，あまり重要でないものを無視できるようにしてくれる」(p.34)。これら後者2人は，コミュニケーション（リトルジョン）とマス・コミュニケーション（グリフィン）理論の重要な実態を認識している。すなわち，多くの理論が存在しており，そこから導かれる仮説はさまざまなレベルで検証可能で，状況に依存し，相互に矛盾しており，混沌としている場合が多いということである。コミュニケーション理論家キャサリン・ミラーが説明しているように，「その理論家のニーズや，社会的世界や知識の本質に対する信念から，さまざまな学派がさまざまなかたちで理論を定義している」(2002, p.19)。

　たとえばデニス・マクウェル（1994, pp.4-6）は「4種類」のマス・コミュニケーション理論について次のように論じている。

1　**社会科学理論**　これらの理論は実証研究にもとづいていると同時に，実証研究を導いている。これらの理論を用いれば，マス・コミュニケーションの本質や作用，効果について述べることができる。こうした陳述もしくは仮説は，マスメディア，メディア利用，メディアの影響に関する体系的で客観的な観察によって検証される。たとえば，テレビと攻撃性の関連を説明する理論は，社会科学的なものの典型である。

2　**規範理論**　この種の理論は，理想的なメディアがある特定の社会価値システムのなかでどう機能すべきかについて説明してくれる。イスラム共和国や権威主義国家におけるメディア理論と同様に，民主主義社会でプレスが果たす役割に関する理論がここでは最もよく当てはまるだろう。

**ボックス2b-1**

## 問い続けること

ジョー・ウォーターハウス，サンノゼ州立大学哲学科助教授

考えることは，問いを発することである。よく考えることは，優れた問いを発することである。

優れた問いを発することは偶然できるものではない。しかるべき準備のうえにのみ成り立つものである。準備するとなると，ある分野に完全に打ち込むことになり，それは数年続いたり，場合によっては一生続くこともある。問題になっている状況は何なのかを理解しなければ，その準備は始まらない。すなわち，その問題への解決方法が，理論ごとに競合していることを理解したり，また各理論には長所と短所があるなど，その問題の背景にあるたくさんの情報を理解することである。ほとんどの場合，各問題には，解決策を導くメインの理論がある。問題を理解するということはつまり，使われた各理論がなぜときに魅力的であったりそうでなかったりするのか，ということを理解することである。この魅力的な部分とそうでない部分が理論の長所と短所なのである。

しかし，優れた問いを発するためには準備を整えるだけでは十分ではない。しかるべき準備をした人が，同時に，新しい問いを発するような創造的な想像力を持ち合わせたときに，科学は進歩するのである。この新しい問いは複雑なものである必要はない。実際，後に，まったくシンプルな問いだと見なされることが多い。それにもかかわらず，最初に問いが出されたときには，その問いは新鮮で，挑発的で，抜本的で，取り返しがつかないほどにその分野に変革を起こしてしまう問いなのである。

そして，優れた問いが発せられることによって，また次々と問いが殺到してくるのである。

あなたが科学者だとしよう。問いを発し，その答えとしてさまざまな仮説を立て，自分でこれらの答えを評価する。その過程を経ることで，あなたはさらに新しい，より深い問いを発することになるだろう。

どうすれば優れた科学者になれるだろうか。問いを立てなさい！　1ページ読むごとに問いを100個立てなさい。この100個の問いそれぞれに100個の答えを出しなさい。100個の答えそれぞれに対し，新しく100個の問いを立てなさい。これをやめてはいけません！　絶対に！

教科書は，単に学問的な資料にとどまらない。教科書は，問いを立てるためのいい資料である。あることが教科書に真実だと書かれていたら，それが常に真実なのか，あるいはある状況でのみ真実なのか，考えてみよう。それがある状況で

**ボックス2b-2**

のみ真実だとすれば，どのような状況なのか考えてみよう。そして，なぜそうした状況が重要なのか考えてみよう。仮説の証拠になるのは何か，なぜその証拠が適切なものとして見なされるのか考えてみよう。ほかの仮説でもその証拠が説明できるのか考えてみよう。ある仮説で，その証拠を説明できないときは，なぜそうなのか考えてみよう。何よりもまず，なぜなのか考えてみよう。1つの仮説のあらゆる面についてなぜなのか考えてみよう。すべてに対してなぜそうなのか考えてみよう！

たとえば，なぜある人は自分のコンピュータにトップテクストが必要だと思うのかという問いから出発してみよう。この問いに答えるために多くの仮説を立てることができる。その1つとして，この本の第1章で述べているように，それが結局インターネット上の広告を有望なものにするという仮説も立てられる。しかし，これについては次のような多くの問いを立てることができる。

・そんなこと誰が言った？　ある人にとって有望なものは，ほかの人にとっては脅威だ。
・その広告は役に立っているのか。役に立っているとすると，どれくらい役に立っているのか。
・それはある特定の商品やサービスの場合に，より効果的なのか。
・人々はウェブを利用するときにこうした割り込みを歓迎するのか，嫌がるのか。
・歓迎する人はどういう特性をもっているのか。嫌がる人の場合は？
・トップテクストの割り込みが，その広告主に対する評価に悪い影響を与えていないだろうか。与えているとすると，どんなふうに悪い影響を与えているのだろうか。売り上げに貢献するというより，売り上げを下げていることはないだろうか。
・なぜこうした絶え間ない商業的な割り込みを必要とするのだろうか。
・このソフトウェアとほかのソフトウェアとの一括販売は，人々の権利を侵害するものだろうか。
・ネットの過度な商業化は，その魅力を害するものなのだろうか。
・インターネットは過度に商業化されているのだろうか。
・どのような文化が言葉や表現の販売を容認しているのだろうか。
・私たちのウェブ利用だけでなく，商業化が制限されているものはないのだろうか。

終わりもなく，止まるところもない。今ある答えよりいい答えもあるだろうが，最終的な答えはない。各問いがさらに別の問いを生み出すだけでなく，各問い自体が数え切れないほどの付加的問いを生み出しているといったほうが真実に近い。そうではないだろうか。

3 **実務理論** このタイプの理論は規範的であるが，実用的な傾向もある。メディアが理想的にどのような働きをすべきなのかだけでなく，具体的な目的を達成するためにどのような働きができるのかという問題も含んでいる。広告や消費者行動に関する理論がこれに当てはまるだろう。

4 **日常理論** これは私たちが，メディアにより媒介されたコミュニケーションに単に参加することで得ている知識と発想（理論）に関連する理論のことである。私たちはそれぞれ，現在のテレビの質がなぜこうなっているのか，ということについて独自の理論をもっている。

他のマス・コミュニケーション評論家たちは，第5のマス・コミュニケーション理論を提案している。たとえば，多くの人がメディアについて理論化する最善の方法は批判理論をとおしてであると述べている。批判理論は次のように定義されている。「さまざまな見解がゆるやかに結びついたものであり，関心事がコミュニケーションと人間生活の質である，という点で共通している。それらは特に不平等と抑圧に関係している。批判理論は単に観察するだけでなく，批判もする。批判理論の大部分は，社会における利害関係の葛藤と，特定集団によるほかの集団の支配をコミュニケーションがいかに永続化させているかに関与している。」(Littlejohn, 1996, p.17)。コミュニケーション理論家キャサリン・ミラーはそれに加えて，批判理論家たちは「社会的世界を単に再提示するだけでなく（彼らはこの再提示を理論上の過程における重要な最初のステップとして考えているのではあるが），改革と急進的変革をもたらす積極的なエージェントとして取り組む責任を感じている」(2002, p.60) と述べている。

マス・コミュニケーション理論を分類するもう1つの方法は，目的ごとに理論を分類する方法である。**社会科学理論**の目的は予測をし，管理することである。社会科学理論では，測定可能な傾向を発見するために（表向きにはその発生をよりうまく予測するために——働きかけたり，抑制したりして），さまざまな現象や現象が起こる状況の特性を測定する。しかし，社会科学理論でない社会理論もある。それは，先ほど見た**批判理論**であり，その目的は，支配的な

---

■**社会科学理論** 予測して管理することを目指す理論。
■**批判理論** 支配的な社会秩序からの解放と変革を目指す理論。

社会秩序からの解放とその変革である (Jensen, 1990)。批判理論家は，その独自の価値観と視点から社会秩序内に見られる現象を分析することで，この解放と変革を成し遂げようとしているのである。また，**解釈学理論**（hermeneutic theory）もある。これは「理解についての研究であり，特に行為とテクストを解釈することによって理解しようとする研究」である (Littlejohn, 1996, p.208)。解釈学理論には，さまざまなタイプの理論があり，たとえば，**社会解釈学**（social hermeneutics）の目的は，観察されたある社会的状況において人々が自分自身の運命をどのように解釈するのかを説明することである。エスノグラファー（民族誌学者）であるマイケル・モアマン (1992, p.23) が説明しているように，社会解釈学の理論は「異邦人の世界の」出来事はどのように「異邦人にとって意味あるものとなるのだろうか，彼らの生活様式はどのように一貫性をもち，そこに生きている人々にとってどんな意味や価値をもつのだろうか」を説明しようとしている。解釈学のほかの学派は，たとえばメディアテクストのような別の記号システムのなかに隠されている意味や，その記号の深いところにある意味を発見しようとしている。

　ここまで見てきたのが，私たちがマスメディアに関して今理解していることである。したがって多くの有用な理論は社会科学者たちからだけでなく，社会批評家，社会観察者からも出されているのである。マス・コミュニケーション理論は，さまざまな人の考えや研究や著作から生まれてきている。彼らは，目的も異なり，世界について明らかに違う視点をもち，その世界のなかにメディアをどう位置づけるかについても違う視点をもっている。それでも，優れていて役に立つ理論というのは，ひととおり基本概念を定義していて，それら基本概念間の関係性を明確にしており，それらの概念を使って現象のいくつかを説明し，ある現象について予測することができ，ある現象の出現に関して，それを説明することができなければならない。

---

■**解釈学理論**　理解についての研究で，とりわけ行為とテクストを解釈することによって理解しようとする研究。
■**社会解釈学**　ある観察された社会的状況において人々がその状況での自分自身の運命をどのように解釈するのかを説明しようとする理論。

## マス・コミュニケーションと理論

　たとえばリトルジョンやグリフィンに近い定義で，科学的証明もなく，単に私たちが観察して説明できるという妥当性だけで，もし，私たちが理論に関する非常に一般的な定義に同意できるならば，一般的に受け入れられるマス・コミュニケーション理論はどのような要素で構成されるのか，ということについてなぜ意見の一致が見られないのだろうか。その理由の１つは，第１章で見たようにマス・コミュニケーションそれ自体が再概念化されている途中だからである。イギリス人で，アメリカのメディアとメディア理論を鋭く観察するジェレミー・タンストールは別の答えを提示する。「コミュニケーションそのものが多くの問題を抱えている。"マスメディア"も"コミュニケーション"もそれぞれ多くの研究分野にまたがっていて，何千という問題を提起している。これらを一緒にすると問題が混同されてしまう。分野を"マスメディア"に限ってみても，さまざまなメディア，多くの学派に分かれており，その流れにもさまざまな段階があり，かるく数百の下位分野をあげることができるだろう」(1983, pp.92-93)。あるいは，言い換えれば，数百の理論があるということである。

　以上のことからマス・コミュニケーション理論というのは実際には，多かれ少なかれ，その時々のメディア，オーディエンス，時代，条件，理論家に関連しており，その理論は１つではないということが明らかになったはずである。しかし，これを問題と見なしてはならない。マス・コミュニケーション理論は個別化できるし，絶えず進化する，ダイナミックなものである。次章からは，読者に基本的なことを提示したい。その基本とは，私たちが今マス・コミュニケーションの古典理論と見なしているものを生み出した伝統と，その古典理論が発達し（繁栄してきたとしたら）繁栄してきた背景に対する見解，そして何が意味をもち，何が意味をもたないのかを自分で判断するための知識，および今日のマス・コミュニケーションがどこに位置するかについての明確な手がかりなどである。

## まとめ

　社会科学は，環境や人々の態度，価値，行動におけるさまざまなことがら間の因果関係を示しているため，論争になることが多い。自然科学では，こうした関係は多くの場合，観察も測定も容易である。しかし，人間の行動が対象になる場合，そうはいかない。人間行動はたいていとても複雑で目標志向的なので，数量的に示すのは非常に難しい。社会科学と人間行動は問題を抱えながら結合している。社会科学それ自体が多少分裂症気味なので，状況はさらに複雑になっている。それは，人それぞれにそれぞれの状況があるということを意味している。

　それにもかかわらず，社会科学は理論，すなわち現象についての概念的表現もしくは説明を発達させ，その理論から派生する仮説を検証する。マス・コミュニケーション理論は，社会科学理論，規範理論，実務理論，日常理論，批判理論の5つのカテゴリーに分類できる。マス・コミュニケーション理論をもう1つの方法で分類するならばそれは，目的による分類である。社会科学理論は状況を予測して管理するためのものであり，批判理論は解放と自由を実現するためのものである。解釈学的理論はある観察された社会的状況下において人々がその状況をどのように解釈するのかを説明しようとする。しかしながら，マス・コミュニケーション理論の説明力は，多くのメディアの存在，メディアの多様な側面と特性，メディアの絶え間ない変化，成長し続けるオーディエンス，メディアを利用する社会が絶えず進化するという特性によって常に挑戦を受けているのである。

### さらに深く検討しよう！

**1**　ウェブ上でマス・コミュニケーション理論それ自体を扱っているサイトはないかもしれないが，メディアによって媒介されるコミュニケーションについて研究している人にとって重要な問題を扱っているサイトは数千はあるだろう。子どものテレビ，メディア暴力，酒類広告の影響，そのほか，メディアによって媒介されるコミュニケーションの問題に専念してい

るいくつかのサイトにアクセスしてみよう。以下のリストから始めることもできるが，必ず自分でも検索してみよう。検索したら，それらのサイトで支持している理論がどのような理論なのか，それらのサイトが仮定または説明している関係がどのようなものなのか検討してみよう。さらに，アメリカ以外の国で運営されているサイトもいくつかある。理論へのアプローチのしかたに各国で相違点があるのがわかるだろうか。

● メディア暴力

全国テレビ暴力反対連合（NCTV, National Coalition on TV Violence）
http://www.nctvv.org

メディア暴力——論点と討論
http://www.screen.com/mnet/eng/issues/violence/issues/discuss.htm

● 酒類広告

アルコール広告センター（Center on Alcohol Advertising）
http://www.traumafdn.org/alcohol/ads/index.html

● 子どものメディア

キッズ・ファースト（Kids First）
http://www.cqcm.org/kidsfirst/start.html

テレビ・プロジェクト（The Television Project）
http://www.tvp.org

子ども・若者・メディア研究センター（Center for the Study of Children, Youth, and Media）
http://www.ccsonline.org.uk/mediacentre/main.html

**2** インフォ・トラック学生版を使って心理学，社会学，政治学，消費者行動，マス・コミュニケーションなど，関心のある社会科学分野のジャー

ナルを検索してみよう。理論に関する論文や論評のインデックスを検索してみよう。理論について，どんな定義があるのだろうか。領域ごとに，良い理論を構成する要素について多様な考えがあるのがわかるだろうか。

## 批判的思考のための問い

**1** どの分野でもいいから，社会科学的証拠の例として，あなたが受容できる例と，できない例をあげてみよう。また，メディアの影響に関する証拠についても，受容できるものとできないものについて考えてみよう。もし受容できないとすれば，その理由を説明できるだろうか。

**2** あなたは，この章で示した定義より有用な科学的方法と理論を，独自に定義できるだろうか。言い換えれば，どのような見解や証拠があれば，納得して科学的方法や理論を支持できるだろうか。

**3** あなたは，メディアと攻撃行動の関係についての社会科学的研究結果を読んだり，聞いたりしたことがあるだろうか。もしあるなら，この論争の多い問題について社会科学が説明したことを信じることができるだろうか。なぜ信じられるのだろうか。また，信じられない理由は何だろうか。

**4** 人種や文化的マイノリティに対するメディア・ステレオタイプの影響について考えてみよう。メディア・ステレオタイプによって，このようなマイノリティの人々に対するあなたの態度は影響されるだろうか。なぜそう思うのだろうか，またはそうは思わないのだろうか。2000年に，フロリダで起きた大統領選での混乱［投票方法のシステム上の欠陥が指摘され，集計結果が疑問視されて混乱を招いた］に対するあなたの態度形成に，メディアはどんな役割を果たしただろうか，また，互いに異なる政治的見解をもつ人々が表明した態度には明らかに大きなずれがあったが，この態度形成にメディアはどんな役割を果たしただろうか。

## 重要な人物と文献

Barrow, John D. (1998). *Impossibility: The Limits of Science and the Science of Limits*. New York: Oxford University Press.（バロウ『科学にわからないことがある

理由——不可能の起源』松浦俊輔訳，青土社，2000)

Bowers, John W., and John A. Courtright (1984). *Communication Research Methods*. Glenview, IL: Scott, Foresman.

Daly, John A. "Colloquy: Getting Older and Getting Better: Challenges for Communication Research." *Human Communication Research*, 26: 331-338.

Littlejohn, Stephen W. (1996). *Theories of Human Communication*. Belmont, CA: Wadsworth.

McQuail, Denis. (1994). *Mass Communication Theory: An Introduction*. Beverly Hills, CA: Sage. (マクウェール『マス・コミュニケーションの理論』竹内郁郎ほか訳，新曜社，1985)

Tunstall, Jeremy. (1983). "The Trouble with U.S. Communication Research." *Journal of Communication*, 33: 2-95.

# 第2部

| | |
|---|---|
| 1833 | ベンジャミン・デイの『ニューヨーク・サン』紙がペニー・プレスの先駆けとなり発行開始 |
| 1836 | 英国でチャールズ・バベッジが機械式計算機の開発計画を展開 |
| 1844 | モースがモールス式電信機を発明 |
| 1876 | ベルが電話を発明 |
| 1877 | エジソンが蓄音機を実演 |
| 1894 | アメリカで最初の映画館(キネトスコープ[活動写真映写機])開館 |
| 1895 | リュミエール兄弟がシネマトグラフのスクリーン映写映画を上映<br>ハーストとピュリッツァーがイエロージャーナリズムを開始 |
| 1896 | ハーストがキューバに派遣した記者に悪名高い電報を打つ<br>通信社が設立される |
| 1912 | 「1912年ラジオ法」制定 |
| 1915 | ピュリッツァーが自名を冠した賞を創設 |
| 1920 | アメリカのラジオ局第1号 KDKA 放送開始 |
| 1922 | リップマン『世論』<br>ラジオで最初のコマーシャルを放送<br>アメリカ新聞編集者協会(ASNE)「ジャーナリズム倫理規範」を採択 |
| 1926 | NBCがネットワーク放送を開始<br>トーキー(発声映画)の登場 |
| 1927 | 「1927年ラジオ法」により連邦ラジオ委員会(FRC)設立 |

# 大衆社会と大衆文化の時代

| | |
|---|---|
| 1933 | ペイン基金による研究『映画，非行，そして犯罪』出版 |
| 1934 | 通信法可決，連邦通信委員会（FCC）の設立 |
| 1938 | H・G・ウェルズ『宇宙戦争』のラジオ放送 |
| 1939 | 最初のテレビ放送<br>ヨーロッパで第二次世界大戦勃発<br>アメリカで最初のペーパーバック（普及版書籍）登場 |
| 1940 | ラザースフェルドがエリー郡で投票行動研究を開始 |
| 1941 | アメリカが第二次世界大戦参戦<br>イギリスが最初の電算計算機（2進法）を開発 |
| 1942 | ホヴランドが最初の戦時プロパガンダ研究を実施<br>ドイツの戦時暗号解読のため，イギリスが最初の電子デジタル・コンピュータ"コロッソス"を開発 |
| 1945 | 第二次世界大戦終結<br>オルポートとポストマンの噂研究出版 |
| 1946 | ジョン・モークリーとジョン・アタナソフが最初の"汎用性をもつ"電子デジタル・コンピュータ，エニアック（ENIAC）を開発 |
| 1947 | ハッチンス委員会が「出版報道の自由」報告書を発表<br>ハリウッド10[HUACに共産主義者であるとされ証言を求められたハリウッド映画監督1名と劇作家9名]が連邦下院の非米活動調査委員会（HUAC，通称ダイズ委員会）に喚問される |

# メディア産業の成長と大衆社会論 3

　「教養ある」人たちは，最近保守的な宗教指導者たちが，子ども向けテレビ番組の『テレタビーズ』［イギリスの幼児向けテレビ番組］を「同性愛的なライフスタイルを助長する」と非難したのを聞き，くすくす笑った。この番組に出てくる紫色のキャラクターはハンドバッグを持ち歩き，頭には逆三角形のアンテナをつけている。ご承知のとおり紫は同性愛を意味する「コード」である，ナチスは捕虜収容所で同性愛者にもうひとつのゲイ・シンボルである三角形のバッジをつけるよう強制した。そして，ハンドバッグなのである。作家のブラッド・ヘルツォークは銀行に行く途中ずっと笑みを浮かべていた。人気クイズ番組『百万長者になりたい人は誰だ』(*Who Wants to Be a Millionaire*) の2000年4月放送分でクイズに挑戦する前に番組の司会者レジス・フィルビンと少し雑談を交わす場面で，自分が書いた本について一言話した。その翌日，彼の本『精神の状態』がアマゾン・ドット・コムのベストセラー・ランキングで12万2040位から7位に踊り出たからである（Manners, 2000）。アメリカの4大公衆衛生団体――アメリカ医師会，アメリカ小児科学会，アメリカ心理学会，アメリカ児童青年精神医学会――が，メディアの暴力的な内容が与える効果は「決して小さくなく，また長期にわたるものであり……さらに，メディアで暴力的な内容を長期間視聴すると，実生活における暴力に対して無感覚になる可能性がある」(Albiniack, 2000, p.14から引用) と断言する共同声明を発表した。その後，議会が2000年の中頃に公聴会を開いたときには，テレビや映画業界の人々のなかに誰も笑う人はいなかった。

　子ども向け番組は同性愛を助長しているのだろうか。おそらく違うだろう。あまり知られていない本について一言話しただけでその本が何千部も売れるのだろうか。これは実際に起こった。調べてみればわかる。暴力的な映画やテレ

ビ番組は子どもたちをより攻撃的にし，他人の苦痛や苦しみに対して鈍感にするだろうか。イエスと答える人もいれば，ノーと答える人もいる。

　メディアが果たす役割については，これまで1世紀以上にわたって議論が続いてきた。保守的な人々はリベラルなメディア・エリートが価値観の堕落を加速させていると嘆く。一方リベラルな人々はメディア・システムのもつ力が，オーディエンスではなくメディア所有者の保守的な価値観に沿って発揮されていると危惧する。何百という町の教育委員会や市議会が，学校や図書館に設置されているパソコンに，有害情報を遮断するソフトウェアをインストールすべきかどうかを議論してきた。このような議論では，表現の自由を保障すべきであるとする主張と，有害情報から子どもを守るべきであるとする主張とが対立した。報道機関は一般市民の抗議をほとんど受けず，テロに対する戦争を取材し報道する自由の多くを自ら進んで軍に引き渡した。そして結局，私たちは戦争をすることになったのである！　問題になっているラップ歌手エミネムはMTVでは有名だが，彼の音楽は人種差別的で女性蔑視の内容を含んでいると見られたため，多くのラジオ局で放送禁止になっている。2001年の夏，連邦議会はヒップホップが与える悪影響について公聴会を開いた。ある識者は，ネットワーク系のテレビによる公職選挙の当選者予測を禁止すべきだと提言する。当選者を予測する報道が人々を投票から遠ざけるというのがその理由である。メディア業界は彼らのスポンサーには大きな広告効果を約束しながらも，暴力やステレオタイプ，麻薬などの問題で番組の影響が批判されると，番組の影響はほとんどあるいはまったくないと主張する。すべての企業，政府機関，そして大小の非営利団体も皆広報活動を行なう。メディアがほとんどあるいはまったく影響力をもたないなら，どうしてわざわざ気にしたりするのだろうか。何の影響もないのなら，なぜアメリカ合衆国憲法修正第1条の「第一の自由」条項は，メディア産業の表現の自由を保障したりするのか。メディアとメディアで働く人々の社会に対する貢献がそれほどささいなものであれば，なぜ私たちは彼らに特別な保護を与えているのだろうか。

### 本章の流れ

　メディアの役割に関して議論する場合，明らかに多くの問題がある。メディ

アの影響をめぐる論争は社会やメディア制度に広く影響を及ぼす可能性がある。この章では，大衆社会論の出現と衰退の跡をたどる。**大衆社会論**は，西欧産業社会に関するあらゆるものを含む包括的見解であり，メディアは影響力をもち，それは多くの場合，プラスではなく，マイナスの役割を果たすとしている。メディアは私たちの社会認識をかなり深いところまでかたち作り，微妙ではあるが非常に効果的なやり方で私たちの行動を操作する力をもっていると見られている。この理論は，メディアの影響は管理されるべきであるという仮定に立っている。しかし，その管理の方法は，それを掲げる理論家の数だけ多様である。

大衆社会論の隆盛を概観するなかで，中心的な仮定や主張に焦点を当てるが，この仮定や主張の多くは，その時代の状況からもまた科学的な研究によっても妥当性は検証されていない。私たちは，メディア批判はすべて必然的に素朴な大衆社会論の一種であると決めつけないよう注意しなければならない。大衆社会論者によって最初に提起された主張のいくつかは今でも注目に値する。このような主張については後続の章でもう一度取り上げ，現代のメディア批判家がそれをどのように使ったのかを検討する。

この章では，メディアに関する議論の軌跡をたどるが，それは，多くの点でより大きな**文化的闘争**──私たちが生活するより大きな社会体制の文化的基盤の定義をめぐる絶え間ない闘争──の重要な闘いの場である。この闘争への参加者は社会のあらゆる分野からきている。闘争の中心にいるのは，メディアを制作し，流通させることで利益を得ようと資本を投資しているメディア企業家である。このメディア企業家たちは，自分たちの行動に反対し，自分たちが握っている権力に不信感を抱く別のエリートと必然的に敵対する。この闘争においてはどちらのサイドも高い道徳的立場を主張する。メディア企業家は，必然的に**アメリカ合衆国憲法修正第1条**で付与されている出版報道の自由を抱き込む。多くの根拠をあげながら，この自由は民主主義の基本であると主張する。それにもかかわらず，批判家たちは報道の自由が乱用され，より重要な価値が

---

■**大衆社会論**　無防備な「一般」の人々に対する影響力を通じて，メディアが社会秩序を乱す悪影響を与えているとする考え方。
■**文化的闘争**　私たちが生活している社会体制の文化的基盤の定義をめぐる闘争。
■**アメリカ合衆国憲法修正第1条**　表現，言論，結社，宗教の自由を保障しているアメリカの憲法条項。

損なわれるならば,メディアを規制すべきだと主張している。しかしいったいどの価値がより重要なのかを誰が決めるのか,また誰がどんな状況になったときに価値が損なわれたと判断するのか。これらの問題がメディアに関する大論争(Great Debate)の論点なのである。

## 始まり

　1896年,当時,著名な新聞発行人であったウィリアム・ランドルフ・ハーストは,アメリカとスペインの間で始まろうとしていた戦争を取材させるため1人のイラストレーターをキューバに派遣した。歴史家であるフランク・ルーサー・モット(Mott, 1941, p.527-537)は,その派遣された画家が次のような電報を本社に送ったと報告している。

　　ニューヨークの『ジャーナル』誌,ハーストへ
　　万事平穏である。ここには何の混乱もない。戦争は起こらないだろう。帰国したい。

この電報を受け取ったハーストの返答はすばやく要領を得ていた。

　　現場に残りたまえ。君は絵をこしらえろ。戦争は私がこしらえる。ハースト。

　当時ハーストはニューヨークで最も大きい新聞社の発行人であり,また西はサンフランシスコにまで加盟社をもつ新聞チェーンのトップでもあった。彼は当時の支配的なメディアである大衆新聞のリーダーだったのである。全国の主要都市と同じように,アメリカ東海岸の各都市でもいくつかの大手の新聞が激しく競合していた。残念なことに,競争は無責任を助長した。大部分の都市新聞は,今日私たちがスーパーのレジカウンターで目にする『ナショナル・エンクワイアラー』(National Enquirer)[全米最大の発行部数(500万部以上)を誇るタブロイド判の週刊新聞]のようなスキャンダルを扱う週刊誌に似ていた。

ハーストは，新聞の売り上げを伸ばしてくれる戦争記事を作ることを意図して，イラストレーターをハバナに派遣したのかもしれない。そして彼のこのような無責任さは厳しい批判の声に火をつけることになったのである。最初のマスメディア理論は，このような行動，すなわち急速に成長し競争が過熱していたメディア産業の行き過ぎた行動に対する反作用として出てきたのである。

　この時期は，大きな社会変動を特徴とする，世界史における激動の時代であった。産業化と都市化がヨーロッパとアメリカを大きく変化させ，今でいう「近代」が始まろうとしていた時期だったのである。このような変化のほとんどは，新しい技術の発明とその急速な普及によって可能になった。しかし，こういった技術による変化は，それが環境や社会，人々の心理に与える影響をほとんど考慮することなく起こった。

　すべての急激な社会変動がそうであるように，この時期にも新しいエリート層が現れ，旧エリート層の権力がその挑戦を受けた。1800年代の終わりに，社会に対する影響力は一握りの産業企業家によってますますコントロールされるようになった。これらの産業企業家は，工場や鉄道，天然資源の搾取などを基盤に莫大な独占的利益を得，後に「泥棒貴族」（Robber Barons）と呼ばれるようになった。彼らがもたらした社会変動を進歩であると正当化することもできるだろうが，しかしその変動の過程で，労働者は虐待され，都会には巨大なスラム街が作られ，広大な原野が荒らされるなど高い代償が払われたのである。

　メディアも近代をかたち作った技術の1つであった。産業社会体制は情報の迅速かつ効率的な配信を大いに必要とした。電報や電話のような新しいメディアがもたらした利便性はすぐに認められ，メディア分野における新技術は，まずはビジネスに，次は個人にまたたく間に採用された。1860年代の南北戦争時の電報は，2001年のアフガニスタンでの対テロ戦争時のCNNのようなものであった。それは，戦況速報に対する人々の関心を刺激し，そして満足させることに寄与した。南北戦争が終わるまでには，会員として加盟している新聞社に電報でニュースを提供する**通信社**がいくつも設立され全国に広がった。電気的な通信技術を基盤にした最初のメディア・ネットワークが作られたのである。

　19世紀の中盤から終わりになると，大衆は値段の安いメディアを求めるようになり，いくつかの新しいメディアが発展した。ペニー・プレス（penny

■**通信社**　会員となっているメディアに情報を提供するニュース配信組織。

press)［1セント新聞］，ニッケル・マガジン（nickel magazine）［5セントマガジン］，ダイムノベル（dime novel）［10セント小説］がそれである。高速印刷機やライノタイプ［行単位で植鋳する鋳造植字機］が低コストでの印刷物の大量生産を可能にしたのである。アメリカ東海岸の都市と全国の主な商業都市で，都市型新聞が人気を集めた。発行部数を増やすための激しい競争が繰り広げられるようになり，それがペニー・プレスの無責任な側面である**イエロージャーナリズム**の発展につながった。

　激しい競争によって発行部数の少ない多くの専門紙はつぶれた。しかし，安い値段で買いやすくしたことによって，新しい大衆紙はそれまで印刷媒体に接することができなかった人々の手に届くようになった。多くの大衆紙が成功を収めることができたのは，英語はほとんどできないが，彼らなりのアメリカンドリームの実現を願ってアメリカに来た移民第1世代である都市貧民層の読者を多数獲得したからである。

## イエロージャーナリズムの台頭

　20世紀初頭，すべての産業には大実力者がいた。そのなかで最も悪名高かったのは——最も偉大な新聞王でないとしても——ハーストである。ハーストは経営に失敗した新聞社を買収し，利益を生む企業に変身させることに長けていた。彼は新聞事業が鉄道や製鉄や石油産業と同じく利益を生み出す事業であることを証明してみせた。彼が成功できた秘訣は，低所得層の読者を惹き付けるために開発した戦略が当たったことにある。彼の新聞は値段の安さに加えて，写真の多用，連載ものや漫画の掲載といった，当時としては革新的な内容で紙面を編集した。一部の専門家によれば，イエロージャーナリズムという名称も，最初の連載漫画であった「イエローキッズ」（The Yellow Kid）に由来しているとされる。

　ほとんどのイエロージャーナリストがそうであるように，ハーストも事実を正確に報道することをほとんど重要視しなかった。事件や出来事は決まって過剰にドラマ化され報道された。ハーストは，ニューヨークのほかの新聞発行人

■**イエロージャーナリズム**　低俗，扇情的で，無責任，不正確なジャーナリズム。

とともに，1898年のアメリカ-スペイン戦争を引き起こした張本人であると非難された。戦艦メイン号で起きた原因不明の爆発を理由に，スペインに宣戦布告をするよう議会を駆り立てる扇動的な報道を行なったからである。ハーストが自分が派遣したイラストレーターに送った電報の内容がイエロージャーナリズムの悪事の多くを物語っている。記者が事件や出来事に関する事実の概略だけを集め編集者に渡すと，編集者がこれをもとに内容を誇張したり，ほとんど架空の説明を付け加えたりしたのである。当然予測でき，驚くにはあたらないことだが，当時，記者という職業の地位はどの職業や業界よりも低かった。それとは対照的に，高速印刷機を操作する印刷工は熟練技術者として記者よりも尊敬されていた。

## マスメディアの発達と衰退の周期

1900年代に起きたマスメディアの興隆は産業発展のパターンを追っている。そしてこのような発達のパターンは，メディア技術におけるその後の「革命」で再現される。重要な新しいメディア技術が出現すると，決まって既存のメディア産業は大規模で急激な再編成を迫られ，不安定になる。古い技術に頼っている大企業は急速に衰え，その代わり少数の新生企業が莫大な利益を得る。生き延びるために，大企業のほうは新しい技術の主導権を握るべく破滅的な価格競争をせざるをえない。それがうまくいく場合もあり，失敗する場合もある。

このような過程は**機能的代替**と呼ばれる。たとえば，今私たちは地上波テレビ・ネットワークの視聴が，ケーブル・テレビやビデオデッキ，そしてインターネットの人気によって，急速に低下していることを目にしている。同時に私たちは，大きな成功を収めたCNNのようなケーブル放送局やニュースおよびエンターテイメント系のオンライン・マガジンなど，新しいコンテンツ・プロバイダーの成長も目にしている。また映画産業は，ビデオによる収入や郊外映画館の好調で力強く復活している。地上波テレビがこのような変化のなかで生き延びるためには他の新しいメディアと比べて，地上波テレビのほうがうまく

■**機能的代替** 新しい技術によって既存のメディアが果たしていた機能が代替されると，既存のメディアは別の新しい機能を獲得する。

果たせる機能を見つけなければならないのである。地上波テレビ・ネットワークを支配しているほとんどの企業は，すでに自分たちの持ち株を他の企業に分散させており，新しいメディアを運用している企業を買収している。たとえば，かつてのNBCテレビは，今やNBCテレビ，ケーブル放送局のMSNBC（ソフトウェアの大手マイクロソフトとの共同出資によって設立），ニュース専門のケーブル放送局CNBC，そしてこの３つの放送局のウェブサイト運営会社へと多様化している。さらに，アメリカン・ムービー・クラシック（American Movie Classics）とブラボー（Bravo）というケーブル放送局，NBCに特化したウェブサイトであるNBCi，CNET，iVillage，そしてヨーロッパとアジアのケーブル放送局や衛星放送局数社の経営にも部分的に参加している。

　新しいメディアの成功は激しい批判を生むことが多い。放送コンテンツを制作したり，顧客を引き寄せたりするために，攻撃的で正当でない戦略を用いた場合は特にそうである。ペニー・プレス時代には，大衆紙が販売部数の少ない専門紙にすぐに取って代わった。それも，記事を制作するのにあまり正当だとは思えない戦略を用いてそうしたのである。これらの戦略は読者の注目を集めるための競争が激しくなるにつれ，さらに怪しいものになっていった。イエロージャーナリズムに比べると，『コップス』（Cops）や『ジェリー・スプリンガー・ショー』（Jerry Springer Show），『インサイド・エディション』（Inside Edition）のような今日のいわゆる「ゴミテレビ」番組は，猫のようにおとなしいほうである。イエロージャーナリストは，「他のみんなもやっている」とか「読者はそういうのが好きなんだ。そうじゃないと買わないはずだ。私たちは人々が求めているものをただ与えているだけだ」などと主張し，自分たちの行動を正当化したのである。

　新しいメディア産業は，たとえ長期的にはマイナスの結果がもたらされるとしても，人々が求めるものだけに特化して内容を提供することがよくある。インターネット上のわいせつな内容やヘイト・スピーチ［憎悪をあらわにする発言］をめぐる今日の論争でもこういう現象を目にする。すでに社会制度のなかに「定着した」古いメディアとは違い，新しいメディアは社会的責任を奨励したり強制したりする伝統的な社会制度との結びつきを欠いている。個々の新しいメディア技術が発達するに従い，また（問題はあるかもしれないが）魅力的な内容の安定した供給を確保できるようにメディア関連産業が成長するにつれて，これらの技術や産業が必然的に，古いメディア産業や古いコミュニケーシ

ョン様式に取って代わっていったのである。人々が新しいメディアやその内容に適応していく過程で、社会的役割や人間関係が深刻な混乱に陥ることもよくあった。このような問題のほとんどは予測不可能であった。たとえば、1950年代に行なわれた、アメリカ人の日常生活にテレビが与える影響に関する最初の本格的な社会学的研究では、混乱への兆候はほとんど見つからなかった。この研究では、テレビによってもたらされた最も重要な変化の1つは、親戚や友人とトランプをしながら遊ぶ時間が減ったことであると指摘している。その一方で、核家族は、小さなテレビ画面に映される幽霊のような像に魅せられて、むしろ家族一緒に過ごす時間が増えたのである。シュラム、ライル、パーカー（1961）の研究は、テレビを視聴している村の人々はラジオしかない村の人々に比べて、実際に図書館をより頻繁に利用し、漫画本を購入することが少ないという楽観的な結果を報告した。1950年代に広まっていた漫画本に対する人々の不信感を考えると、この結果はテレビがプラスの作用因になりうることを意味していた。このようなパターンは今日でも再現されている。インターネットがいつかは参加型の民主主義に戻ることを可能にするであろうと考える人たちは、オンライン上で問題となっている内容を批判する人たちと対立しているのである。

　メディア産業は成熟していくにつれ、商道徳に反する経営手法をやめ、一時的な大衆的情欲をあおるのではなく長期的な公共的ニーズに貢献することに関心をもつようになり、より社会的責任を意識するようになることが多い。しかしひねくれた人は、収益増につながるときだけメディアは社会的責任を果たすのだという。すなわち、激しい競争が**寡占**に取って代わるときにだけ、メディアは社会的責任を果たすことができるというのである。それは一握りの生き残った企業が競争を止め、市場や利益を山分けすることに合意したときである。このような状況になって初めてメディア企業は広報に関心を向け、競争的なやり方で制作するのをやめることができるのである。

　1920年代にイエロージャーナリズムの先鋒に立っていた2人のジャーナリストがまさにそれを実行した。2人はあまりにも多くのことを改善したので、自分たちの名前をひどいジャーナリズムではなく公共に奉仕するジャーナリズムの同義語とすることに成功したのである。ピュリッツァー賞（The Pulitzer

---

■**寡占**　多くのメディア事業が少数の大企業の管理下に集中すること。

Prize）とハースト財団の活動は，ジャーナリズムの専門職化を促進させるとともに，メディア業界の倫理規準を高めたとして広く（そして相応に）その功績を認められている。またこの時期に，アメリカ新聞編集者協会（American Society of Newspaper Editors）が結成され，かの有名な「ジャーナリズム倫理規範」のなかで「ニュースについて真実を伝える」ことを誓約した（Schramm, 1960, pp.623-625）。未熟なメディア産業が成人に達したのである。そして再び，今日においてもこのようなプロセスが実際に起きている。インターネット上の主要なコンテンツ・プロバイダーのほとんどが，内容をランクづけできる無料で配布されているソフトウェアを利用して，自社のサイトの内容を進んで評定させている。公共的関心を満足させるために努力をしているのだということをしつこく宣伝しているのである。

　アメリカにおけるマスメディアの歴史は，社会的責任を果たす成熟したメディア産業が主導権をもった時代と，革新的ではあるがあるときは無責任な行動によって特徴づけられる競争の時代との間で揺れ動いてきた。大衆紙同士の競争がようやく収まってきた頃，新聞の発行人たちは新しい強力な娯楽メディアの挑戦に直面した。それはレコード，映画，そしてラジオであった。

　これらの新しい産業が成長する過程で，これらの産業も同じようにモラルと倫理の面でどこまで許されるのかを試したり，その限界を超えたりする熾烈な競争の時代を経験した。映画産業に対する検閲問題は1930年代を通じて熱く議論された。政府がラジオを統制すべきであるとの主張も広く頻繁になされた。やがて，各産業が成熟し，メディア・コンテンツ市場全体のなかで各々の居場所を開拓した。各産業はそれぞれ倫理規準を作り，それを実行するための方法を開発した。ほとんどの場合，新しいメディア産業は外部からの統制ではなく自主規制を選んだ。1950年代におけるテレビの急速な普及は，メディアの新たな再編成をもたらした。今日，一連の強力なコミュニケーション・テクノロジーがさらにメディアを変化させている。パソコンは，すでにインターネットやWWWを通じて私たちの家庭に多くの情報を運んでいる。今後10年以内に，ネットとウェブは新聞や放送メディアの存続を脅かすようになるだろう。

　アメリカのメディア産業に再編成を促す最も強力な力は，技術の変化，内容の革新，そして消費者の要求である。この3つはどれも個々に作用するものではない。私たちが今現在経験しているような急激な変化の時代には，メディア技術の革新は私たちが受け取るメディア内容の形式と種類の両方を急速に変え

ていく。メディア内容に対する私たちの要求もまた変化している。新しいメディアが出現して新しいメディア内容の選択肢を提供すれば，メディア利用の古い習慣は解体され，新しい習慣が形成されていく。一部の人々はますますレンタルビデオを多く利用するようになり，また他の人々はケーブル・テレビやパソコンを通じて提供される内容を利用するようになるのである。私たちの多くはテレビやラジオからニュースを入手しているが，世界の動きを知るためにインターネットを利用する人々も増えつづけているのである。

## 大衆社会論者とメディアについての大論争

　メディア産業に変化が起きるたびにメディア批判家が現れ，ボックス3aに示されているように，メディアの非倫理的な行為に疑問を呈し，それがもたらす長期的なマイナスの結果に懸念を表明した。この批判家たちは重要で適切な問いを提起している。メディアの発展または再編の初期段階においては，特にメディア産業は批判を受けやすい状況にあった。この批判は正当であることが多かったが，批判家の多くは市民にとって最善の利益だけを考える中立的な評者ではなかったことを認識する必要がある。ほとんどの批判家は，客観的な科学者でもなければ，自分の主張を根拠づけるために体系的な観察や十分に練られた理論を利用する冷静なヒューマニストでもなかった。むしろ彼らの批判は，ある程度自己利益にもとづいたものだったのである。

　個々の批判が自己利益にもとづいたものでない場合でも，彼らがある特定の利益集団によって援助を受けている可能性はますます大きくなっている。また特定の利益集団による広報がなかったら，一般に知られなかったはずの見解もある。たとえば，テレビが新聞と競争し始めた頃，新聞紙面はテレビ批判者からの苦情を伝える記事で埋まっていた。1970年代，子ども向けのテレビ番組を批判した多くの研究は，「ACT（子どものテレビについて行動する会，Action for Children's Television）」という団体による広報活動がなかったら，一般の目に触れることはなかったかもしれない。

　メディア産業内に変化が生じると，一般的に，他の社会制度はますます変化へのプレッシャーにさらされることになる。いつも使う通常のコミュニケーション様式が不安定になると，他のあらゆる制度も不安定になる。ほとんどの場

**ボックス3a-1**

## 新しいメディアに対する懸念

　20世紀に登場したそれぞれの新しいマスメディアは嘲笑，懐疑，恐怖，そしてときには愚かさとともに迎えられた。ここに映画，ラジオ，テレビが登場したときの反応をいくつかあげてみよう。

■映画

　ニューヨーク市だけで，日曜日に50万の人々が映画を観にいく。その多くはおそらく子どもである。貧しい町では，キャンディを買うためではなく，映画を観にいくために子どもたちがお金を貯めていると，どの教師も証言している。こういう事情を考えれば，「缶詰ドラマ」[缶詰という言葉は「現実ではない」と言う意味で使われる。当時，フィルムが缶に保管されていたことからそう呼ばれるようになった]を，軽く軽蔑まじりに無視することはできない。より良いものが作られ，良い目的に利用されれば，映画は大衆の生活にとって無視できない重要なものになる。今日この国の劇場観客の80パーセントは缶詰ドラマの観客である。1908年，アメリカでは1000万人がプロ野球を観に球場を訪れた。一方，映画館に行った人は1日400万人といわれ，5000万ドルがこの産業に投資されている。シカゴには300を超える映画館があり，ニューヨークに300，セントルイスには205，フィラデルフィアには186，保守的なボストンにさえ30を超える映画館がある。長さでいえば，ほぼ300キロメートル分のフィルムが毎日アメリカの缶詰ドラマ劇場で上映される計算である。ここに，その影響が無視できないゆえに規制すべき産業があるのである。

　　　　　　（『アメリカン・マガジン』(*American Magazine*) 1909年9月，p.498）

　（映画の）対話場面に録音されている台詞が下品で醜いものであれば，それがもつ，この国の話し言葉の水準を落としうる潜在力は計りしれない。また識別力の低い人々がそれを耳にするだろうから，その悪影響はさらに大きくなる。映画をよく観にいく人たちのなかには，最も優れたスピーチだけを聴くことがきわめて重要である外国生まれの移民が多く見受けられるからである。

　　　　　　（『公共福祉』(*Commonweal*) 1929年4月10日，p.653）

　多くの映画で観客が目にする人生は，実際の人生とは違うもので，とても感傷的であり，わが国のアングロサクソン的理想にはまったくそぐわないものである。映画のなかで私たちは，たいてい以下のようなヒーローの公式を発見する。彼は罪を犯し，後悔する。そして，彼は「母親の愛情を受けたことがない」とか「チ

ボックス3a-2

ャンスがなかった」とか，はたまた貧しい家庭に生まれたなどの理由で，犯した罪の責任を免れるのである。女主人公はほとんどの場合，従順で，受け身的であり，迫害されるメロドラマのヒロインである。

（『アウトルック』（*Outlook*）1916年7月26日，p.695）

■ラジオ

一般的にいえば原則を1つ覚えておくべきである。ラジオは，教師にはできないことをやるべきである，ということ。教師のほうがうまくできることをラジオはやるべきではない。ラジオが今後発展したとしても，優秀な教師はいつまでも教室で最も重要な存在であるだろう。 （『教育』（*Education*）1936年12月，p.217）

ラジオは最も重要な教育手段になるのだろうか。教室はなくなり，未来の子どもたちは自宅に居ながらにして，あるいはポータブルラジオをポケットに入れ，街を歩きながら，勉強できるのだろうか。

（『センチュリー』（*Century*）1924年6月，p.149）

■テレビ

残忍で，不道徳な行為や非社会的な行為を絶えず見ることは，その子どもの視聴量と，その視聴が子どもの生まれながらの感受性にどのぐらい作用するかによって，その子どもを冷淡で，ひどく利己的で残酷にする。一部の子どもは，弱いお年寄りや女性，他の子どもに対する侮辱，軽蔑，そして残虐行為にまで憤りを示さなくなる。

（『ニュー・リパブリック』（*New Republic*）1954年11月1日，p.12）
［アメリカの進歩的知識人の意見を代表するといわれる週刊誌］

ここには，少なくとも概念的には，最もすばらしいコミュニケーション様式がそろっていた。ここには発明の最高の功績があり，それは長い間，夢であった。動画が，音や言葉や考えと一緒に，ほとんど時間差なしに直接家庭に届けられるのである。ここには娯楽，情報，教育のすばらしさをリビングに運んでくれるマジック・アイがあった。ここには世界がこれまで見たことのない，より進歩した民主主義を達成できる道具があった。しかし，そのテレビの魔法から出てきたものは，人間の精神に襲撃を加え，想像力を攻撃し，上品な趣向を侵略した。映画もラジオも，その他のどの通信媒体もこのように襲撃や攻撃，侵略する魔法をいまだかつて知らなかったのである。

（『サタデー・レビュー』（*Saturday Review*）1949年12月24日，p.20）
［書籍・思想・芸術の批評を行なう雑誌］

合，これらの社会制度のリーダーは外部からのプレッシャーに憤慨し，これまでのやり方を変えようとしない。アメリカの批判家たちは，メディア産業の成長は，政治，宗教，ビジネス，軍，そして教育制度を含むほかのすべての社会制度に対する脅威であると解釈してきた。政治献金を徹底的に調査するよう求める声はその一例にすぎない。メディアは最も基本的な社会制度である家族に深刻な影響を与えていると見られている。

したがって，これらの社会制度のリーダーたちや，また彼らが支持している特定の圧力団体が，メディアの強力で有害な影響に常に懸念を表明していることはたいして驚くべきことではない。ニューメディアが発展するにつれ，批判家たちはそのメディアの成長を妨げるために，あるいはそのメディアを統制するために闘いを挑むのである。たとえば，テレビとその後登場したケーブル・テレビは，アメリカ連邦通信委員会［Federal Communications Commission, FCC：連邦政府の独立機関で，テレビ・ラジオ放送，電信・電話，衛星通信などを監視する］が産業批判家たちの主張を聴取している間，数年間その開発を凍結された。このようにメディア批判のすべてを同じ部類のものとして扱うのは不公平であるけれども，その多くは大衆社会論と相通ずるものである。この古めかしい理論の歴史は長く複雑である。大衆社会論は，実際には1つの理論ではなく，社会とメディアの役割についていくつか共通の仮定をもつ多くの異なる理論から成るものである。

## 大衆社会論の仮定

大衆社会論は，19世紀末，社会のさまざまなエリートたちが近代化のもたらした混乱を理解しようとする過程で初めて登場した。一部の人々（たとえば，君主，聖職者，上流階級の政治家など）は権力を失い，また一部は社会問題への対応に悲鳴をあげていた。彼らにとってマスメディアは近代社会が抱えている問題すべての象徴であった。イエロージャーナリズム時代の大衆新聞は，まだ十分なリテラシーをもたない大衆に迎合し非倫理的なやり方をする，巨大な独占的企業だと見られていた。罪深く俗物的で，到底賛同できないような話題を利用して人々の関心を集めるメディアの力に対して，教育や宗教の指導者たちは，憤慨していたのである（Brantlinger, 1983）。

1840年以降の大衆紙の出現により，既存の政治や経済制度は露骨に脅威にさらされることになった。政論紙は，1840年代および1850年代に登場したペニー・プレスに払いのけられ，1880年代と1890年代に台頭したイエロージャーナリズムによって完全に葬られた。イエロージャーナリズムの先導的な人物であったハーストの政治的野望は，既存の政治家や事業家たちにとって現実の脅威となった。ハーストは，親交のある政治家を犠牲にしても，自分の人気を高めることなら何でも追求する自分勝手な大衆迎合主義者であった。ハーストの所有する新聞社は他の大衆新聞や雑誌と連携して政府や財界の敵対者を容赦なく攻撃するセンセーショナルな報道を行なった。このような報道は読者に強くアピールし，その攻撃対象となった人々からは，今の『60ミニッツ』（*60 Minutes*）［アメリカCBSテレビの報道番組］のスタッフ以上に恐れられた。

　大衆社会論の根底には多くの場合，羨望，不満，そしてその脅威に対する恐怖心があった。この理論は，人間，メディアの役割，そして社会変動の性質についていくつかの仮定をおいている。まずその仮定を以下に示し，それぞれについて若干の説明を加えることにする。

1　メディアは社会にとって有害でガンのような存在であり，したがって取り除かれるか完全に再構築されなければならない。
2　メディアは一般の人々の精神にまで到達し，直接その精神に影響を与える力をもっている。
3　人々の精神がいったんメディアに汚染されると，長期にわたってありとあらゆる悪い影響を及ぼし，個人の生活を荒廃させるだけでなく，より大きな規模の社会問題を引き起こす。
4　一般の人々は，以前は操作されないよう伝統的な社会制度によって守られていたが，今は伝統的な社会制度から孤立し，切り離されているため，メディアの影響を受けやすい。
5　マスメディアが引き起こす社会的混乱を解決するには，必然的に全体主義的な社会体制が必要となる。
6　マスメディアは必然的に上質の文化を堕落させ，全体として文明を後退させる。

　1つめの仮定はメディアが社会にとって有害でガンのような存在であり，し

たがって取り除かれるか完全に再構築されなければならない（Marcuse, 1969, 1978）というものである。極端なメディア批評家たちだけがメディア産業の解体を主張したが，新しいメディアに反対する人のなかには，別のエリートがメディアを統制すべきだと主張する者もいた。ヨーロッパでは，1920年代にこのような主張が支持を得て，放送メディアが政府機関の統制を受けることになった。しかしながら，皮肉なことにこのような努力はナチスがドイツで権力を掌握したときに，悲惨な結果をもたらすことになったのである。アメリカでは，新しいメディアに対する統制を教会や学校，または政府に任せるなどさまざまな案が検討された。結局，1つの妥協案が採択され，政府機関が多少の監督権限をもち統制機能を担うことになり，民間企業体制で放送産業が作られることになった。その政府機関というのは，後にアメリカ連邦通信委員会となる連邦ラジオ委員会（Federal Radio Commission）である。

しかしなぜメディアは社会にとってそれほど危険な存在なのだろうか。何がメディアをガンのような存在にするのだろうか。2つめの仮定は，メディアは一般の人々の精神にまで到達し，直接その精神に影響を与える力をもっているというものである（Davis, 1976）。これは**直接効果仮定**（direct effects assumption）としても知られ，1940年代以来，激しい議論が交わされている。各大衆社会論はさまざまなメディアが直接与えうる影響の類型について，それぞれ独自の考え方をもっているが，大衆社会論が共通して強調しているのは，これらの影響がいかに悪いものかであり，かつ一般の人々はメディアからの即時的な影響を極端に受けやすいということである。一般の人々はメディア内容がもつ影響力の前では無力な存在として描かれている。これまでの何世代もの間，罪のない10代の青少年たちがギャング映画やヒップホップ音楽の誘惑に負け，純真な小学生たちがコミックや『テレタビーズ』のような番組の犠牲になっている，とメディア批評家は考えてきた。また，疑うことを知らない大人たちは『サバイバー』［アメリカCBSの人気テレビ番組］や『アリー my ラブ』［アメリカFOXの人気連続ドラマ］のようなテレビ番組のせいで，暇さえあればソファーに座ってポテトチップスを食べながら（カウチポテト）テレビばかり見るようになり，騙されやすい高齢者たちはテレビの保険広告や貪欲なテレビ宣教師の放送を見て最後の一銭まで彼らに渡してしまい，また憎悪に燃えた不適応

---

■**直接効果仮定**　メディアは単独で直接に影響を与えうるとする仮定。

者はインターネットで人種差別主義者の論文を読み社会に対する不満をさらに増幅させる，と考えてきたのである。

　以上のように，メディアの影響を示すいくつかの事例を並べることはさほど難しくないが，このような事例を一般化すると誤解を招く恐れがある。1940年代，50年代に，メディアによるこのような影響が社会全般に広がっていることを実証的に示そうとした研究者たちは，決定的な根拠を見つけることがいかに難しいかを知り驚いた。メディア批評家たちが仮定していたほど，人々は，露骨な心理操作による影響を受けていなかった。他の要因がメディアの直接的な影響をかなりの程度制限したり，遮断したりすることも多いのである。

　3つめの仮定は，人々の精神がいったんメディアに汚染されると，長期にわたって，ありとあらゆる悪い影響を及ぼし，個人の生活を荒廃させるだけでなく，より大規模な社会問題を引き起こす，というものである（Marcuse, 1941）。これまで私たちが直面してきた主な社会問題はほとんど何らかのかたちでメディアと関連している。たとえば売春や犯罪から都市における暴力にいたるまで，また麻薬問題からベトナム戦争での「敗北」とそれに続く国家威信の喪失にいたるまでの社会問題がそうである。スラム街の売春婦はゴミのような小説を読んで職業倫理をなくしてしまったし，10代の犯罪者はギャング映画を見すぎており，欲求不満の主婦は昼の連続ドラマを見すぎていた。麻薬中毒者はほとんどの広告に含まれているメッセージを真剣に受け止めすぎてきたのだ。よい人生は一生懸命に働くことではなく商品を消費することによって得られるというメッセージを。以上のような批判には正しい面もある。しかし，これらの批判もかなり誤解を招く恐れがある。メディアは現代の生活を形成し，また今もなお形成し続けている多くの制度の1つにすぎないのである。このような批判を建設的なものにするためには，主張を掻き集めるだけでなくそれ以上のことをする必要がある。残念ながら初期の大衆社会論のほとんどはこの点を見逃していた。

　4つめの仮定は，一般の人々は，以前は操作されないよう伝統的な社会制度によって守られていたが，今は伝統的な社会制度から切り離され孤立しているため，メディアの影響を受けやすい，というものである（Kreiling, 1984）。初期の大衆社会論者たちは過去を理想化し，中世のヨーロッパの町の生活のようなものを懐かしむところがあった。以前の社会体制は，人々を育み，外部の操作から守ってくれていたと考えた。このような見解にはある程度の妥当性もあ

るが（すべての社会体制は何らかの長所をもっている），彼らはギリシャの民主主義も含め，過去の社会体制がもっていた深刻な限界を考慮せず無視している。ほとんどの前近代的な社会体制では，個人の発達と創造性は制限する必要があると考えられていた。人々はただ毎日，祖父母や両親がやってきた仕事を続けるしかなかった。ある時期にある場所で生まれたという理由だけで，ある特定の社会的な役割を覚えなければならなかった。今私たちが大切にする個人の自由は認識もされず，重要なものではなかった。一般人の共同体は外部に対しては閉ざされたシステムで，そのなかでは伝統的な文化によって社会生活が組織され世代間で伝承された。たとえば今でも，テレビのなかった時代のアメリカの伝統的な価値観を懐かしむ声を聞く。しかし1930年代，1940年代，そして1950年代のアメリカでは，マイノリティの人々にはチャンスがほとんどなかったし，またほとんどの女性は主婦の役割だけに甘んじるしかなく，そして一部のエリートだけが高等教育を受けられる，そういう社会であり，今日では反乱を引き起こす原因となりうる多くの状況を強いる社会だったのである。

しかし孤立した個人は操作されやすいという大衆社会論者たちの主張はそれなりに説得力がある。この主張はさまざまなかたちで繰り返されてきた。伝統的な共同体の保護膜が剥がされると，人々は必然的にメディアの伝えるすべてを信じるようになると彼らは主張した。メディアは次第に伝統的な共同体における社会制度の多くを代替するようになったと批判される。メディアは政治，娯楽，宗教，教育などに関して最も信頼され，重宝される情報源となる。このように，19世紀のアメリカの都市のスラム街では，21世紀の郊外と同じように，ニュース・メディアが人々の親しい隣人になろうと競い合っていたのである。それはあたかも友達のように語りかけてきたのである。

伝統的な共同体の崩壊は言うまでもなくメディア企業家たちに多くのチャンスを与えた。たとえば，昔話の語りは多くの民俗共同体において重要な娯楽であったが，共同体が衰退するにつれて，映画，テレビ，ビデオのようなメディアを介した娯楽の市場が形成されていったのである。マスメディアは，より強力な娯楽を提供し人々を民俗共同体から遠ざけたことで非難されるべきだろうか。そうではなくて，メディアはただ単に民俗共同体がその構成員に対して統制力を失ったときに魅力的な情報を提供しただけなのだろうか。

さらに，メディアの影響力は，比較的短期間でも大きく変動しうることを認識しておくことも有用であろう。実際あるメディアは，社会的に不安定な時や

国家的危機に見舞われた時により重要な役割を果たす可能性がある。だからといってこれらのメディアが，常に，また日常的に他の機関や組織より重要であるとは限らないのである。

5つめの仮定は，メディアが引き起こす社会的混乱を解決するには，必然的に全体主義的な社会体制が必要になるというものである（Davis, 1976）。この仮定は1930年代に提唱され，1950年代の「赤の恐怖」(the Red Scare）の時代に最も，もてはやされた。大衆社会は，混乱に満ちており，必然的に崩壊していく非常に不安定な社会体制であると見られ，やがて全体主義に取って代わられるだろうと考えられていた。孤立した個人の群れでいっぱいの大衆社会は，それよりもさらに悪いかたちの社会，すなわち厳しく管理され，統制される全体主義的な社会になるしかない。したがって，メディアが大衆社会を促進すればするほど，それは全体主義の可能性をも高めることになる。

1930年から1960年までの間，大衆社会論者たちは大衆社会が全体主義へと変質するという古典的なシナリオを描いた。そのシナリオは，たとえばドイツにおけるヒトラーの台頭をかなり正確に描いた。急激で混沌とした社会変動の時代には，重要な社会問題は過激な政治活動に参加することで解決できるのだと一般の人々に約束する扇動家が現れる。この扇動家たちはメディアを効果的に利用し，人々を操作して支持を引き出す。彼らの活動が勢いを得るにつれ，彼らは従来のエリートに対して政治的な圧力を強めていく。妥協は扇動家たちにますます多くの権力を与える。この権力は無責任に行使される。その結果，政敵は抑圧され，民主的な政治制度は解体される。次第に権力は最も冷酷な扇動家の手に集中し，この人物が全体主義的な国家を樹立する。

全体主義への恐怖は近代の恐怖である。すなわち，個人主義と民主主義に価値をおく人々だけが経験する恐怖なのである。そのような人々にとって全体主義は悪夢のような社会，彼らが最も大事にするすべてのものが軽視される社会である。個人主義の一切の表現は禁止される。あらゆるコミュニケーションが厳しく制限され，政府の監視を受ける。

小説家ジョージ・オーウェルは1948年にこういう悪夢のような世界を描き，長らく人々に読まれた。彼の小説『1984年』は，大衆社会論特有のメディア観を巧みに表現した。オーウェルの世界では，ビッグ・ブラザー〔『1984年』に出てくる超大国オセアニア国統治者〕がテレビについている「目」をとおして全員を監視する。テレビでは外部の敵に対する憎悪を扇動し，ビッグ・ブラザ

> **ボックス3b**
>
> ## 『1984年』からの引用
>
> ……彼は1人ぼっちであった。過去は死んでしまったし、未来は想像できなかった。今生きている人間の1人でも彼を支持してくれているのかどうかを彼は確信することができたであろうか。どうすれば党の統治が永遠に続かないことを知ることができるのか。この問いに答えてくれるかのように、真実省（Ministry of Truth）の白い正面壁に掲げられた3つのスローガンが彼の目に入った。
>
> 
>
> 戦争は平和である。
>
> 自由は隷属である。
>
> 無知は力である。
>
> 
>
> 　彼はポケットから25セントのコインを取り出した。そのコインにも、小さな、しかしくっきりとした文字で同じスローガンが刻まれており、表にはビッグ・ブラザーの顔が刻印されていた。君はコインにも監視されていた。コインにも、切手にも、本の表紙にも、横断幕にも、ポスターにも、そしてタバコの箱にも、いたるところに君を常に監視する目があり、君を覆っている声があった。眠っていようが起きていようが、働いていようが食べていようが、室内であろうが室外であろうが、お風呂に入っていようがベッドにもぐっていようが、それから逃れることはできなかった。君の頭蓋骨のなかの数立方センチメートルの空間を除き、君のものは何もなかったのである（Orwell, 1960: pp.25-26）。
>
> 　……彼は巨大な顔を見つめた。その顔の薄黒い髭の下にどのような笑みが隠されているのかを知るのに40年かかった。……しかしそれで結構、万事順調だ、闘いは終わったのである。彼は自分との闘いに勝った。彼はビッグ・ブラザーを愛するようになったのである（Orwell, 1960:p.245）。

ーに対する愛を助長する宣伝が流される。この小説の主人公であるウィンストン・スミスは、歴史を改ざんする仕事をしている。彼は今行なわれている宣伝と内容が合わない古い新聞の記事や写真、さまざまな記録を処分する。反体制的、反逆的な人々の記録はすべて消される。政府は言葉の意味を変えさせ表現手段として機能しないようにする。平和は戦争を意味し、自由は隷属を意味する。正義は不平等と偏見を意味する。政府の命令を聞かない人は誰でも投獄さ

れ「再教育」される。オーウェルはウィンストン・スミスの闘争と，それにもかかわらず結局は洗脳されてしまう過程を描写している。この小説の最後では，画面に映し出されているビッグ・ブラザーに対するスミスの自発的で感情のこもった反応が，党に対する彼の忠誠を表現している（ボックス3b参照）。

　20世紀を通じて全体主義の蔓延に対する憂慮は大きくなっていった。多くの人々にとって全体主義は，忌まわしく悪に満ちたものすべてを象徴していた。しかし一方ではそれを「未来の波」(wave of the future) としてみる人もいた。全体主義者たちは，一般の人々は自分自身を効果的に制御できないので民主主義は不可能だとして退けていた。民主主義は本質的に弱いものであり，断固とした意思をもつカリスマ的な強い指導者の登場には抵抗できないものと見なされていた。ヨーロッパ，ラテンアメリカ，アジアなどで成立してまもない民主主義は，経済の大恐慌（Great Depression）が深刻化するにつれ，ゆらぎ，そして崩壊した。アメリカも例外ではなかった。急進的な政治運動が起き，その影響は急速に広まっていった。いくつかの州では，右翼過激派の人たちが選挙で選ばれた。ファシズムに賛同する団体がヒトラーに対する支持を表明する大規模な集会を開いたこともある。労働組合の支配を闘争の目標とする急進主義者もいた。ヒトラーの描いた千年共和国（thousand-year Reich）のほうが民主主義よりも長く存続するように思われた。

　なぜ全体主義がこれほどの成功を収めることができたのか。なぜ新しいマスメディアが台頭しつつあったそのときに，全体主義の風が世界に吹き荒れたのか。その間に何か関連があったのだろうか。ラジオや映画にその責任があるのだろうか。大衆社会論者の多くはその答えは「イエス」だと信じていた。これらのメディアがなかったら独裁者たちが大衆の人気を得ることはできなかっただろう，または権力を強固にすることもできなかっただろうと，大衆社会論者たちは考えたのである。放送メディアは，一般の人々を直接説得し，厳しく統制された凝集性の強い社会へ大勢の大衆を統合するのに最も適したメディアであるといわれた。映画は，ある対象に対して独裁者が望むとおりに肯定的あるいは否定的な意味を植えつけ，強力なイメージを伝えると考えられた。

　このような批判が見逃していたのは，ナチスや共産主義者が最も大きな成功を収めていたとき，一般の人々がこのような極論者たちが提示した安全保障や仕事についての約束を信じたいという強い願望があったということである。飢えにあえぎ，パン一個買えるお金もないときに，個人の自由などはほとんど価

値がないのである。

　全体主義の台頭を防ごうとする努力に内在する深刻な皮肉の一つは，全体主義の台頭を防ぐための努力が，多くの場合，自分たちがまさに阻止しようとしている全体主義的な政府を作ってしまう恐れがあることである。アメリカの場合では，ジョセフ・マッカーシーがその重要な例である。彼はウィスコンシン州の共和党上院議員で，アメリカ政府内に共産主義が広まるのを防ぐべきだと主張し，1950年代に一躍有名になった。民主主義を守るためにどこまでやっていいのだろうか。民主主義を「守る」ために民主主義の基本的原則を無期限で留保しておくべき時代などあるのだろうか。マッカーシーは，アメリカでは共産主義者が支配権を握ろうとしており，政府とメディアから共産主義者を粛清すべきであると主張した。彼は，民主主義のルールに従い共産主義者を放置しておくと，これらの悪人たちが摘発から逃れ，アメリカの政治システムを打ち倒してしまうと主張した。マッカーシーは，自分は共産主義者のリストをもっていると主張し，それをジャーナリストやニュース映画のカメラの前で劇的に公開した。ジャーナリストたちは，彼の主張を大きな見出しをつけ一面記事として報道し彼に協力した。

　メディアはマッカーシーを批判しなかった。ジャーナリストの多くは彼を批判することで共産主義者の烙印を押されることを恐れた。実際，マッカーシーの追従者たちはメディアで働いていた人たちを職場から追い出すことに大いに成功した。共産主義者であるとされた人々のリストが出回り，そのリストに名前が掲載されている人物を雇用しているメディアは脅迫を受けた。1950年代の最も著名な放送ジャーナリスト，エドワード・R・マローは，ニュース報道やドキュメンタリーでマッカーシーの策略と主張の内容に疑問を投げかけ，マッカーシズムの拡大を阻止したことで知られている。メディアはマッカーシズムの台頭をもたらしたとして非難されるべきなのか，それともそれを阻止したとして賞賛されるべきなのか。

　全体主義は大衆社会論者たちによって喚起された最も大きな恐怖であったが，彼らはもっと捉えにくいかたちの社会的堕落にも注目した。大衆文化がそれである。大衆社会論の最後の6番めの仮定は，メディアは必然的に上質の文化を堕落させ，全体として文明を後退させる，というものである（Davis, 1976）。

　この批判を理解するためには，この過去2世紀の間に，西欧の文化・教育分野のエリートたちがとっていた立場を理解しなければならない。啓蒙主義（理

性的な考えを強調した18世紀ヨーロッパにおける社会的哲学的運動）の時代に続く数十年間，これらのエリートたちは，自分たちの社会だけでなく全世界により高い文化を育み広めていく責任が自分たちにはあると考えていた。振り返ってみると，彼らの考え方にはいくつか深刻な限界があった。彼らによって奨励された教養はほとんど西欧の，アングロサクソンでプロテスタント系白人男性を基準にしたものであった。多くの場合，彼らは世界の未開地域に文明と高い文化をもたらすのは白人男性の責務だと信じていた。このような信念が土着の文化を抑圧し，その文化のもとで生活している人々を全滅させることを意味しているにもかかわらず，そう信じていたのである。1992年に行なわれたクリストファー・コロンブスのアメリカ大陸発見500周年記念式典でも見られたように，コロンブスのアメリカ大陸発見も，もはや世界的には文明の進歩における偉大な一歩であるとは認められていない。いまや，コロンブスやそのほかの探検家たちが行なった残虐行為と，探検家たちが来なかったら活力をもち続けたはずの土着文化に対する彼らの破壊行為を批判する声が公然とあがっているのである。

　高い教養や文化を守ろうとする人たちにとって，マスメディアは，大衆に瑣末で下品な活動や考えを流布させ，自分たちの影響力を脅かす狡猾で精神を蝕むような存在であった。なぜ偉大な教育者や宗教指導者をたたえないで（1930年代の映画がそうであったように）ギャングを賛美するのか。なぜ大衆の嗜好を高めようとせず，それに迎合するのか。なぜ大衆に必要なものを与えず，彼らが欲しがっているものを与えるのか。（1930年代のディズニーがしたように）なぜ偉大な芸術を漫画にして価値を落としめるのか。大衆社会論者たちはこのような問題を提起し，これらの問いに対して長く抽象的すぎる回答をしたのである。

　ヨーロッパではこのような懸念があったために，政府がメディアを直接監督したり，あるいはBBC（British Broadcasting Corporation，英国放送協会）のような公共機関を通じて間接的に監督することが正当化された。政府はメディアを利用して高い教養や文化をさらに高める責任があると認識していた。大衆を啓発するために交響曲のコンサートやシェークスピア劇が放送された。メディアは大衆が欲しがるものではなく大衆に必要なものを提供するものだと考えられていた。BBCに「ビービーおばちゃん」というあだ名がついたのもこういう理由からである。

## メディア大論争の高揚

　大衆社会論者とメディア産業擁護者との激しい対立は20世紀の間ずっと続いた。先に簡単に述べたように，両陣営間の論争は，今日も新たなかたちで，またますます興味深いかたちで続けられている。この論争のさまざまなバリエーションについては次章以降で詳しく学ぶことになる。しかし，1961年にバーナード・ベレルソンは，いまだに古典として読まれている「文化民主主義に関する大論争」(The Grate Debate on Cultural Democracy) という洞察に満ちた論文で，この両陣営間の論争をまとめている。ベレルソンによれば，この論争に加わった人々は，メディア産業を擁護する**実務派**（Practicus)，大衆社会論を主張する**学識派**（Academicus)，そして実証的な社会科学の方法を用いてマス・コミュニケーションを研究する**実証派**（Empiricus) に分かれる。ベレルソンは，この論争の結論は単純であるという。すなわち，この論争のなかで提起された問題に対しては彼のようなマス・コミュニケーション研究者が有用な答えを出しているので，ただその意見に耳を傾ければいい，というのである。ベレルソンは実務派も学識派も明らかに偏見をもっているのに対し，実証派はそうでないと主張した。さらに実証派は，実務派と学識派の極端な立場の中間に位置し，両者の主張を妥協させる穏健な立場をとっているように見えたので，実証派の主張にはより説得力があった。

　ベレルソンのこの大論争は1961年に終息したわけではない。第6章と7章でも述べているように，このような実証派の立場はその後約20年間，マス・コミュニケーション研究者の間で**支配的なパラダイム**となった。しかし，学問以外の領域ではほとんど無視された。メディア産業側に立つ人々とそれに対立する人々は，まるで実証派の主張を意図的に無視しているかのように，闘いを続けてきた。彼らはメディア研究者の研究結果が自分たちの見解を支持しているときにのみそれに注目した。これらの研究結果が「限定効果論」を立証したため，

---

■**実務派**　「メディア大論争」において産業側に立つ研究者につけた名称。
■**学識派**　「メディア大論争」において伝統的エリートにつけた名称。
■**実証派**　「メディア大論争」において社会科学研究者につけた名称。
■**支配的なパラダイム**　ある時期の科学において広く受け入れられている考えや理論。

大衆社会論を主張する学識派たちは，それがメディアの影響力を過小評価していると批判し続けた。一方で実務派（もちろん広告研究者とマーケティング研究者は除く。これについては後で述べる）たちは，特定のオーディエンスの下位集団に対するメディアの効果はさらに小さいと考えていた。

## 初期の大衆社会論の例

　それでは初期の大衆社会論の例をいくつか要約してみよう。ここで取り上げる一連の理論が大衆社会論のすべてではない。むしろ，これらの理論は他の人々によって提唱された考えを組み合わせ，ある時点である文化に属していた人々が自分たちの社会をどう捉えていたのかを表している。ここで紹介し説明する例は，それが書かれた時代には影響力をもっていたものであり，その後の研究者たちに重要な参考資料となったものである。また特に言及していなくても，それぞれの例は新しく登場したマスメディアと明らかに関連しているということも覚えておく必要がある。

　後続の章で私たちは大衆社会論をもとにして展開された理論について述べていく。これらの理論は1950年代末まで人気を得ていたが，1965年までには古典的な大衆社会論は崩壊していく。断固として大衆社会論を支持していた人々にもその理論に内在する欠点が明らかになったからである。全体主義の恐怖も，少なくとも学問の世界ではなくなり，もし，大衆文化が文明の終焉をもたらすとしても時はすでに遅かったのである。

　大衆社会論のほとんどの仮定は批判され捨てられたが，大衆文化をめぐる論争は続いた。本書の最後の章では，大衆文化に関して革新的な考えを具体化した重要な新しい理論をいくつか検討する。これらの理論は必然的に大衆社会や大衆文化に関するこれまでの考え方に依拠しているが，一方で大部分の理論が以前のような単純な仮定やメディア批判を拒否している。これらの新しい理論ではエリートの高い教養文化を他の文化を評価するときに用いるべき基準としては認めていない。必ず全体主義が出現すると恐れてもいない。その代わり，メディアが新しいかたちの文化を発展させるとき，メディアに内在する偏向性に焦点を当てる。メディアが高い教養文化の品位を落とし，堕落させるものであるとはもう考えていない。むしろ，メディアは文化の発展を制限し，混乱さ

せるものとして捉えられる。メディアは文化を滅ぼすのではなく、文化の変動に主要な役割を果たしたり、ときにはそれを抑制する役割を果たすのである。

ポピュラー・カルチャーに関する現代の理論も大衆社会論と呼ばれるべきなのか。それとも大衆社会論はすでに終わったと公式的に宣言すべきなのか。今日の理論家の一部は、明らかに大衆社会論的な考え方に依拠し続けているが、ほとんどの研究者はその限界を知っている。したがってこの本では、(a) 1970年代以前に提唱され、(b) メディア効果研究から出された結果を説明できない理論に対してのみ「大衆社会論」という用語を用いることにしたい。

## ゲマインシャフトとゲゼルシャフト

大衆社会論的な考え方を提唱した人のなかに、フェルディナント・テンニースというドイツの社会学者がいる。テンニースは19世紀以前の社会組織と19世紀のヨーロッパ社会との決定的な違いを説明しようと、民俗共同体を表す**ゲマインシャフト**と近代的な産業社会を表す**ゲゼルシャフト**という単純な2分法を提唱した。民俗共同体では、人々は家族の強い紐帯や、伝統、固定的な社会的役割などによって互いに結びつけられていた。当時基礎的な社会制度はかなり強固であった。ゲマインシャフトは、「閉鎖的で規模の小さい村に存在する直接的で対面的な接触と、血縁にもとづく濃密な人間関係から成り立っている。規範はほとんど明文化されておらず、一個人は、生活のあらゆる面について、相互依存の網のなかで他者と結びついている」(Fukuyama, 1999, p.57)。さらに、「構成員たちが、超自然的な意志によって自分の属している集団が自然発生的に形成された、と考える限り、その集団はゲマインシャフトの性質をもつ」(Martindale, 1960, p.83)。こういった民俗共同体には重要な強みと同時に深刻な問題点もあるが、テンニースはその強みのほうを強調した。彼は大部分の人々は民俗共同体によって与えられていた秩序と意味を懐かしく思うものだと主張した。人々はよく現代社会における生き方を厄介で無意味なものだと思うことがある。大衆社会論者たちは、新しく登場するマスメディアによって血縁

■**ゲマインシャフト** 伝統的な民俗文化を意味するテンニースの概念。
■**ゲゼルシャフト** 近代の産業社会を意味するテンニースの概念。

関係や直接的で対面的な接触が断たれると思ったのであり，また，それらのメディアは明らかに自然発生的なものではなかったのである。

　ゲゼルシャフトでは，伝統ではなく合理的な選択にもとづいて比較的ゆるい社会制度によってお互いが結びつけられている。ゲゼルシャフトは「大規模な都市産業社会の特徴である法律とそのほかの公式規制の枠組みをもつ。社会関係はより公式化され，非個人的なものになる。個人はお互いに依存し助けあうこともなく……したがって［ゲマインシャフトに比べると］お互いに対する道徳的な責任感がかなり弱い」(Fukuyama, 1999, p.57-58)。「一般」の人々がエリートへの依存を弱めていき，その代わりに，より公式化され，客観的に適用されるルールや法律への依存を強めるようになりゲマインシャフトからゲゼルシャフトへの移行が始まった。そしてそこでもっとも影響力を失う立場に立たされたのはまさに既存のエリートたち（最も強く大衆社会論を擁護した従来の権力者）だったのである。たとえば就職するとき，あなたはあなた個人の決定にもとづいて契約書にサインをする。あなたの家族が代々あるところで働いてきたからという理由でそこに就職するわけではないのである。あなたは多少なりとも合理的な選択をする。給料をもらうことを条件に特定の仕事をするのであり，あなたとあなたを雇用した人がその条件を守る限り契約は継続する。もしある限度を超えて仕事を休むと，あなたは解雇される。もし雇用主が約束を守らず給料を支払わないと，あなたは働くのをやめるだろう。

　結婚の誓約も，近代へ移り変わることによって社会制度がいかに重要な影響を受けたかを示す一例である。民俗共同体では結婚の誓約は配偶者の死によってのみ終わる一生の約束であると考えられていた。結婚の相手も伝統や家族の要求などを考えて家長が決めていた。もし結婚の誓約を守らないと，共同体から追放されることもあった。このような社会では，家族はその秩序を認め，人々は，その社会のなかでの生き方があるのだと悟っていた。現代社会では，家族はもっとずっともろい存在である。結婚の誓約はしばしば破られ，それによる多くのマイナスの結果を甘受しなければならないことはあるが，社会全体から非難されることはない（離婚歴のあるロナルド・レーガンはそのことをほとんど指摘されることもなくアメリカの大統領になったし，ビル・クリントンは弾劾訴追まで受けることになったセックス・スキャンダルの最中でも最高の支持率を得た）。さまざまな要因によって，現代のアメリカ社会では片親だけの家族が例外ではなく普通の現象になってきた。

この数年間のあいだには，メディアは民俗共同体（ゲマインシャフト）を崩壊させ，非道徳的で紐帯の弱い社会制度（ゲゼルシャフト）の発展を助長していると非難され続けてきた。たとえば，モラル・マジョリティ（Moral Majority）［アメリカの新保守主義運動の中心勢力。超保守主義的な政治的宗教団体］の設立者で，聖職者であるジェリー・フォールウェルとテレビ宣教師のパット・ロバートソンは，2001年に世界貿易センタービルやアメリカ国防総省をテロリストが攻撃した際，これはイスラム過激派によるものではなく，「アメリカの文化エリート」によって伝統的な家族と社会的価値が組織的に破壊された結果であると批判したのである。

## 機械的連帯と有機的連帯

　フランスの社会学者であるエミール・デュルケムは，テンニースと同じように2分法にもとづく理論を提唱した。しかし，デュルケムとテンニースでは，近代の社会秩序に対する解釈が根本的に異なる。デュルケムは民俗共同体を機械にたとえ，共同体の成員はその機械の部品にすぎないと主張した。これらの「機械」はとても秩序正しく耐久性をもつが，その部品である共同体の成員たちは共同体の合意によって伝統的な社会的役割を遂行するよう強制されている。人々はこの合意により大きなエンジンの部品のようにお互いが結びつけられている――これが，**機械的連帯**（mechanical solidarity）である。

　近代的な社会秩序は，機械ではなく動物にたとえられた。動物は成長するにつれ，身体的に大きな変化を遂げる。動物は赤ん坊として生活を始め，いくつかの発達段階を経て成熟し，老いていく。動物の体はさまざまな部分――たとえば皮膚，骨，血など――で構成されており，各部分は，それぞれ異なる目的のために働いている。同じように近代の社会秩序も大きく変化する可能性をもっており，したがってその社会に生きる人々も全体としての社会と一緒に変化し成長する可能性をもっている。デュルケムの理論では，近代社会の成員は機械の部品ではなく，特定の機能をもった体の一部分である。人々はそれぞれ専

---

■**機械的連帯**　伝統的な社会的役割や合意にもとづいている民俗文化を意味するデュルケムの概念。

門化された業務を遂行しており，個々人の生存は社会全体の健康に依存している。機械と違って動物には疾病や怪我の危険がつきまとう。しかし彼らはそのような危険を予測しそれに対処する知的能力をもっている。デュルケムは近代の社会秩序を形成している成員間の社会的結びつきを**有機的連帯**（organic solidarity）と呼んだ。

　有機的連帯にもとづいた社会秩序は，専門化，分業，相互依存を特徴とする（Martindale, 1960, p.87）。機械は近代の象徴として考えられる傾向があるため，デュルケムの機械的連帯と有機的連帯という用語は誤解されやすいので注意しなければならない。彼は近代社会ではなく伝統文化に対して機械というメタファーを用いているのである。

　近代社会を有機的連帯であるとして肯定的に評価したデュルケムの考えは，新しいメディアや新しい技術を賞揚する多くの理論に取り入れられてきた。新しいメディアの擁護者たちは，通信技術の変化が，重要で新しい社会関係を形成するであろうと主張する。インターネットを基盤とする「電子民主主義論」で暗示されている主張を思い浮かべればわかりやすいだろう。そういう社会では，一般の人々は政治的リーダーと直接コミュニケーションをとることができ，政府に望むことを一般の人々が自ら決定できる「電子集会所」も作られるという。政党を問わず，政治家たちはアメリカのすべての教室をネットで**情報スーパーハイウェイ**につなぎ，すべての市民が社会にアクセスできるようにすると約束している。このような主張は，インターネットというメディアによって結ばれる新しい社会関係が既存の代議制民主主義よりも進歩したものであるということを前提としている。

　デュルケムを近代社会の登場を楽観視した素朴な社会学者と見るのは間違いだろう。最も長く読まれている彼の著書『自殺論』（1951）は，伝統的な宗教や社会制度が力を失った国において自殺率が上昇していたことを報告している。それらの国々では，人々は高度のアノミー，すなわち無規範状態を経験しているとデュルケムは主張した。後期の著作では，公衆道徳が統制力を失っていることに懸念を示した（Ritzer, 1983, p.99）。人々は伝統的な価値観に縛られず，自由に自分の感情や欲求にしたがっている。デュルケムはこのような社会問題

---

■**有機的連帯**　文化的に協議されて作られた社会的結びつきによって拘束を受ける近代の社会体制を意味するデュルケムの概念。
■**情報スーパーハイウェイ**　世界的規模のデジタル・データ・ネットワーク。

は，社会内科医（すなわち彼自身のような社会学者）が診断し治癒できる社会病理として捉えることができると信じていた。(Ritzer, 1983, p.110)。古い社会体制に戻ることを要求する保守主義者や革命を呼びかける急進主義者と違い，デュルケムは近代性に内在するこのような問題は科学的に考案された改革によって解決できると信じていたのである。

## 現代の大衆社会論

　大衆社会論は，現代のマス・コミュニケーション研究者や理論家にはあまり支持されていないが，悪影響を及ぼすメディアと無力なオーディエンスというその基本的仮定が完全に姿を消したわけではない。メディアがもつ，広範な逆機能的影響力に対する批判はこれまでも継続的になされてきたし，社会の支配的エリートがメディアによって自分たちの権力がおびやかされていると考える限り，これからも続けられるだろう。最近出版され議論を呼んだ2冊の本に大衆社会論の現代版が示されている。これらの本は大衆社会論的な考え方を再度述べているだけでなく，その考え方の限界も多く露呈している（たとえば，「一般の人々」への不信感や，自分たちの価値観が「正しい価値観である」という僭越さなど）。『ハリウッド対アメリカ—— 伝統的価値観をめぐる戦争と大衆文化』(1992) という本のなかでマイケル・メドヴェドは，まさにそのタイトルが意味していることを主張している。すなわち，「監視者であるはずの聖職者がさまよい，カーニバルの客引きのような放送事業者がその代わりを勤めるようになったおかげで，アメリカの文化は堕落した」というのである(p.3)。しかし最も影響力のある現代版大衆社会論のチャンピオンはおそらくイギリスの社会批評家であり知識人であるロジャー・スクルートンであろう。『知識人のための現代文化ガイド』(2000) という本で彼は，大衆社会論が，エリート主義とエリート文化を支持していることをはっきりと示したのである。

　　この本は現代文化についての理論を示し，より高尚でより重要な文化を擁護する。高尚な文化をもっていない人にその文化について説得力のある擁護を説明することは不可能である。したがって私は，この本を読んでいるあなたが知識人で教養のある人であることを前提に書いている。だからといってあ

なたが西洋文学のすべての正典や，音楽および芸術のすべての代表作，またはそれらの作品が刺激してきた重要な思想に精通している必要はない。そのすべてに精通している人なんていないのである。しかしボードレールの『悪の華』やT・S・エリオットの『荒地』を読んでおくのはこの本を読むうえで役に立つであろう。またモーツァルト，ワグナー，マネ，プッサン，テニソン，シェーンベルク，ジョージ・ハーバート，ゲーテ，マルクス，ニーチェについても若干の知識があることを前提にしている。(p.x)

スクルートンはまた伝統的な価値観の衰退も重視している。すなわち彼は，「新しい何かが今の世界で作動しているようである。それは，美徳をセールスマン精神で置き換えるだけでなく，美徳を含むすべてをセールに出すことによって，社会生活のまさに心臓部が侵食される過程である」(p.55) と述べているのである。

大衆娯楽については，また次のように述べている。

> 思いのままにできるファンタジーが，とても思いどおりにはいかない現実世界に取って代わる。なぜこれが問題なのかを考えることは重要である。現実の世界では，人生は扱いにくく厄介なものである。何よりも厄介で面倒なのは，存在しているというだけで，応じたくないような要求をしてくる人たちとの対立である。もし個々人が共同体の存続のために自分を犠牲にしなければならない運命にあるならば，個人を確立させたいと願う大きな力が必要であり，個人をユニークで代替できない存在だと見なす必要がある。ファンタジーのなかに逃げ込むことのほうがはるかにたやすい。というのは，ファンタジーは私たちを困らせないし，願望を我慢しなくてもよいからである。(p.63)

大衆文化については，次のように述べている。

> 大衆文化は……道徳および情緒を豊かにする知識を得るために，費用のかかる通過儀礼をしないで，安易なかたちで社会的結束を調達しようとする試みである。美的対象を引きずり降ろし，広告をその位置に昇格させた文化であ

る。想像力をファンタジーで置き換え，情緒を浅薄な作品で置き換える。昔から伝わる音楽やダンスの様式を滅ぼし，単調なハーモニーとリズムの組み合わせとしか聞こえない反復的な騒音でそれを置き換え，部族固有の言語を無文法なつぶやきに置き換えて，絶滅に向かって次第に消えていくように，とぼとぼ歩きながらつぶやいている神父たちのどもり声をかき消しているのである。(p.121)

そして最後に高等教育の失敗については，次のように述べている。

若者が自発的に身につけた文化と大学で学ぶべきものとのギャップはあまりにも大きく，教員が若者に自分が到達した学問の頂点まで登ってくるよう手招きするのはばかげていると思われがちである。実際，方針を変えて，若者が魅了されている大衆娯楽に加わり，自分の意見とは隔たりのある華やかな没落めがけて知識の銃を撃つのはたやすいことである。(pp.121-122)

「伝統的な価値観」を理解する人々や，新しいコミュニケーション技術によって危険にさらされていると考える一般の人々の懸念に負けることなく，弱々しくはあるものの，他の2つの要因が現代の大衆社会論に新しい活力を与えた。その1つは，インターネットとWWWが急速に普及したことである。新しいメディアの出現は新しいスタイルのコミュニケーションの誕生を意味する。そして新しいコミュニケーションのスタイルが生まれれば，新しい関係性が作り出され，権力や影響力の中心も新しく形成されることになる。これは，大衆社会論の孵化期である19世紀から20世紀への変わり目に私たちの社会がおかれていた状況をそのまま映し出している現象であるといえよう。

2つめの要因は，上に述べた新しい技術の登場と関連している。新しいメディアに刺激されて既存のメディア産業が急速な再編を迫られたことはすでに述べたとおりである。これが今日非常に多く，また広範囲で行なわれているメディア企業合併の背景にある要因の1つである。1998年7月，AT&Tとブリティッシュ・テレコム（BT）は競争の激しい電話，携帯電話，ケーブル・テレビ，インターネット市場で生き残るため100億ドル規模の企業合併に乗り出した。同じ月に同じ目的で，ベル・アトランティック社はGTE社［アメリカの大手電話会社］を530億ドルで買収した。この超大型買収の直前に，ウェスティング

ハウス・エレクトリック社［アメリカの総合電気メーカー］はCBSを買収し，ウォルト・ディズニー・ピクチャーズ社はキャピタル・シティーズABCを，タイム・ワーナー社はターナー・ブロードキャスティング社を買収した。このような企業合併ラッシュの最中，シーグラム社［カナダの世界最大の酒造会社］はポリグラム社［アメリカの音楽会社］を104億ドルで（1998年），高速インターネット接続会社であるアット・ホーム社は検索エンジンのエキサイト社を67億ドルで（1999年）買収した。AT&Tはケーブル・テレビ会社のTCIを傘下に入れた（500億ドル）後，さらにメディア・ワンというケーブル・テレビ会社を690億ドルで買収し，他のケーブル・テレビ会社2社――タイム・ワーナー社とコムキャスト社――と提携関係を結んだ（1999年）。クリア・チャンネル・コミュニケーションズ［全米最大のラジオ局オーナー会社］は166億ドルでAM／FM社を買収し，世界最大のラジオ放送会社を作った（1999年）。そしてアメリカ・オンライン［アメリカのパソコン通信の大手］は1350億ドルで巨大メディア複合企業体であるタイム・ワーナー社を手に入れたのである（2000年）。このような買収や合併の結果，さまざまな種類のメディアを抱え，世界中で想像もできないくらい多くのオーディエンスにアクセスできる巨大なコミュニケーション企業が生まれた。ルパート・マードック率いるニューズ・コーポレーションも地球的な規模で多くのメディアを傘下に収めている企業の1つである。ニューズ・コーポレーションは52ヶ国で789の事業体を所有するオーストラリアの企業で，1997年の収入は13億2000万ドルにのぼる（World Class, 1988, p.3）。このようにメディア産業の所有が**集中**することに対して，ジャーナリストでメディア批評家でもあるベン・バグディキアンは次のようにコメントしている。

> 彼らに勝手にやらせたことによって，印刷媒体や放送によるニュースと娯楽のほとんどすべてを少数の最も強力な企業が支配するようになった。彼らは，公式命令や国家的武力によってではなく，彼ら特有の経済的・政治的目標にしたがった彼らなりのスタイルで支配している。彼らは，公式的教条を流布させるのではなく，彼らの利益，彼らの政治的な志向にあった思想や情報を静かに強調することによって，政治的・文化的多様性を狭めていくという彼

■**集中**　さまざまな分野の多くのメディア企業がごく少数の企業家に所有される状態。

> インスタント・アクセス
>
> ## 大衆社会論
>
> 【有効性】
> 1 メディアの重要な効果について論じている。
> 2 近代文化における重要な構造変化と葛藤を強調している。
> 3 メディアの所有と倫理の問題に注目している。
>
> 【限界】
> 1 非科学的である。
> 2 非体系的である。
> 3 権力を維持しようとするエリートによって提唱された。
> 4 「一般の人々」の知性と能力を過小評価している。
> 5 メディアが直接与える影響に対して個人や社会や文化がもつ防壁を過小評価している。

らなりのやり方をもっている。彼らは公式の政治的権力ではないが，非公式には，政治権力と公共政策に対して不相応に大きな影響力をもっているのである。(1992, pp.239-240)

メディアの自由を強く主張するバグディキアンは決して大衆社会論者ではない。しかし彼のこのような考えは，無力な人々に反撃不可能な権力を振るう強力なメディア・システムに対して大衆社会論的見解をもつ多くの人々に共有されている。

## まとめ

メディアと新しいメディア技術に対する批判はとくに新しい現象ではない。今から100年以上も前から新しいメディアはさまざまなところから厳しい批判を受けてきた。ベレルソンはそのような批判者を，メディア産業の研究員である実務派，伝統的なエリートである学識派，社会科学者である実証派に分類した。いまだ批判されるべきところは多い。多くの大衆娯楽の内容の質は，オー

ディエンスの最も下劣な好みや欲求を満たすために低下してきた。初期のニュース媒体（そしてスーパーで売られている今日のタブロイド新聞も）は，推測記事や過度にドラマ仕立てにされた記事で莫大な規模のオーディエンスを魅了している。最も重要で絶えず行なわれているメディア批判は，大衆社会論というかたちを取った。テンニースとデュルケムは，近代性の本質に関する議論の枠組みを提供したし，その枠組みは今も参照されている。悪い側面の象徴であるか，良い側面の象徴であるかの違いはあったが，大衆社会論者にとって，またメディア擁護者にとって，メディアは近代性の象徴だったのである。

　初期の大衆社会論者たちは，メディアは個人の精神に直接的に働き，精神を変化させ，品を下げ，個人の生活を荒廃させ，多くの社会問題を引き起こす有害なものであると主張した。メディアの影響によって人々の人間関係は解体され，高い教養文化や他者から啓蒙的影響を受けることが，つまり高い教養や文化を受けることがなくなる。無慈悲で力に飢えた独裁者たちが自分たちのイデオロギーを広めるためにメディアを操作するようになり，必然的に全体主義が立ち現れる，と。

　当初，大衆社会論は広く受け入れられた。しかし時間が経つにつれ，人の品性を下げ，人を堕落させるというメディアの力に関する根拠のない主張が疑問視されるようになった。大衆社会論的な考え方は，伝統的な生活様式と高い教養文化へのこだわりが強く，一般の人々と民主主義に対する不信感が根強かったヨーロッパで，より長い間支持された。過去50年間，アメリカのメディア研究者たちはメディアの絶対的な力に懐疑の目を向けてきた。後の章で私たちはメディア研究者たちの懐疑がどのような経験的観察にもとづいているのかを示す。研究者たちは，研究を重ねるごとに，人々の考えや行動にメディアが直接的かつ日常的に影響を及ぼしうる，ということを証明することは難しいと認識していったのである。

　現代社会におけるメディアの役割についての議論はまだ終わっていない。アメリカの研究者の多くは実証的な研究から得られた答えに満足しているが，ヨーロッパの理論家たちはそれに満足していない。メディアに関する古い問題の多くは，特にインターネットの登場と相次ぐ巨大コミュニケーション企業合併を背景に，最近再び問題提起されるようになっている。説得力のある新しい理論は，メディアが文化の維持や発展に重要な役割を果たしていると主張している。後の章で述べるように，この議論の復活がメディアの理論と研究を再び活

気づけたのである。

> **さらに深く検討しよう！**

**1** ゲゼルシャフト／ゲマインシャフト，有機的連帯／機械的連帯という概念は今日においてもなお社会科学者の関心を惹きつけている。次のサイトにはこの古くからの概念に関する最近の論文が掲載されているので訪れてみよう。その論文を読んでテンニースやデュルケムの思想についてさらにわかったことは何だろうか。そして大衆社会論についてさらに理解したことは何だろうか。

ゲゼルシャフトとゲマインシャフト
http://www.cchs.usyd.edu.au/bach/pub/community/G&G.htm

有機的連帯と機械的連帯
http://www.sla.purdue.edu/people/soc/mdeflem/ztoen.htm

**2** 伝統的なエリートとコミュニケーション技術の擁護者が闘いを続けている2つの「戦場」はインターネットと音楽産業である。以下のウェブサイト（またはあなたが選んだサイト）を訪ね，両陣営の主張とアピールを検討しよう。

ロック・アウト・センサーシップ（検閲を打ちのめせ！Rock Out Censorship）（音楽CDの検閲に反対するNPO）
http://www.theroc.org

EFF（電子フロンティア財団，The Electronic Frontier Foundation）（インターネットの検閲に反対するNPO）
http://www.eff.org

保護者のためのインターネット・ガイド（ネットへのアクセスを管理するために）
http://www.ed.gov/pubs/parents/internet

ブルーリボン運動（ネット上の表現の自由のために）
http://www.eff.org/blueribbon.html

**3** http://www.cjr.org/tools/owners を訪ね，マス・コミュニケーション産業の集中に関するウェブページで名前があがっている企業を所有している親会社について調べよう。買収や合併で大きくなったこれらの新しい企業グループが所有している企業について説明してみよう。あなたは，これらの企業グループの活動範囲やオーディエンスの規模に対してバグディキアンの批判にあるような懸念を感じるだろうか。なぜ懸念を感じるのだろうか，あるいは，なぜ感じないのだろうか。

**4** 公共活動団体の多くはマス・コミュニケーション産業の集中に懸念を表明している。ウェブで事例を掲載している2つのグループを紹介する。各々のウェブを調べ，リンクをたどって，メディア所有に関する議論を読んでみよう。彼らの主張についてあなたはどう思うだろうか。彼らが開設している討論グループに参加して，あなたの意見を提示しよう。その経験をクラスの仲間に話してみよう。

バーチャル・インスティチュート・オブ・インフォメーション
（The Virtual Institute of Information）
http://www.vii.org

多国籍企業モニター（The Multinational Monitor）
http://www.multinationalmonitor.org

**5** この章では歴史について多くを述べた。これは大衆社会論が，メディアを介したコミュニケーションについての最も古い理論だからである。インフォ・トラック学生版を利用してこの章で取り上げた時代に関する論文を，歴史関連の学術誌から検索しよう。たとえば，1840年代には大衆新聞が登場した。20世紀の最初の10年間には多くの新しい（そして既存のメディアの地位を脅かす）コミュニケーション技術が現れた。1950年代には，テレビと「赤の恐怖」（Red Scare）の時代が全面的に到来した。ロックン

ロールも50年代の産物である。これらの歴史上の出来事に対する個人的，社会的，文化的な反応からあなたは何を学ぶことができるだろうか。

### 批判的思考のための問い

**1** メディア産業内に今日見られる競争，たとえば「ネットワーク・テレビ」対「ケーブル・テレビ」，「新聞」対「オンライン・ニュース」について考えてみよう。この競争の結果はあなたの日常生活またはキャリア選択にどう影響するだろうか。あなたはインターネットやウェブのような新しい通信技術の悪影響を恐れるだろうか。なぜ恐れるのだろうか，あるいは，なぜ恐れないのだろうか。

**2** あなたは現在普及しつつある新しい技術（たとえば高画質テレビ，バーチャル・リアリティ，より発達したマルチメディア，WWWなど）がより広く普及すれば，あなたの生活はさらによくなると思うだろうか。あなたはこのような通信サービスに対してより多く支出してもいいと思うだろうか。このようなサービスはあなたの生活の質を上げるだろうか，それとも下げるだろうか。

**3** マスメディアの発展が過去においてこれほどの不安を起こしたのはなぜだろうか。このような不安はどのように正当化されただろうか。もしあなたが1930年代に生きていたら，ナチズムや共産主義の台頭に責任があるとしてメディアを非難しただろうか。この章に書かれているメディアに対する批判を読んで，今でも妥当な批判だと思ったものはあるだろうか。またはばかげていると思った批判はあるだろうか。

**4** あなたはメドヴェドの『ハリウッド対アメリカ』やスクルートンの『知識人のための現代文化ガイド』に示されているメディア観に同意するだろうか。同意する理由，しない理由は何か。

**5** マス・コミュニケーションについて最も厳しく批判する者までもが，2001年9月11日，12日のメディアの活動についてはすばらしかったと認めている。11日朝の恐ろしい出来事が起きた後の48時間，アメリカのほぼすべ

てのメディアは，責任ある，慎重で信頼できる，倫理的な公共報道サービスを提供した。それでは，O・J・シンプソン事件やワシントン・インターン行方不明事件，井戸に落ちた赤ちゃんの事件も含めて，メディアはなぜ，いつも（少なくとも今よりももっと頻繁に），9月11日，12日の時のようなレベルで報道できないのだろうか。［O・J・シンプソン事件：1994年に，元アメリカンフットボール選手のO・J・シンプソンが，元妻を殺害した容疑で争われた裁判で，その裁判はテレビ中継され，アメリカ社会はもとより世界中の注目を集めた。ワシントン・インターン行方不明事件：2001年に，南カリフォルニア大学の女子学生が，ワシントンDCにある政府の刑務所局でインターンとして勤務後，行方不明になった事件。ニュース番組やトーク番組で取り上げられた。］

**6** アメリカのマスメディアが行なっている公共サービスに対し，あなたはどのような立場をとっているか検証してみよう。放送局は9月11日の世界貿易センタービルとアメリカ国防総省に対するテロ事件の報道で，すでに流すことにしていた広告を流さず，数百万ドルの広告収入を失った。放送局は公共奉仕の精神にもとづき，自ら進んでそのようにしたのである。先例に従い，流せなかった広告に対しては他の時間帯で穴埋めするか広告料を払い戻すという放送局の提案を広告主の多くは固辞した。利益よりも公共サービスを優先したこのような行動は非常にまれな事例だろうか，それとも普段目につかないだけで通常行なわれていることなのだろうか。あなたの立場を説明してその根拠を示してみよう。

**7** あなたは2001年9月11日の大惨事が「文化エリート」たちの行き過ぎた態度が原因だというファルウェル牧師とロバートソンの批判を知っていただろうか。もし知っていたとすれば，そのような大惨事のときに行なわれたそのような批判に対してあなたはどのような反応を示していただろうか。時がすぎて，その批判について再度考えてみただろうか。あなたの反応は変わっただろうか。もし変わったとすればどのように変わっただろうか。また変わった理由は何だろうか。彼らは，9月11日のテロと「同性愛やアメリカ自由人権協会（ACLU：American Civil Liberties Union）」とをどう結びつけようとしていたのだろうか。

## 重要な人物と文献

Arato, Andrew, and Eike Gebhardt, eds. (1978). *The Essential Frankfurt School Reader*. New York: Urizen.

Bauer, Raymond A., and Alice H. Bauer (1960). "America, Mass Society and Mass Media." *Journal of Social Issues*, 10: 3-66.

Kornhauser, William (1959). *The Politics of Mass Society*. New York: Free Press. (コーンハウザー『大衆社会の政治』辻村明訳,東京創元社,1961)

Scruton, Roger (2000). *An Intelligent Person's Guide to Modern Culture*. South Bend, IN: St. Augustines's Press.

# 4 プロパガンダ時代における メディア理論の進展

20世紀初頭にさかのぼったと想像してみよう。あなたはアメリカ東海岸沿いの大都市圏に住んでいる第2または第3世代のアメリカ人である。白人の中流階級で，アングロ‐サクソン系のプロテスタントである。あなたが住んでいる都市は，東ヨーロッパや極東アジアの貧しい国から移民を受け入れ，毎日新しい住民が増えて，急速に拡大している。これらの人々は聞き慣れない言葉を話し，なじみのない文化のもとで生活している。多くはキリスト教徒であると主張するが，あなたがこれまで見てきたキリスト教徒とは違った行動をする。彼らのほとんどは多くの社会問題を抱えているスラム街近隣に居住している。

何よりも困るのは，これらの人々は自由で民主主義的な国で生活することがどういうことなのかをあまり理解していないようだ，ということである。彼らは，政治組織をもつボスに支配されており，そのボスの指示によって，堕落して党組織の言いなり状態だとあなたが考えている立候補者への投票要員として使われている。世間話に耳を傾けてみると（あるいはまともな本や雑誌を読んでみても），マフィアとかコーザ・ノストラ［マフィアの別称］のようなグループの話が伝わってくる。また，このスラム街では，無知で無責任な外国人に，さまざまな過激派の政治団体が，ありとあらゆる不満を広める活動をしているとの話も耳にする（あるいは新聞で目にする）。これら極悪な団体の多くは新参者たちの母国に対する忠誠心につけ込んでいるのである。あなたならこのような状況にどう対処するだろうか。

あなたは，母国であるアメリカの神聖な地からこれらの外国人を追い出すために「アメリカ人のためのアメリカ運動」なるものを始めたいと思うかもしれない。もう少しリベラルな考えをもっている場合は，（たとえこの外国人たちがあなたの生活様式に脅威を与えるものだとしても）この人たちを追い出すこ

とには躊躇するだろう。もし前向きに考えるほうなら，明らかに間違っているこの人たちの信念を変えさせたいと思うだろう。あなたは彼らには，責任ある役人（人口学的にも文化的にもあなたに似ている人々）によって運営される，もっと良い政府体制を選んでほしいと思うだろう。あなたは，強欲な雇用者が1日16時間労働や児童労働などを課して，この外国人たちを搾取していることを知っているからこそ，彼らは主流の政党に参加すべきであり，そして責任ある市民になるべきだと考えている。おそらくあなたは，彼らがお酒をやめ，もっと道理をわきまえた宗教をもてば，自分たちの問題をよりはっきりと認識することができるだろうと思っている。

　残念ながら最近移民してきた人たちの大部分は，移民を援助するために計画された取り組みを上手に利用できていないようである。移民を根絶しようとする運動は，彼らの生きようとする意志をさらに強くさせているだけのように見える。抵抗はますます堅固になり，双方とも暴力を使うようになる。さあ，あなたならどうするだろうか。禁酒法賛成論者になり，酒の販売を禁止することもできる。しかしこれは密売市場を作り出すだけである。組織犯罪の力は弱まるどころか強くなる。政党のボスたちは隆盛をきわめる。

　あるいは，政治の革新主義者になり破壊的な労働組合の禁止を試みる一方で，いくつかの州にまたがる巨大な独占企業を解体するために尽力することもできる。違法なストライキをやめさせるために暴力を使用するよう主張するかもしれない。しかし独占企業を解体しても貧しい移民たちにはほとんど助けにならない。労働組合はますます大きくなり，より好戦的になるだろう。どうすればこれらの人々は真のアメリカ人になるだろうか，また，どうすればアメリカという人種のるつぼに吸収されていくだろうか。

　では，今度は，あなたがその移民の1人であると想像してみよう。あなたならどうやって世界で最も強大な民主主義国家でうまく生活していくだろうか。あなたは家族や家族の友人を頼りにしようとする。いとこは政治団体のメンバーである。彼は，もしあなたが彼の政治団体のボスに投票してくれれば，職場を斡旋するという。あなたは労働組合に参加し，悪い労働条件の是正を掲げて搾取と闘っている。何よりもあなたは，自分が育ってきた文化のもとで生活し，その文化が行き渡っているスラム街に居住している。禁酒法を嫌い，ときどきお酒を飲むことは別に悪いことではないと思っている。あなたは，家族や地域の政治指導者の話に耳を傾けるだろう。彼らはあなたを助けてくれるし，約束

を守ってくれるだろうと信じているのである。

　20世紀のあいだ，ずっとアメリカは多文化国家であった。常に特定の人種やエスニック集団の人々は搾取され，怯えていた。そのなかのいくつかの集団はスラム街から逃れ，その子どもたちはこれといって特徴のないアメリカ中産階級に吸収された。うまくいかなかった集団もある。主流の文化に属する人々の一部はこれらの下位集団を援助しようとしたが，その試みは部分的にしか成功しなかった。あまりにも多くの場合，それらの試みは無欲などではなくかなり利己的であった。彼らは異文化や移民者の生活様式が引き起こす脅威から自分たちの生活様式を守ろうとしたのであり，このことが問題をさらに悪化させるような解決策を選ばせるという結果を生んだ。その時代にあなた自身がいたと想像してみよう。どんな役割を選んでもいい。そこはどれくらい居心地がいいだろうか。あなたならどう行動するだろうか。周りで起きている変化に対してどう感じるだろうか。

## 本章の流れ

　以上のような状況は，暴力的な社会葛藤を生み出すのに理想的な土壌となった。この闘争は街中で，そして拡大し続けるマスメディアを通じてくりひろげられた。イエロージャーナリストや**マックレイカー**はメディア上で舌戦を闘わせていた。前線は移民者集団の擁護者と既存エリートの代表との間に引かれた。戦闘は礼儀正しい新聞社説や三面記事に限られなかった。それは国の心と魂をかけた戦いだった（Altschull, 1990; Brownell, 1983）。その闘争は，アメリカだけに限られたものでもなかった。ヨーロッパでは，階級間の闘争はさらに激しく熾烈だった。

　アメリカでは，各陣営の主唱者はすべて自分たちの大義名分が真実であり正義であると確信していた。自分たちのやり方がアメリカのやり方であり，正しく，唯一無二のやり方であった。彼らはそれぞれ「悪」と「混乱」のもつ威力に立ち向かっていた。マスメディアから流される**プロパガンダ**はアメリカ全土

---

■**マックレイカー**　権力のない人々のために権力者の正当性を疑ったり調べたりする改革的なジャーナリスト。不正や醜聞をすっぱ抜く記者。

に，ヨーロッパに，そして世界中に広まった。あらゆるところでプロパガンダは政治と文化に深く影響を与えた。

この章では政治的なプロパガンダがどのように行なわれたかについて議論し，プロパガンダを理解し制御するために作られた理論をいくつか検討する。プロパガンダ理論は，次章で議論する規範理論と並んで，最初の真のメディア理論である。大衆社会論では，メディアは混乱をもたらす多くの要因の1つとして見られていた。しかしプロパガンダ理論では，メディアが焦点となった。プロパガンダ理論家たちはメディアの内容を具体的に分析し，その影響について考えた。彼らは数千人または数百万人をも説得し，極端な意見に変えさせるメッセージの力について理解し，説明しようとした。

プロパガンダは初期のメディア理論家たちの注目を集めた。というのはプロパガンダがアメリカの政治システムや民主主義的な政府の基盤を崩す恐れがあったからである。1930年代末までに，アメリカの多くの指導者は，過激派のプロパガンダを自由に流布させておくと民主主義は存続しえないと確信するようになった。しかしプロパガンダの検閲は西欧民主主義の重要な原則である表現の自由にかなりの制限を加えることを意味する。ここに深刻なジレンマがあった。もし厳しい検閲を行なうと，これもまた民主主義を損なってしまう恐れがある。プロパガンダ理論家たちはこのようなジレンマを指摘し，それを解決しようと試みた。

最初，一部の専門家はアメリカ国民を教育によってプロパガンダに抵抗できるようにすることができると楽観的に考えていた。なんといっても，プロパガンダは，公正で民主主義的な政治コミュニケーションの最も基本的なルールに違反しており，説得するためなら嘘も欺瞞も自由に利用する。もしプロパガンダ・メッセージを批判的に吟味するよう教えることができれば，人々は，プロパガンダを不当で虚偽であるとして拒否する方法を学ぶことができる。これらの専門家たちは民主主義は公教育で救えると信じた。しかしながら，この公教育の力に対する楽観論は，1930年代にナチズムと共産主義がヨーロッパからアメリカへ広まるにつれ次第に消えていった。より多くのアメリカ人が，特にヨーロッパからの第1世代移民たちが，アメリカ式の民主主義に背を向け，その

■**プロパガンダ**　特定の信念や期待を広めるためにありとあらゆるコミュニケーションを利用する行動。

代わりに社会正義と仕事を約束する全体主義指導者の主張に耳を傾けるようになった。彼らはヨーロッパから直接入ってきたプロパガンダを基盤とする社会運動に参加しようとした。アメリカでは，アドルフ・ヒトラーやヨシフ・スターリンをたたえ，劣等人種やウォール街の大物を誹謗する集会が開かれた。

プロパガンダの専門家は，たとえ公教育がプロパガンダに抵抗する実際的な手段だとしても，時間がかかりすぎると確信するようになった。大恐慌が深刻化するにつれ時間はなくなってきていた。公教育が成功する前にナチスや共産主義の指導者が権力を掌握しそうだった。プロパガンダの理論家たちは理想主義を捨て，現実的で科学的な事実にもとづいていると考えられる戦略を選んだ。可能なすべての手段を用いてプロパガンダに対抗しなければならない。たとえプロパガンダの脅威は大きくても，一縷の望みはあるだろう。もし善と正義の理想を広げるためにプロパガンダの力を利用する方法を見つけることができれば，プロパガンダの脅威から生き残るだけでなく，よりよい社会秩序の構築に役立つ手段をも手に入れることになる。これが後に**白色プロパガンダ**（white propaganda）と呼ばれるようになり，希望を与えてくれた。それは害のないプロパガンダ技法を利用して「悪い」プロパガンダに立ち向かい，エリートたちが良しとした目的を促進するという戦略であった。第二次世界大戦が終わった後，この白色プロパガンダの技法は，今日，広告や広報分野で広く利用され，販売促進のためのコミュニケーション技法の発展基盤となった。それゆえに，プロパガンダ理論は実際に再び関心を集めているのである。私企業がメディアを所有している現代において，多くの専門家には近代的販売促進に利用されたプロパガンダ技法は，よりいっそう効果的であるように思えたのである（Laitinen & Rakos, 1997）。

## プロパガンダの起源

プロパガンダはアメリカで発明されたものではない。プロパガンダという言葉は16世紀の反宗教改革運動のなかで考案され，イエズス会の信仰普及協会に

---

■**白色プロパガンダ**　問題のある事象から注意をそらすために，肯定的な情報や考えを計画的に広めるとともに，潜在的に有害な情報や考えを意図的に隠すこと。

よって初めて使われた。それ以来,プロパガンダという言葉は,特定の信念や予期を広めるために,ありとあらゆるコミュニケーションを利用することを指すようになった。プロパガンダを行なう者の究極の目標は,人々の行動様式を変化させることであり,またその行動が自発的なもので,新しく採用された行動とその行動の背景にある意見が自分のものであると信じさせておくことである(Pratkanis & Aronson, 1992, p.9)。しかし,この目標を達成するためには,まず人々が自分自身と自分の社会的世界を理解する方法を変えさせなければならない。こういった信念に導き変化させるためにいろいろなコミュニケーション技法が利用される。1930年代には,ラジオや映画といった新しいメディアが,プロパガンダを行なう者にとって新しい強力な手段となった。

ナチス・ドイツの映画プロパガンダ部門の責任者であったフリッツ・ヒプラーは,効果的なプロパガンダの秘訣は,(1)複雑な論点を単純化すること,(2)その単純化したものを何回も繰り返すこと,であると言った(World War, 1982)。J・マイケル・スプルール(1994)は,効果的なプロパガンダは,隠されたもの,すなわち「人々に説得していると思わせないで説得する」(p.3)ものであり,「大規模なコミュニケーションの編成」(p.4)を特徴とし,「深い思考を無力化させるよう考案された巧妙な言葉」(p.5)を強調するものであると主張している。プロパガンダを行なう者は目的は手段を正当化すると信じる。したがって,人々に「間違った」考えを捨て,プロパガンダを行なう者の考えを採用するよう説得するために,半分しか真実でない情報や真っ赤な嘘を利用することは正しいだけでなく,必要でもある。またプロパガンダを行なう者は敵対者の信頼を傷つけるために**虚偽情報**と呼ばれるものも利用する。敵対集団自体やその集団の目的について虚偽の情報が広められる。この虚偽情報の出所は,多くの場合隠されており,プロパガンダを行なう者を追跡することはできない。

アメリカの理論家たちはプロパガンダについて研究を進めるうちに,黒色プロパガンダ,白色プロパガンダ,そして灰色プロパガンダを区別するようになった。**黒色プロパガンダ**とは計画的かつ戦略的に嘘を流布することであり,ナチスのプロパガンダがそれを利用したよい例である(ボックス4aを読めば黒色

---

■**虚偽情報** 敵対者の信用を傷つけるために流布される敵対者に関する間違った情報。
■**黒色プロパガンダ** 計画的かつ戦略的に嘘を流布すること。

> **ボックス4a**
>
> ## 大プロパガンダ家からの言葉
>
> 『ヒトラーが勝利した戦争』(The War That Hitler Won)のなかでロバート・ヘルツシュタインは、1928年、ナチスの大プロパガンダ家であるヨーゼフ・ゲッベルスが行なった演説について書いている。ヘルツシュタインは、「ゲッベルスは、プロパガンダの目的は知性を深めることではなく政治で成功するためであるという前提から話し始めた。プロパガンダを行なう者の役割は、オーディエンスが心で感じていることを言葉で表現することである。プロパガンダを行なう者は国家社会主義的思想の全体性を、聴衆のあらゆる側面から感じなければならない……ゲッベルスは、権力をもつということは党または思想にその権力を利用する権利を与えることだと信じた……『政治の世界では、正義の道徳的主張ではなく、権力が勝つ』とゲッベルスは明言した。したがって彼はプロパガンダを、実用的な技術であり、目的を達成する手段であり、完全な権力の掌握そのものであると見ていた」(1978, p.69)。
>
> それではいったいプロパガンダはどれくらい強力な技術なのか。ゲッベルスはナチスで共に働いている者に対し、「十分な繰り返しとその人に関する心理学的な理解があれば、四角がじつは丸であると証明することも不可能ではない。結局何が四角で何が丸なのか。それらは単なる言葉であり、言葉は思想に偽装の衣をまとわせるところまで作り上げることができる」(Thomson, 1977, p.111 から引用)と教えた。

プロパガンダの特徴を理解できる)。白色プロパガンダとは、すでに述べたように、問題のある事象から注意をそらすために肯定的な情報や考えを計画的に広めるとともに、潜在的に有害な情報や考えを意図的に隠すことである。**灰色プロパガンダ**とは、虚偽あるいは虚偽でないかもしれない情報や考えを流布することである。プロパガンダを行なう者はその妥当性を証明するための努力をしないし、実際そうすることを避ける。特にプロパガンダ内容を流布することがプロパガンダを行なう者の利益になる場合にはそうである。今日、この「黒」や「白」といった表現は、悪い、良いプロパガンダ運動という概念に相当すると考えられている。しかし、この本の一貫したテーマの1つを思い出してみよ

---

■**灰色プロパガンダ** 嘘かもしれないし、あるいは嘘ではないかもしれないような情報や考えを流布すること。情報の妥当性を証明するための努力はなされない。

第4章 プロパガンダ時代におけるメディア理論の進展

う。これらの表現はその時代の産物なのである。

　当時も今もプロパガンダを行なう者は，二者択一の，善か悪かの世界に住んでいる。20世紀初頭の伝統的なエリートで，プロパガンダを行なう者は明らかに違う選択肢を2つもっていた。一方は真実，正義そして自由，要するにアメリカらしさであり，もう一方は虚偽，悪そして隷属，すなわち全体主義であった。もちろん共産主義者やナチスでプロパガンダを行なう者は真実，正義，自由について彼らなりの考えをもっていた。彼らにとっては，アメリカ式のユートピア観は単に天真爛漫なものであり，最悪の場合には人種汚染や文化堕落をもたらすものであった。ナチスはマイノリティ集団に対して極度に憎悪や恐怖を培養するためにプロパガンダを利用した。『わが闘争』(1933)でヒトラーは，第一次世界大戦後のドイツが抱えていた問題の原因をユダヤ人やその他少数派の民族集団または人種集団に求めた。アメリカのエリートとは違い，彼はこれらの集団を転向させようとは思わなかった。これらの集団は悪の化身であり，したがって絶滅させられるべきだと考えた。ナチスのプロパガンダ映画では，映画制作者ヒプラーによる憎悪に満ちた『いまいましいユダヤ人』(*The Eternal Jew*)が有名な例だが，その映画ではユダヤ人をネズミと同一視し，精神病をグロテスクな身体異常と関連づけて強力な否定的イメージを結びつける一方で，金髪に碧眼の人々には肯定的なイメージを関連づけた。

　このようにして，全体主義のプロパガンダを行なう者にとっては，マスメディアは大衆操作に利用できるかなり実用的な手段であり，大多数の人々に特定の信念や態度をもたせ，それにもとづいて行動させることができ，多くの人々を統制することができる効果的なメカニズムであると見なされた。人々がプロパガンダを行なう者の意見を共有するようになれば，転向したことになる。つまり，以前の意見を捨てプロパガンダを行なう者が奨励する意見をもつようになったということである。

　プロパガンダを行なう者は大抵そのオーディエンスに対して，エリート主義的，家父長主義的な見解をもっていた。プロパガンダを行なう者は，単に自分たちの利益になるからそうするのではなく，彼らが「善」だと思っている方向へ人々を転向させる必要があると信じていた。プロパガンダを行なう者は，嘘をついたり情報操作しなければならないのは人々のせいだとした。彼らは，人々があまりにも非合理的で，無知で，無関心なので，ちょっとした誤情報を学習させるには，強制し，そそのかし，または騙す必要があると考えた。プ

パガンダを行なう者の主張は単純である。もし人々がもっと合理的で，知的であれば，1対1で落ち着いて彼らにものごとを説明できる。しかし大部分の人々，特に最も助けを必要としている人々はそうではない。大部分の人々は政治などの重要な問題になってくると，まるで子どもである。そのような人々が理性的な話に耳を傾けると期待できるのだろうか。それは無理である。たとえば第二次世界大戦後のアメリカにおいて，このような考え方は**合意創出の工学**（engineering of consent）として有名になった。この言葉は「近代広報の父」として知られるエドワード・L・バーネイスが作ったものである。スプルールは，既存の言論と表現の自由に，政府の「説得する自由」を加え，その概念を拡張することを求めたバーネイスの次のような文章を引用している（1997, p.213）。「コミュニケーション技法を自由自在に駆使することによってのみ，現代民主主義という巨大な複合体のなかで指導力は有効に行使されうるのである……」なぜなら民主主義における諸結果は「ただ偶然に発生するものではない」からである。

　プロパガンダを行なう者は，また対抗メッセージを抑えることについても同じ論理を利用する。一般の人々はあまりにも騙されやすい。彼らは他人の嘘やごまかしに騙される。もし敵対者が自由にメッセージを流布できる状況であれば，それに対して何もせずじっとしていては誰も勝てない。プロパガンダを行なう者は自分たちの大義名分の妥当性を確信しており，敵対者が自分たちの行動を邪魔するのをやめさせなければならないのである。

## プロパガンダがアメリカにやってくる

　20世紀初頭のアメリカの保守的なエリートたちは，プロパガンダを，終わりのない無意味な戦争でお互いを殺しあうことにこだわる，気の狂ったヨーロッパ人が発明した破壊的コミュニケーションであると考えていた。プロパガンダに対する疑念が広がっていた。アメリカの人々は，現代のプロパガンダ技法が第一次世界大戦中に大規模な軍を組織するのに利用され，驚くべき効果を発揮

---

■**合意創出の工学**　「善い」目的を達成するために政府がコミュニケーション・キャンペーンを利用すること。

したことを知っていた。これまで戦争のためにこれほど多くの人々が動員されたことはなかった。これまでこれほど過酷な状況下でこれほど多くの人々がこれほど早く死んでいったこともなかった。初期のコミュニケーション研究者であるハロルド・ラスウェルは，第一次世界大戦の大義名分を擁護するために行なわれたプロパガンダに対して，次のような表現で不承不承，敬意を表した。「酌量すべきものをすべて差し引き，誇張された推測をすべて除いた後に残る事実は，プロパガンダは現代世界において最も強力な手段の1つであるということである……偉大な社会（近代産業社会）においては，戦争という焦熱地獄で個人のわがままを止めることなど，もはや不可能である。したがって，数千いや数百万の人々の憎悪と意志と希望とを，より巧妙で新しい手段を用いて結合し，大衆として一体化しなければならない。新しい炎で意見の不一致というただれを焼き尽くし，好戦的な熱狂の鋼を鍛えなければならない。この新しい社会的連帯の金づちと鉄床の名がプロパガンダである」（1927, pp.220-221）。

　第一次世界大戦が終わった後も，プロパガンダ戦は続き，そしてヨーロッパを越えて広まっていった。1920年代，ラジオと映画はプロパガンダの主張を伝達するための強力な新しいメディアとなった。ヒトラーがドイツで権力の座についたのもほとんど間違いなくラジオを完全に統制したからである。各国はプロパガンダを利用して自分たちの影響力を拡大しようとした。新しい政治運動もプロパガンダを利用してメンバーを集めようとした。アメリカでは，プロパガンダ戦争の前線がすばやく引かれた。一方はアメリカの既得支配層，すなわち主要政党や既存の社会集団を含む主たる社会制度および組織を支配する伝統的なエリートたちであり，もう一方は広範囲にわたるさまざまな社会運動集団や小規模の過激な政治集団だった。これらの集団の多くは，ヨーロッパのより規模の大きい有力な集団のアメリカ版のようなものであった。保守的なエリートたちにとっては，これらは疑わしい集団だった。外国勢力による破壊は常に脅威だった。エリートたちは，これらの集団が自分たちの生活様式を破壊する前に，その集団と運動の影響を阻止するべきだと考えた。

　1930年代，過激派のプロパガンダを行なう者たちは，それが外国に基盤をおくものであれ，アメリカ国内から出てきたものであれ，オーディエンスにメッセージを伝え，説得するのが，ますます簡単でやりやすくなっていると感じていた。しかしながら，このような成功のごく一部だけが，強力で新しいメディアの登場に直接起因していた。アメリカでは映画やラジオは既存のエリートに

よって統制されていた。そのため多くの場合過激派は，パンフレット，チラシ，政治集会などの古いメディアに依存せざるをえなかった。しかし社会的条件が整い，プロパガンダで伝えられる主張を人々が受容しやすいときには，古くて小さなメディアでもかなりの効果を挙げられる。そして社会的条件は過激派にとって都合がよかった。前章のゲマインシャフトとゲゼルシャフトの議論を思い出してみよう。大衆社会論者と彼らが支持したエリートたちは，「一般の人々」は扇動的なプロパガンダにとりわけ無防備であると信じていた。なぜならばこれらの「恵まれない」人々は，伝統的で，拘束的な非公式の社会的規範や義務の庇護から自由になり，心理的・文化的に孤立していることを特徴とする，急速に産業化する世界で生きていたからである。

したがって，過激派の政治集団がヨーロッパで力を結集し，全体主義的政権の樹立を進めるにつれ，アメリカのエリートたちは次第に恐怖を募らせながら事態を注視した。これらの集団がアメリカで勢力を伸ばす意志と可能性があるとわかると，恐怖はさらに大きくなった。アメリカのいくつかの大学では，研究者たちは何がプロパガンダを効果的にしたのかについて手がかりを見つけようと，外国と国内のプロパガンダの両方を体系的に研究し始めた。この研究の資金はさまざまな政府機関や民間の財団から拠出された。そのなかでも特に知られているのは，軍の情報機関とロックフェラー財団である（Gary, 1996）。

それでは，当時最も多作で，想像力豊かで，博学な思想家であった3人のプロパガンダ理論を概観しよう。その3人とは，ハロルド・ラスウェル，ウォルター・リップマン，そしてジョン・デューイである。彼らが書いた著作の量を考えてみても，ここで彼らの研究内容のすべてを示すことは不可能である。その代わり，最も影響力があり，そして広く知られている彼らの思想に注目してみよう。ほとんどの場合，この3人は後になって自分の考えを改良したり，多くの考えを否定したりしている。彼らの理論を紹介する目的は，世界史の大変重要な時期においてメディアについての見解がどのように展開していったのかを示すことであって，この3人の名誉を汚したり，その業績を誹謗することではない。

1930年代に作られたプロパガンダ理論のほとんどは2つの理論に強い影響を受けた。それは行動主義とフロイト主義である。いくつかのプロパガンダ理論は両方の理論から影響を受けている。主要なプロパガンダ理論家の理論を示す前に，彼らの思考に影響を与えたこの2つの理論をまず見ておくことにしよう。

## 行動主義

　刺激−反応の心理学を最初に広めたのは，動物実験学者のジョン・B・ワトソンであり，彼は，人間のすべての行動は外部環境から受ける刺激に対する単なる条件反応であると主張した。ワトソンの理論は，個々の人間行動を細かく分割して，その限られた範囲に焦点を合わせていることから，**行動主義**として知られるようになった。行動主義者は，通常，より高いレベルの精神過程（すなわち，思考や内省など）が人間行動を制御していると仮定する当時広く受け入れられていた心理学の見解を否定した。そのような「意識主義者」の見解とは対照的に，行動主義者は意識の役目は，外部刺激によって行動が引き起こされた後に，その行動を正当化するだけであると主張した。行動主義者は彼らの理論から意識主義者が用いるすべての用語を排除し，環境からの刺激と行動という観察可能な変数だけを厳密に扱おうとした。特定の刺激と特定の行動との間に存在する関連性を研究することにより，これまで明らかにされなかった行動の原因を発見できると行動主義者は期待したのである。

　メディアを即時的な反応を引き起こす外部刺激として捉えた初期のメディア理論家たちは，この行動主義的な考え方を頻繁に利用した。たとえば，このような考え方は前述したナチスのプロパガンダ映画分析にも適用できる。映画のなかで提示されたユダヤ人や精神病者の強烈で醜いイメージは否定的反応を引き起こすと予想できる。

## フロイト主義

　一方，ジークムント・フロイトも，自分の行動を効果的に，意識的あるいは理性的に統制する人間の能力に関しては，ワトソンと同じく懐疑的な考えをもっていたが，**フロイト主義**（Freudianism）は行動主義とは大きく異なる。フ

---

■**行動主義**　人間のすべての行動は，外部もしくは環境から受ける刺激に対する条件反応であるとする考え。

ロイトはかなりの時間をヒステリー症状に苦しんでいる中産階級の女性とのカウンセリングに費やした。ヒステリー発作中は，ふだんは普通に見える人が急に「泣き崩れ」，そして抑えきれない非常に感情的な行動を見せることがある。物静かで消極的な女性が叫び声をあげ，攻撃的になることもよくあった。このような感情の噴出は，しばしば自分や他人が当惑し困惑する可能性が最大限に達する，公共の場でも発生した。

　明らかに非理性的なこの行動を説明するために，フロイトは，行動を導く自我が寸断されていて，それらの要素が互いに相反しているに違いないと断定した。正常な場合には，理性的な精神である**エゴ**（Ego）の部分が支配しているが，ときには精神のほかの部分が支配的になる。人間の行動はよくその他の部分，すなわち自我の暗い側面である**イド**（Id）によって引き起こされることが多いとフロイトは考えた。これが，私たちの自己中心的で快楽を追い求める部分であり，私たちつまりエゴが，もがきながらもコントロールしなくてはならないものである。エゴは，行動を統制する内面化された文化的規範，すなわち**スーパーエゴ**（Superego）に依存している。原初的なイドと過度に拘束的なスーパーエゴとの狭間で，エゴは勝ち目のない闘いをしている。エゴがイドに対する統制力を失うと，ヒステリーあるいはそれよりも悪い結果が現れる。スーパーエゴが支配的になるとイドは完全に抑圧され，人々は非感情的になり，ただ他者が要求することを行なう抑圧された社会的ロボットになる。

　プロパガンダの理論家たちは，フロイトの理論を利用して，メディアの影響に関して非常に悲観的な解釈を展開した。たとえば，イドに直接働きかけ，エゴを圧倒するように刺激すれば，プロパガンダは最も効果的なものになるだろう。あるいは，効果的なプロパガンダによって文化的規範（スーパーエゴ）が自我をイドの方向に動かせば，人々の暗い衝動が正常であることになる。ナチスが巧みに利用した戦略がこれである。行動主義とフロイト主義が結びつけられ，理性的な自己統制ができない存在として人間を見る理論を作ることもよくあった。人々はメディアの操作に対し非常に脆弱であると見られた。メディア

---

■**フロイト主義**　人間の行動は個人のイド，エゴ，スーパーエゴ間の葛藤の産物であるとするフロイトの考え。
■**エゴ**　フロイト主義における理性的な精神。
■**イド**　フロイト主義における，精神のなかの，自己中心的で快楽追求的な部分。
■**スーパーエゴ**　フロイト主義における内面化された文化規範。

刺激とイドは，エゴとスーパーエゴが制止できない行動を引き起こしうる。エゴは後になってから，統制できなかった行動をただ単に正当化し，それについて罪の意識をもつだけである。したがってメディアは，最も教育程度の高い，思慮深い人々をも含む社会全体に対して即時に影響を与えることができる。

## 魔法の弾丸理論

　1920年代までに，フロイト主義と行動主義が組み合わされて，単純なプロパガンダ理論が作られた。この理論では，メディア刺激は人々の心に突き刺さり，ただちに特定の概念に強い感情を結びつける魔法の弾丸のような働きをすると仮定された。この魔法の弾丸を注意深く操作すれば，自国に対して忠誠心や尊敬といった良い感情をもち，敵に対しては恐怖心や嫌悪のような悪い感情を抱くようにしむけることができるとプロパガンダを行なう者たちは思っていた。彼らは一般の人々をメディアの影響に抵抗できない無力な存在として見ていた。

　**魔法の弾丸理論**（magic bullet theory）は，行動主義が決して適切には証明できなかったこと，すなわち，外部からの刺激，たとえばマスメディアを通じて運ばれてくる刺激を用いれば，熟練したプロパガンダ実践者が望むとおりに，行動するようしむけることができるということを仮定していた。人々は操作に対し意識的には抵抗できない無力な存在として捉えられた。どの社会階層に属し，どの程度の教育を受けた人であれ，プロパガンダの魔法の弾丸は人々の防護壁を貫通し，その人の考えや行動を変えさせる。魔法の弾丸理論においては，理性的精神は強力なメッセージに抵抗することもできない，ただの見せかけにすぎなかった。人々はメッセージを批判したり，ふるいにかけて選んだりする能力ももたない。メッセージは人々の潜在意識に浸透し，そして彼らの考え方，感じ方を変えていく。

　もし魔法の弾丸理論が正しいとすれば，私たちはじつに怖い世界に住んでいることになる。好きなラジオ番組を聴いている全国の典型的なオーディエンス

---

■**魔法の弾丸理論**　メディアは，人々の心に（弾丸のように）突き刺さり，即座に効果を生み出すという理論。

を想像してみよう。いきなり熟練したプロパガンダ実践者が割り込み,「みんな自分の顔を紫色に塗れ!」というメッセージを流したとする。次の日には暴動が起き,人々は政府に紫色の染料を配布するセンターを設けろと要求する。ペイント用ブラシの価格が60ドルにまで暴騰する。大混乱が起きる! これは古いSF映画のように聞こえるだろう。しかし1900年代のはじめから1950年代までは,大衆が急変するというこれに似たような話は深刻に受けとめられた。そして結局,ドイツ,ロシア,日本,イタリアではこういったことが実際に起きたのではないだろうか。

　魔法の弾丸理論を提唱した人たちは,メディアの明白な力を示す多くの事例を引用した。その多くはヨーロッパの例であるが,アメリカの例もいくつかある。最も頻繁に引用される例の1つは,1938年10月,CBSラジオの週刊番組のプロデューサーであったオーソン・ウェルズが自分の番組の聴取者に対してとても冗談とは言えないハリウッド・ジョークでからかったときに起きた。その番組は火星からの侵入を題材にしたH・G・ウェルズの小説をドラマ化したものになるはずだった。しかしその番組は,ニューヨークのホテルからダンス音楽番組を生放送しているかのように思わせる巧妙なトリックで始まった。その後,この番組は偽りの臨時ニュースによってたびたび中断される。その臨時ニュースの内容は,宇宙船が目撃され,その宇宙船はニュージャージー州に着陸し,奇妙な生物がその宇宙船から現れたといったものであった。そして,その架空の報道は終わったが,いくつかの都市で,特に宇宙船が着陸したとされた地点から近い都市で現実にパニックが起きた。ラジオの影響力について評論する者たちは,この事件を魔法の弾丸理論の妥当性を示す証拠だと解釈した。この事例については第6章でもう一度取り上げ,これがなぜメディアの力を示す決定的な証拠とはならなかったのか議論する。

## ラスウェルのプロパガンダ理論

　ラスウェルのプロパガンダ理論は行動主義とフロイト主義とを組み合わせ,メディアとメディアの役割に関して特に悲観的な見解を生み出した。プロパガンダがもつ影響力は特定のメッセージの本質あるいはそのメッセージがもつ訴求力のせいというよりは,むしろ一般の人々の精神状態が脆弱であるせいであ

った。ラスウェルは経済の不況とエスカレートする政治上の争いが広範な精神異常を誘発し、これによって人々はかなり粗雑なプロパガンダにも影響されやすくなったと主張した。フロイド・マトソン（1964, p.90-93）によると、ラスウェルは比較的温和な政治上の争いまでも本質的に病理的であると結論づけた（Lasswell, 1934）。葛藤が大恐慌時のドイツのようなレベルまでエスカレートすると、国全体が精神的に不安定になり、操作に対し脆弱になる可能性がある。ラスウェルは社会研究者が「争いを未然に防ぐ」方法を見つけることが解決策であると主張した。そのためには争いをもたらす政治的コミュニケーションを統制する必要がある。マトソンは、「要するに、ラスウェルの精神病理学的政治学によれば、どの個別のケースにおいても、政治的行動は不適応であり、政治参加は非理性的であり、政治的表現は不適切であると仮定しなければならないことになる」（1964, p.91）と述べた。

　ラスウェル自身も過度に単純化された魔法の弾丸理論は否定した。プロパガンダは、単にメディアを利用して嘘をついて人々を操作するものではないと主張した。根本的に違う考え方や行動を受け入れるためには、ゆっくりと徐々に心の準備をする必要がある。情報を伝達する側の人間にとって必要なのは、新しい考え方やイメージを慎重に取り込んでいき、徐々に信じさせていくような、長期的でよく練られたキャンペーン戦略である。シンボルを作り上げ、それらのシンボルからある特定の感情が想起されるように、人々を徐々に仕込んでいかなくてはならない。もしこの培養戦略が成功すれば、ラスウェルが**マスター・シンボル**（master symbol）または**集合シンボル**（collective symbol）と呼んだものが作り出される。マスター・シンボルは強い感情と関連づけられ、賢く利用されれば大規模で有益な大衆行動を刺激する力をもつ。魔法の弾丸理論とは対照的に、ラスウェルの理論は長期的で、かなり洗練された条件づけの過程を構想したものである。極端な内容のメッセージの1つや2つを示してもそれが有効である可能性はほとんどない。

　ラスウェルは成功している社会運動はさまざまなメディアを利用して数ヶ月または数年間マスター・シンボルを広めることによって力を獲得すると主張した。アメリカの国旗を見たときに私たちが抱く感情は、以前国旗を見たときに

---

■**マスター・シンボル（または集合シンボル）**　強い感情と関連づけられ、大規模の大衆行動を刺激する力をもったシンボル。

抱いた，たった1つの感情からもたらされるものではない。むしろ，私たちは，過去に数え切れないぐらい多くの状況のなかで国旗を見てきており，そこでは，限られた範囲の感情が呼び起こされ，経験されているのである。このすべての過去の経験から，国旗はある感情的な意味をもつようになるのである。テレビで愛国的なBGMとともに国旗を見ると，これらの感情が喚起され，強化される可能性があるのだ。

　ラスウェルは過去におけるほとんどのマスター・シンボルの普及は多少なりとも偶然によるものであると考えた。プロパガンダに成功した者が1人いれば，その陰で何百人もが失敗している。ラスウェルは，ナチスがプロパガンダを利用した狡猾な方法を評価はしたが，彼らが自分たちのやっていることを本当に理解していたとは思わなかった。彼はヒトラーを，経済不況と政治上の争いによってドイツの人々に生じた精神病理から利益を得た，気の狂った天才であると見なした。特にメディア利用に関しては，ヒトラーは邪悪な芸術家であって，科学者ではなかった。ラスウェルはプロパガンダの新しい技術を用いてヒトラーと戦うことを提案した。マスメディアを通じて伝達されるプロパガンダを制御する力は，新しいエリート，すなわち悪ではなく善のためにその知識を利用する責任を負う**科学的専門技術者**（scientific technocracy）の手におかれるであろう。

　一般の人々は，自分自身の精神の病にとらわれ（行動主義とフロイト主義を思い出してみよう），プロパガンダを行なう者の操作の対象となってしまうので，理性的に討論することが不可能な世界では，国民としての私たちにとって唯一の希望は，悪ではなく善のためにプロパガンダの力を利用できる社会科学者の手にある，とラスウェルは論じている。このような観点からすると，初期のメディア研究者の多くが当時自分の仕事をかなり真剣に受け止めていたことは驚くべきことではない。彼らはまさに世界の運命が自分たちの手にかかっていると信じていた。この結果，ラスウェルの善のためのプロパガンダは，ヴォイス・オブ・アメリカ［アメリカ情報局の1部門で海外向けの短波放送を行なう］や，アメリカ情報局，国際情報教育交流局（the Office of International Information and Educational Exchange），そして国務省などの機関で民主主義

------

■**科学的専門技術者**　脆弱な一般の人々を有害なプロパガンダから守る責任を課せられた，教育を受けた社会科学系のエリート。

を「改善」し，広めるために用いられる数多くの政府計画の基盤となった（Sproule, 1997, p.213-215）。しかしラスウェルの同時代の人すべてが，エリートがメディアを制御するべきであるという主張に賛成したわけではない。ラスウェル理論の辛らつな批判者であるマトソンは，ラスウェルの「'技能政治と技能革命'という瞑想的分析がラスウェル自身に示したことは，私たちの時代に最も力のある技能は，シンボルによる操作や神話作りなどのプロパガンダの技能であり，したがって支配的なエリートはこの技能をすでに持っているか，あるいは獲得できる人でなければならないということである」（Matson, 1964, p.87）と批判した。

## リップマンの世論形成理論

　マトソンの批判にもかかわらず多くの社会的エリートたちは，それも特に大きな大学のエリートたちは，善意の社会科学によって導かれた技術社会というラスウェルの見解に賛同した。ラスウェルの論文は決して広く読まれることはなかったが，その当時，世論に対して最も大きな影響力を持っていた人の1人だった『ニューヨーク・タイムズ』の全国配信コラムニスト，ウォルター・リップマンを含む主要な世論先導者や学者たちが彼の見解に共鳴した。
　リップマンはラスウェルと同様に，一般の人々が社会を理解し自分たちの行動に関して合理的決定を下すだけの能力をもつということに関しては懐疑的であった。『世論』（Lippmann, 1922）のなかで，リップマンは「外の世界と私たちが頭のなかに描く像」には必然的に食い違いがあると指摘した。この食い違いは避けられないがゆえに，一般の人々は古典的民主主義理論が予測したようには，自分自身を統治することなどできないのではないかと考えた。1930年代の世界は特に複雑であり政治権力は非常に危険な状況にあった。人々はそのすべてをメディアから十分に学ぶことはできなかったのである。もしジャーナリストがその責任を真剣に受け取ったとしても，彼らには，一般の人々が頭のなかに有効な像を描き出すのを妨げている心理的，社会的障壁を取り除くことはできなかった。『ネーション』［*The Nation*. 週刊評論・文芸誌。おおむね自由主義的］の政治エッセイストであるエリック・アルターマンはリップマンの立場を次のようにまとめた。

20世紀初期の書物のなかに,リップマンが一般の市民を後方の列に座っている耳の不自由な観客に喩えた有名な話がある。後方にいる観客には何が起こっているのか,なぜ起こっているのか,何が起こるべきなのかわからない。「彼は自分では見えない,理解できない,管理できない世界に住んでいる」。ジャーナリズムはその扇動主義という弱点により事態をいっそう悪化させた。統治は内部情報に通じた「特定の階級の人々」の手にゆだねるほうがよいのだ。誰も鉄鋼労働者に物理学を理解することを期待しないのに,なぜ一般市民に政治を理解するよう期待しなければならないのだろうか。(1998, p.10)

このような発想は,民主主義の存続可能性に対して,および民主主義において出版報道の自由が果たしている役割に対して,深刻な疑問を投げかけた。民主主義において,もし人々が見識ある一票を投じるであろうと信じることができなければ,あなたはどうするだろうか。もし最も重要な情報を効果的に人々に伝達することが事実上不可能ならば,出版報道の自由は何の役に立つのだろうか。リップマンが新聞のコラムニストとして生計を立てていたという事実は,彼の悲観主義に信憑性をもたせた。これらの議論を展開するなかで,リップマンはアメリカのメディア・システムの知的基盤であった自由主義論(第5章参照)を完全に否認していた。

ラスウェルのようにリップマンも,プロパガンダはあまりにも厳しい難問をつきつけており,政治システムには抜本的な改革が必要だと考えていた。一般の人々はプロパガンダに影響されやすい。だから,プロパガンダから人々を守るためには何らかのシステムや機関が必要だと考えたのである。温和でありながら非常に強力なメディア統制が必要であった。メディアの自己検閲はおそらく十分ではない。リップマンはラスウェルの結論を引き継ぎ,この問題の最上の解決策は,情報収集と配信の統制を善意をもった技術者である科学エリートの手にゆだねることだとした。エリートは科学的な方法を用いて事実と作り話を見分け,誰が多様なメッセージを受け取るべきか正しく決定してくれると,信頼していたのである。これを実現するためにリップマンは,慎重に情報を評価してその情報を意思決定に携わるほかのエリートに供給するための準政府諜報部の設立を提唱した。この諜報部はどの情報をマスメディアで流さなければならないか,人々が知らないほうがいい情報はどれかを決定できるものであ

った。

## 初期のプロパガンダ理論に対する反応

　ラスウェルとリップマンのプロパガンダ理論は，世界が30年間に2つの破壊的戦争に巻き込まれ冷戦が激しさを増すという，実世界における問題の重い責任を背負っているかのようであった。これらの争いが，巧妙に用いられたプロパガンダが首尾良くいったためであることは明らかなようだった。しかしながらその反論者も存在した。この初期のプロパガンダ理論の批判家で有名なのは，哲学者のジョン・デューイである。デューイは一連の講義（1927）で，リップマンの見解に対する反論の概略を述べた。その長い研究生活をとおしてデューイは，精力的に著した多くの著作のなかで，公教育が民主主義を全体主義から守る最も効果的な手段であると主張し，公教育を擁護した。彼は，人々を守るために科学的な方法を用いる技術者など必要ではないと，リップマンの考えを棄却した。むしろ，正しい防御法さえ教えられれば，人々は自分を守ることができると論じた。デューイは単純な魔法の弾丸理論を棄却し，基本的な公教育さえ受ければ，人々がプロパガンダの手法に陥ってしまうことはないと論じた。デューイはリップマンの「エリートの善意を信頼する」ということに激しく異議を唱えた。「専門家集団」は，「私的利益，私的知識の集団なので，公共の利益からは必然的にかけ離れた存在である」と主張した。デューイは民主主義とは，一方向的な情報の伝達というよりむしろ，対話による世界なのだと考えた。メディアの仕事とは，デューイの思想によれば，「公共の関心事に公衆の関心を引き出す」ことであった（Alterman, 1998, p.10）。

　デューイを批判する者たちは，デューイを，自分では実際に具体的な改革を実行しようとしないで，教育改革を説くだけの理想主義者と見なした（Altschull, 1990, p.230）。メディア改革に関してもデューイはあまり役に立たなかった。彼は，新聞は単に現在起こっていることについての情報を伝える告示板であるだけではなく，それ以上のこと，つまり，公教育や討論の場としての役割を果たすべきだとした。また，個々の行動を描写するより，思考や哲学に焦点を合わせるべきだとした。批判的思考の技法を教え，重要な問題に関する公共の議論を構築すべきだとした。しかしながら，このような新聞を発足し

ようとする彼の努力は決して十分ではなかった。

ジェームズ・ケアリー（1989, p.83-84）は，デューイの考えが引き続き価値あるものだと主張する。ケアリーはデューイが，現在カルチュラル・スタディーズの理論が掲げている多くの関心を予測していたと論じている（11章参照）。さらに12章で述べているように，人々にメディア内容を批判的にみるよう促し，それをどう利用していくかを教育するというデューイの信念は，現在広がりつつあるメディア・リテラシー運動の中心的なテーマになっている。

ある非常に重要な点において，コミュニティとメディアの関係に関するデューイの思想はかなり革新的である。ラスウェルとリップマンはメディアを，孤立したオーディエンスに多くの情報を運ぶベルトコンベアのような外部機関だと見なした。第8章ではラスウェルの古典的マス・コミュニケーションの線型モデル，すなわち，誰が誰にどんなメディアを使って何を述べてどんな効果をねらっているのか議論している。デューイはこのようなモデルはあまりにも単純すぎると考えていた。このようなモデルでメディアが効果的であるためには，そのメディアがコミュニティにうまく溶け込んでいなければならない，つまり，コミュニティをつくっている複雑な人間関係のネットワークの中心にメディアが位置しなければならない，ということが無視されていた。メディアは，外部機関なのではなく，公共の議論を促進し，民主的な政治が行なわれる討論の場を守り，議論が円滑に運ぶようにする役割を担うのである。

デューイは個々人ではなくコミュニティが，コミュニケーション（とコミュニケーション・メディア）を用いて文化を創造し維持し，その文化が，コミュニティを互いにつなぎ，支えていくのだと考えた。もしメディアが外部機関としての役割を担い，「人々の頭のなかの像」を操作しようとするなら，メディアは信頼できる公共議論の促進者，守護者としての役割を果たせなくなってしまう。メディアは単に人々の注意を引こうと競争するものの1つになるだけである。コミュニティとメディアとの間にある潜在的な生産的相互依存が妨害され，公衆のための討論の場自体が崩壊してしまう。メディアとコミュニティとの断絶に関するこの議論は，現在かなりの関心を呼んでおり（10章, 11章参照），コミュニティにおいてメディアが果たすべき適切な役割に関する最新の討論を先取りしている。

## 現代のプロパガンダ理論

　この章のなかの「プロパガンダの起源」の節で述べたヒプラーとスプルールのプロパガンダ論を考えてみよう。それによればプロパガンダとは，熟考させないようたくみに言葉を操り，プロパガンダであると気づかれないようなコミュニケーションを大規模に編成して，複雑な論点を単純化しそれを繰り返す，というものである。現代の批判理論家のなかには，このような法則を用いたプロパガンダは今も生きており，密かに巧妙に，そして歴史上かつてないほど有効に実践されている，と言う者もいる。これらの批判理論家は，プロパガンダによって，「何の疑いもなく信じてしまう」多くの信念がうまく作られてきたため，不可能ではないにしても，その信じていることについて公衆が意味ある議論をするのは難しくなった，と指摘した。政治的な言説や広告は現代プロパガンダ研究の対象になることが多い。そして，この現代プロパガンダ理論では，権力をもつエリートが完全にマスメディアとその内容を統制しているので，エリートは文化に対して自分たちの「真実」を容易に押しつけることができる，ということが問題の中心となっている。

　目を閉じて福祉について考えてみよう。あなたはビジネスのために政府の貸与を受けたり税の優遇措置を受ける大企業や，必要もない軍事用の船や飛行機を建造する会社を想像しただろうか。あるいは，仕事もせず家で『ジェリー・スプリンガー・ショー』［アメリカで人気のある過激なトーク番組。悩みを抱える視聴者が出演し，何も知らずに呼び出された関係者に話をうち明け，激しい言い争いが起こる。番組名は司会者の名前］を見るために納税者を欺いている黒人のシングル・マザーを思い浮かべただろうか。このような公共の言説や議論の矮小化については，次に掲げる研究等で検討されている。歴史家であるハーブ・シラーの『文化株式会社——市民の意思表示を企業が乗っ取る』(1989)，コミュニケーション理論家ロバート・マクチェズニーの『企業メディアと民主主義への脅威』(1997)，言語学者ノーム・チョムスキーの『アメリカン・パワーと新官僚——知識人の責任』(1969)，『民主主義の放棄』(1991)，エドワード・S・ハーマンの『同意の製造』(1988) が論じている。

　これらの著書すべてに共通する見解がある。広告を例にとってみよう。個々

の広告は他社の製品ではなくある社の1つの製品をしつこく勧めるが，すべての広告は消費や資本主義の論理とその正しさを前提としている。私たちの「より多くのものが欲しい」というニーズはほとんど疑問視されることがなく，富は成功で，消費はいいことだという認識は決して問われず，製品の製造によって起こる，そしてその製品の廃棄によって起こる環境への被害の問題は議論から閉め出されている。消費や資本主義が本質的に悪いといっているのではなく，うまく成功するすべてのプロパガンダと同じように，それとは別の議論がほとんど考慮されないことが問題なのである。もし，別の議論が考慮される場合には，その議論を提起した者は，主流からはずれた奇妙な人間だと見られる。結局，別の議論を考慮しなければ，それに対する関心や熟考を抑制している経済エリート集団に利益をもたらすことになる。スプルールは『プロパガンダ伝達ルート』(1994) と『プロパガンダと民主主義——メディアと大衆説得に関するアメリカの経験』(1997) でプロパガンダとしての広告について思慮深く説得力のある論を展開している。(彼の思想についてはボックス4bを参照)。

この現代のプロパガンダ理論再考は，主として批判理論家から出てきており，その結果，政治的に左派寄りの傾向がある（第2章）。たとえば，経済学者でメディア分析家であるハーマン (1996) は，「情報の流れに影響を及ぼすために，大企業や政府の事業体，その他の団体（たとえば，BRT [Business Roundtable. 米国企業のCEOで構成する団体]，米国商工会議所，産業圧力団体，地下活動団体など）がもつ多面的な能力」を保証する5つのフィルターを特定している (p.117)。これらのフィルターは大企業や政府のエリートが「エリートの計画がうまく遂行されるように，エリートの合意を広め，民主主義的同意を得ているように見せかけ，そして一般の人々の間に混乱，誤解，無関心を作り出すことを」可能にしている (p.118)。ハーマンによるとエリートを支える最初の2つのフィルターとは，所有と広告である。これによって，「利益追求という目的がより重視されるようになり……，専門ジャーナリストの専門家としての自律性は弱められていった」(p.124)。そして次は情報源戦略と広報である。これはますます有効になっている。というのは，「ジャーナリズム活動に投入される資源が減少すれば，記事の材料となる情報をメディアに提供する者の影響力が増大する」からである。ここで彼は特に企業と政府の広報活動の威力について語っている。最後に，メディアがプロパガンダ的に現状維持を支持するようになってしまう5番目のフィルターとは，メディアが「『市場の奇

ボックス4b・1

# ドラッグをプロパガンダする

　1988年，政治のうえでライバルであるニュート・ギングリッチ下院議長とビル・クリントン大統領は共同でドラッグと闘うために10億ドルの広告キャンペーンを実施すると発表した。同時にアメリカ上院議会は484（r）項「ドラッグに関連する法律違反者の有資格停止」を可決した。それは高等教育資金法案の修正条項であり，マリファナも含めて，たとえドラッグ所持という軽犯罪であってもそれを犯した大学生への経済的援助は打ち切られるというものだった。アメリカ合衆国は「ドラッグ撲滅戦争」に乗り出し，その指揮を「ドラッグツァー」（Drug Czar）［麻薬対策本部長。政府によって任命される。Director of the Office of National Drug Control Policy の俗称］にゆだねた。このドラッグ撲滅戦争で，莫大な富と人的資源をその運動につぎ込み，ドラッグを制限する法律を制定することは，非常に論理的なことである。

　しかし，J・マイケル・スプルールはこれらの取り組みを「ドラッグに関する誤った議論」だとしている。アメリカではドラッグについて次のように議論されている。「まるで，合理的な見解を示す方法はたった1つ，つまり，精神安定剤の全面使用禁止しかないといっているようなものだ。快楽を与えるドラッグはどうしても違法とされなくてはならないので，全国で巻き起こっている議論の一番の主軸は，法律違反者に科す刑罰や，違反者を迅速に探し出すさまざまな方法，家庭内ドラッグ犯罪者のための刑務所の建設速度に重点をおいている。」（p.303）

　この誤った議論のせいで，世間は，ドラッグについて甘いヤツというラベルを貼られるのを恐れるあまり，次のような改善策について考えるのを避けるのである。ドラッグを非犯罪化したり，ドラッグ利用者に介入して治療しようと考えたり，その他，ドラッグ使用者を犯罪者や（どんな戦争にも必要な）敵としてではなく，援助が必要な人間と見なしたうえで，それに対して行なう対策などについて考えるのを避けるのである。このような解決策は，次のような事実があるにもかかわらず敬遠される。「ドラッグの治療費として1ドル投資されるごとに納税者1人あたり5ドル節約できる。ドラッグ治療を行なうことにより，犯罪行動の3分の2が削減される。……（そして）連邦拘置局によると，ドラッグ治療を受けた収容者は受けなかった者と比べて再逮捕される可能性が73パーセントも低い。」（Drug war...., 1998, p.6B）

　スプルール（p.307）は次のように締めくくっている。ドラッグについてプロパガンダを行なうこと（単純化し繰り返すこと）によって「政府機関や学校やその他の公的なコミュニケーションの伝達ルートは，本来は検証できていない結論——ドラッグの使用と乱用に対処する唯一の道はドラッグを非合法にすることだ

> **ボックス4b-2**
>
> という考え――を広めるために競い合った。」
>
> 　他にまだ何か検証されていないものはあるだろうか。どんな問題が問われていないのだろうか。学生の経済援助の打ち切りを考えてみよう。経済援助を受けている学生がそのお金すべてを酒に使い，車に乗り，ひどい事故を起こす。しかし，飲酒運転と，被害者に痛ましい身体的障害を与えたことで有罪だとされても，援助を失うことはない。実際，「レイプ，殺人，武器を使った強盗を含む重罪や軽犯罪で有罪になっても高等教育の資金援助を失うことはない」(O'leary, 2001, p.B7)。
>
> 　修正条項の主唱者であるインディアナ州の共和党議員マーク・ソーダーは自分の立てた案を擁護してこのように言った。「ドラッグはあなたの一生を台無しにする」(Jacobs, 1998, p.9B) しかし，アルコールはドラッグとは違うのだろうか。大学生全体の44パーセントが，任意の2週間のあいだに1席で5杯も飲むような大酒をしていると認めているではないか(Jacobs, 1998, p.9B)。1998年の春，大学が飲酒を厳しく取り締まろうとしたとき，ミシガン州立大学や，ワシントン州立大学，コネチカット大学，オハイオ大学の学生たちは，集団で激しい暴動を起こしたではないか。アルコールは多くの人の一生を台無しにしなかっただろうか。
>
> 　いわゆる「精力剤」のバイアグラを考えてみよう。それはマリファナ，LSD，ヘロイン，コカインのように気分を変えるもので，快楽を高めるために消費されるが，悪い副作用があり（たとえば，1998年の解禁後最初の5ヶ月間に69人が亡くなった），心理的に依存症になる。それにもかかわらず，それは合法であるだけでなく，連邦政府を含む保険会社の医療保険の対象にもなっている。バイアグラは医学的利用だと主張することもできるが，この主張は非合法ドラッグにも当てはまる。
>
> 　問題は「ドラッグは良いか，悪いか」ということではない。現代のプロパガンダ理論家たちは，この問いを超えるような意義のある公共的議論は今のところ行なわれていないし，この間にも刑務所は暴力を振るわないドラッグ犯罪者でますます混雑し，社会はいっそう苦しむことになると主張している。

跡』を信じていることである。現在，少なくともエリートの間では，市場に対してほとんど宗教的ともいえる信仰があり，証拠には関係なく市場は善であり，非市場的仕組みは怪しいということになっている」(p.125)。このテーマは，11章で見るように，批判的文化理論の中心的な仮定の多くにもそのまま現れている。

　行動科学者のリチャード・ライティネンとリチャード・ラコス(1997)は現代のプロパガンダに別の批判的見解を示している。2人は現代のプロパガンダ

を「メディア操作による行動の支配」と定義しているが，彼らによると，それは3つの要因によって助長されている。1つめは，「苦しい生活にあえぎ，さほど知識がなく，政治にも関与していないオーディエンスである。2つめは，洗練された世論調査や社会調査の利用である。プロパガンダを行なう者は自分の影響力を増すために，この調査の結果を利用する。3つめは，メディア企業が合併し，巨大複合企業を作っていることである」(p.238-239)。これらの要因は組み合わされ，一般の人々が気づかないうちに力のある大企業や政府のエリートの手に計り知れない権力をもたらすのである。ライティネンとラコスは次のように書いている。

　現代民主主義において，政府が情報を厳しく統制しないことは，一般的には「自由社会」の基本的性格と考えられている。しかしながら，不快な統制がないからといって，情報そのものが統制機能をもたなくなったわけではない。それどころか，現在の影響メカニズムは，直接的な経済的条件と間接的な政治的条件を通じて，歴史上のどの専制時代よりもむしろ，行動の多様性を制限する大きな脅威となっている。今日，情報はより体系的になり，とぎれることなく首尾一貫していて目立たないが，非常に強力なのである。(1997, p.237)。

　政治的右翼も，再びプロパガンダ理論に関心を寄せている。彼らのプロパガンダへの関心は，メディアの自由主義傾向を批判するというかたちで現れる。ジャーナリストの過半数が民主党に投票するということを示す調査以外にこの主張を裏付けるまともな研究はほとんどない。実際，存在する研究では，メディアの経営者やオーナーの大多数は共和党に投票する傾向があるので，メディアが，自由主義傾向をもっているという主張は否定される傾向にある。マクチェズニーは「メディアが自由主義傾向をもっていると批判する保守派の考えの根本的な誤りは，編集者やジャーナリストがニュースの選択を完全に支配していると仮定していることである。保守派の'分析'では，所有，利潤追求の動機，広告といった制度上の要因はメディア内容に何の影響も及ぼしていないとされている。……ジャーナリズムがメディア所有者や広告主の基本的利益を侵しながらいつも制作でき，それに対し何の罰も受けないという考えを裏付ける根拠は何もないのである」(1997, p.60)。

## 自由意志論の再生

1930年代の終わりには，民主主義の未来に対して悲観する見方が広がっていた。伝統的エリートのほとんどは，全体主義は止められないと確信していた。彼らはラスウェルやリップマンの理論を根拠に，一般の人々は信頼できないと指摘した。未来へのたった1つの希望は技術主義と科学にあった。

次の章では，この技術主義の見解に対する反論がどのように展開したのかを追ってみよう。この新しく出てきた考え方を主張する者は，メディアについての見解の基礎を社会科学にはおかなかった。むしろ，民主主義とメディアに関する古い概念を復活させようとした。もし現代の民主主義が脅威にさらされているなら，その脅威は古い価値や理想からあまりにも離れたところに迷い込んだ結果かもしれない。おそらくこの古い価値や理想を再生させることができれば，現代の社会制度もいくらか浄化され刷新されるだろう。理論家たちは建国の父らの自由意志論を民主主義にとって再び意味あるものにしようとしたのである。そのなかで彼らはメディア観を作り上げた。そしてそのメディア観が今でも広く流布しているのである。

## まとめ

20世紀の前半は非常に衝撃的な時代であり，そこでは民主主義の基本的原則が試された。全体主義を宣伝する人たちが，何百万という人を自分たちの思想へと転向させるのにメディアを利用したことで，マスメディアの力が実証された。ナチスと共産主義を宣伝する者は，明らかにメディアを効果的に使いこなしたが，マス・オーディエンスに対するメディアの威力の基盤についてはあまり理解していなかった。初期の理論家はフロイトや行動主義を組み合わせ，プロパガンダによるメッセージは魔法の弾丸のように最も強固な防衛でさえも，簡単に即座に貫くと論じた。転向への圧力に対して誰も安全ではなかった。その後，ハロルド・ラスウェルのような理論家は，プロパガンダは通常人々に，ゆっくり，そして巧妙に影響を与えていくとした。プロパガンダによってマス

> インスタント・アクセス

## プロパガンダ理論

【有効性】
1. マス・コミュニケーションに関する最初の体系的理論である。
2. なぜメディアが強力な効果をもちうるかということに焦点を当てている。
3. メディアの効果を高める個人的・社会的・文化的要因を指摘している。
4. シンボルを培養するためのキャンペーン利用に焦点を当てている。

【限界】
1. 一般の人々のメッセージを評価する能力を過小評価している。
2. メディア効果を制限する個人的，社会的，文化的要因を無視している。
3. メディアの効果が生じる速さと範囲を過大評価している。

ター・シンボルが新しく作り出され，そのシンボルによって新しい思考や行動が生み出された。魔法の弾丸理論もラスウェルの理論も，メディアは，外部から働きかける作用因であり，本質的に受動的なマス・オーディエンスを操作する道具になりうると仮定した。コラムニストのウォルター・リップマンもマスメディアを使ったプロパガンダの力を信じた。彼の，一般の人々の自己統治能力に対する懐疑心と，怠慢なメディア業界人への不信感は，「人々の頭のなかの像」は民主主義に脅威を与えるという結論へと彼を導いた。

この初期のプロパガンダ理論に対する反論は，主としてジョン・デューイのような思想家たちから出てきた。伝統的民主主義概念に依拠しながら，人々は実際には，善良で理性的であり，プロパガンダに対抗できるのは専門技術者エリートによるメディアの統制ではなく，公教育を向上させることだと考えた。

批判理論を中心としている現代のプロパガンダ理論は，公共の議論が，権力をもつエリートたちによって自分たちの目的に役立つように形成され，限定されていると主張している。プロパガンダ理論家が関心をもつもう1つの分野として，消費と資本主義は有益であるという広告に内在するテーマがある。

> **さらに深く検討しよう！**

**1** インターネット上のサイトのいくつかは，プロパガンダは存続し健在だとして，現代プロパガンダ理論の見解を支持している。そのうちの4つは注目に値する。それに賛成したり反対したりしている以下のサイトやそのほかのサイトに行き，現代のプロパガンダ理論の主張が妥当性をもつかどうか自分で判断してみよう。言い換えれば，私たちはプロパガンダに乗せられているかどうか。プロパガンダの効果とは何か。提案されている解決法は合理的なのかどうかを考えてみよう。

広告と消費者運動について
メディア・ファンデーション（Media Foundation）http://www.adbusters.org/

公共の議論を狭めることについて
文化環境プロジェクト　http://www.cemnet.org/

メディア所有の集中について　http://www.cjr.org/tools/owners/
コロンビア・ジャーナリズム・レビュー（Columbia Journalism Review）
［アメリカで最初につくられたメディア批評誌。コロンビア大学ジャーナリズム大学院の後援により1961年に創刊。］

メディア企業によるニュースの自主検閲について
http://www.sonoma.edu/ProjectCensored/

**2** デューイの思想，そしてそれに関連したリップマンの思想がデューイ研究センターのウェブサイトに紹介されている。このサイトに行き，一般の人々や彼らの自己統治能力に関して，誰がより正しいか自分で判断してみよう。

デューイ研究センター
http://www.siu.edu/~deweyctr/

**3** インフォ・トラック学生版を使って，『広告ジャーナル』（Journal of Advertising）や『広告研究ジャーナル』（Journal of Advertising Research）

などの広告やマーケティングについての学術誌の目次一覧をざっと見てみよう。「ハウツー」（how-to）を書いている論文，すなわち，広告やマーケティング・キャンペーンを効果的に企画するための方法を示している論文を見つけよう。古めのプロパガンダ概念に合うテクニック，また，より最近のプロパガンダ概念に合うテクニックをそれぞれ見つけられるだろうか。

**4** インフォ・トラック学生版を使って，『公益』（Public Interest），『季刊政治学』（Political Science Quarterly），『アメリカ政治学評論』（American Political Science Review）などの，世論研究に関する出版物の目次を探してみよう。これらの出版物のなかでプロパガンダ（どのように表現されていてもよいが）が検討され，議論されているだろうか。されていたら，その議論の主旨は何だろうか。

### 批判的思考のための問い

**1** プロパガンダとは何を意味するのか，あなたの考えるところを説明しなさい。これまでの自分の経験から事例をあげよう。社会秩序を保つために少しは公的プロパガンダが必要なのだろうか。もしそう思うなら，どのくらいで十分だといえるだろうか。そう思わないなら，なぜ必要でないのだろうか。

**2** プロパガンダの利用が正当化されたことはあっただろうか。もしそうなら，それには制限がかけられるべきだろうか。意図的に嘘をついたり，騙したりすることが正当化されたことはこれまであっただろうか。

**3** 1930年代にプロパガンダによって生じたジレンマについて議論してみよう。どちらが悪いのだろうか。エリートによる検閲か，それとも破壊的な全体主義者のプロパガンダによる脅威か。コミュニケーションの検閲は民主主義にとって常に脅威だろうか。プロパガンダ時代の初期には，公的プロパガンダというものを正当化しようとする試みがあったが，その当時の筋書きに似た現代版の筋書きを想像できるだろうか。たとえば，現代のドイツ政府は，インターネットを通してナチスの資料が国内に入り込まないよう熱心に阻止している。もしあなたがこのあからさまな検閲を好まな

い場合，その代わりに政府による公的プロパガンダを提言するだろうか。

**4** 人は，マスター・シンボルと強い感情とを結合させるように条件づけられているというラスウェルの見解を思い出そう。あなたが非常に力強いと思うシンボルについて考え，それが喚起する感情について検討してみよう。なぜこのシンボルがあなたにとってそのような意味をもつようになったのだろうか。メディアからのメッセージや他の人との交流があなたに影響を与えたのだろうか。

**5** 2001年9月11日のアメリカへのテロ攻撃の後，世界貿易センターのツインタワーの像が，炎上している状態と無傷の状態の2つのかたちであらゆるところに存在した。ツイン・タワーがマスター・シンボルになったと主張できるだろうか。もし，できるとしたら，それはどんな意味を伝えているだろうか。何の目的でこのマスター・シンボルが使われているのだろうか。誰によって伝えられているのだろうか。

**6** 民間で独自に行なわれた調査結果や軍の分析も最終的には，ベトナム戦争，湾岸戦争における軍による記者会見では，故意に嘘が盛り込まれたり，話があやふやなものに作られていることがよくあったことを証明した。これらの戦争と同じように，世界貿易センタービルと国防総省への攻撃後の対テロ戦争においても，引き続き国防総省の広報担当官は，自分の仕事は軍の最大の利益になるように紛争の本質を歪曲することだと思い続けている。あなたはこの「同意のでっちあげ」に困惑しただろうか。政府で働く人々は報道関係者や人々に意図的に嘘を言うべきだろうか。私たちには，戦争がどのように行なわれているのかを詳細に知る権利はないのだろうか。それがないと，私たちは，政府の行動を支援するのかしないのかを，道理にもとづいて判断できないのではないだろうか。これは，一般人は自分たちにとって何が良いかなどわからないのだ，という古くさいエリートの考えではないだろうか。

**7** 2002年初頭，対テロ戦争の間，ドナルド・ラムズフェルド国防長官は国防総省に新しい部局を設立すると発表した。その目的は海外の政府とジャーナリストに情報を提供することであった。彼は，つい本音を漏らして，

意図的な嘘（＝虚偽情報）はこの部局の武器庫においては重要な道具であると認めた。国内外で即座に反論が起きた。憲法のなかで国民に対する出版報道の自由の重要性を法制化している，世界で最も偉大な民主主義国家が，報道機関に嘘をつくなどという状況があってはならない，と論じた。これは戦争だ，虚偽情報は重要な戦略的・プロパガンダ的価値をもつのだと部局の支持者は反論した。だが，論争に直面して新しい部局設立の計画はすぐに廃棄された。あなたはどう思うだろうか。報道機関に対する嘘はいったい適切なのだろうか。もしそうならどのくらいが適切なのだろうか。どこで線を引くのだろうか。

**8** デューイは，公教育はプロパガンダに対抗する最上の手段であると論じた。なぜ多くのプロパガンダの専門家はデューイの見解を理想主義で実行不可能だとして拒否するのだろうか。一般の人々は，教育を受ければプロパガンダの影響に抵抗することができるだろうか。できると考えるならそれはなぜだろうか。また，できないと考える理由は何だろうか。あなた自身はどうだろうか。プロパガンダに対抗することができるだろうか。

### 重要な人物と文献

Chomsky, Noam（1969）. *American Power and the New Mandarins*. New York: Pantheon.（チョムスキー『アメリカン・パワーと新官僚』木村雅次・水落一朗・吉田武士訳，太陽社，1970）

Dewey, John（1927）. *The Public and Its Problems*. New York: Holt.（デューイ『現代政治の基礎――公衆とその諸問題』阿部斉訳，みすず書房，1969）

Herman, Edward S. and Noam Chomsky（1988）. *Manufacturing Consent*. New York: Pantheon.

Lasswell, Harold D.（1927）. *Propaganda Technique in the World War*. New York: Knopf.（ラスウエル『宣伝技術と欧洲大戦』小松孝彰訳，高山書院，1940）

Lippmann, Walter（1922）. *Public Opinion*. New York: Macmillan.（リップマン『世論』上・下，掛川トミ子訳，岩波文庫，1987）

McChesney, Robert（1997）. *Corporate Media and the Threat to Democracy*. New York: Seven Stories.

Schiller, Herb（1973）. *The Mind Managers*. Boston: Beacon.（シラー『世論操作』斎藤文男訳，青木書店，1979）

Sproule, J. Michael（1994）. *Channels of Propaganda*. Bloomington, IN: EDINFO.

―― （1997）. *Propaganda and Democracy: The American Experience of Media and Mass Persuasion*. New York: Chambridge University Press.

# マス・コミュニケーションの規範理論 5

　2001年，マイケル・パウエルは連邦通信委員会（FCC）の委員長を引き受けたとき，放送内容の規制をめぐる問題について「軽快に進める」と約束した（McConnell, 2001, p.28）。「私は政府が子守役をすることは望んでいない。なぜテレビを消すというような簡単なことが答えの1つにならないのか，いまだにまったく理解できない」（Hart & Naureckas, 2001, p.4からの引用）。しかし，彼が委員長を務めるFCCはただちに，わいせつな内容と見なしたものに対し厳しい処置をとり始め，ラップとヒップホップがそのターゲットとなった。

　パウエル率いるFCCは，わいせつに関するFCC規定に違反したという理由で，2つの放送局に対しそれぞれ7000ドルの罰金を科した。委員会は，社会的な基準からして明らかに不快だと思われるやり方で性的または排泄行為や器官を表現するものを指して，わいせつな内容であると規定し，子どもがラジオとテレビを利用する時間帯とされる午前6時から午後10時の間はこのような番組を放送するのを禁止している。最初のケースはコロラド州コロラド・スプリングスの民放局KKMGの放送だった。その人気FM局は，いろいろと議論の多いラップ歌手エミネムの「ザ・リアル・スリム・シェイディ」（The Real Slim Shady）の「問題のあるところをカットした」バージョンを放送した。これは，卑猥な言葉が満載されたエミネムのアルバムを放送用に編集したものを再度編集したものであった。明らかに性差別主義的で，女性嫌悪，同性愛嫌悪を含むこの歌は，発売からFCCが動き出すまでの間に，全国ですでに12万5071回放送されており，放送局の弁護士は「ザ・リアル・スリム・シェイディ」はわいせつというより「社会的不平等と偽善に対する痛烈な批判」であると訴えた（McConnell, 2001, p.28）。

　2つめのケースは，フェミニストでラップ歌手のサラ・ジョーンズの「ユ

ア・レボリューション」（Your Revolution）の放送に関するものである。オレゴン州ポートランドにある地域放送局KBOOが，2時間の公共番組の時間に女性の性的堕落を告発するヒップホップ曲を放送した。KBOOの弁護士たちはFCCに対し，この歌は性差別主義といいかげんな性的行為を助長するポピュラー音楽をパロディー化したものであり，ジョーンズは全国の多くの高校に招かれこの歌を披露しており，不快感をもたらす表現に対してさらなる表現で対抗しようとする試みであり，アメリカ合衆国憲法修正第1条の基本的前提，すなわち私たちの民主主義を罰しようとしているのだと訴えた。委員会はそれでも納得しなかった。「あなたの（女性の）革命は股の間では起こらない」といった歌詞が，たとえよい意味で用いられたとしても，依然として「売春を助長し，衝撃を与える意図があるように思われ，明らかに不快感をもたらす性的言及である」とした（Hart & Naureckas, 2001, p.4からの引用）。この非営利FM局は，FCCが「不快感をもたらす表現に関するFCCの見解とその価値に関するFCCの見解だけで……」罰する権利はないとし，そして「公式には好まれないテーマを放送したことで放送局を罰することは政府検閲の本質である」として，科せられた罰金に対し上訴した。（強調はもとの文献による。「Fear Factor」2001, p.54.）

　しかし，これは検閲なのだろうか。これらの放送局が午後10時から午前6時の間のいわゆる**安全時間帯**に放送したならば，委員会は異議を唱えなかっただろう。私たちは国として子どもたちをそのような堕落したものから守る義務はないのか。しかし，それは堕落したものなのか。ある人にとっては堕落であっても，ある人にとっては痛烈な批判である。それが自由と民主主義というものではないか。エミネムの「ザ・リアル・スリム・シェイディ」のような性差別主義的で，女性嫌悪，同性愛嫌悪のラップは私たちの文化の質を低下させ，影響を受けやすい若い人たちに対して有害な態度あるいは行動を助長する。けれどもこれが事実だとすれば，サラ・ジョーンズの「ユア・レボリューション」のような反性差別主義で，反女性嫌悪，反同性愛嫌悪のラップにその反対の効果はないのだろうか。それは誰が決めるべきだろうか。おそらくちょっとした検閲には意味があるだろう。結局は，この2つはメディアが選択できる無数の

---

■**安全時間帯**　政府が許可する時間帯。一般的に非常に夜遅くで，論争の多い内容でも放送が可能な時間帯。

もののなかの2つのラップソングにすぎない。しかし，ちょっとした検閲といったものは本当に存在するのだろうか。

現代のようにメディアが飽和状態になっている社会ではこうした葛藤が蔓延している。学校と図書館のコンピュータにはウェブ・フィルターを設置すべきだろうか。新聞は刑期を終えた性犯罪者の名前を公表すべきだろうか。放送ネットワークは汚い言葉，不快な言葉をピーッという信号音などで消しているのに，首を切断する場面や身体をバラバラに切断する場面をなぜ放送するのか。小学校や中学校，高校のランチのメニュー表のなかの宣伝用のスペースを広告主が買うことは許されるべきだろうか。どのメディアであるかにかかわらず，マスコミ記者は，身元を明かすのを嫌がる人々から得た情報にもとづくニュースを公表することが許されるのだろうか。国が戦争中であるときは，報道記者は，何よりもまずジャーナリストとして存在し，アメリカ合衆国民であるということは二の次なのか，はたまた，まずはアメリカ合衆国民であり，ジャーナリストであるということは二の次なのか。こうした問いには容易に答えは出ないし，容易に答えを出してはいけないものだろう。それぞれの問いは，出版報道と表現の自由についての根本的な信念と，そして，すべての人が安全で落ち着いた生活ができるような，人道にかなった生きがいのある社会を作りたいという私たちの願望との間に存在する葛藤を内に秘めているのである。

第3章で見たように，こうした葛藤は新しいものでもないし，その解決において誰の価値が上でなければならないという問題でもない。これがまさに私たちが，憲法修正第1条が保証している表現の自由を大切にする理由である。この表現の自由が葛藤を解決する討論を保障している（あるいは保障しなければならない）のである。第4章で見たように，メディア産業内外の多くの人々は一般の人々や出版報道に対して強い不信感をもっていたため，私たちの出版報道と表現の自由を縮小することは多くのエリートの間で大きな支持を得ていた。誰がそのエリートたちを非難できただろうか。

## 本章の流れ

イエロージャーナリズム時代にはメディアで働く人のほとんどが，正確性，客観性，公共への気配りなどの微妙な問題をほとんど気にしていなかった。し

かし，20世紀の最初の10年で，一部のメディア産業界の人々とさまざまな社会エリートの間で，メディアを一新しより尊敬され信用されるものにしようという改革運動が起こった。こうした改革運動のスローガンは専門家意識であり，その目標は質の悪い無責任な内容をなくすことであった。

　こうしたメディア改革という課題を導いていくには，理論が必要であった。そしてその理論は，次のような問題に答える必要があった。

- 短期間に莫大な利益を上げられる内容なら何でも流す，というだけでなく，それ以上のことをメディアはすべきなのだろうか。
- すぐに利益が得られなくても，メディアが提供すべき重要な公共サービスというものは存在するのか。
- メディアは社会問題を明らかにし，その解決に取り組むべきなのか。
- メディアが監視人の役目を果たし，消費者を詐欺的商行為や腐敗した官僚から守る役目を果たすことは必要なのか，望ましいことなのか。
- 危機に直面した時に，私たちはメディアに対して何をしてくれるよう期待すべきなのだろうか。

　こうしたメディアの役割に関する一般的な問いは，メディアの日々の活動に関わる問題と関連している。メディア経営と制作の仕事はどのように構成されるべきだろうか。どのような道徳的・倫理的基準が，メディアで働く人々を導くべきだろうか。まさに何が「ジャーナリスト」であることの要件なのだろうか。人々のプライバシーを侵害したり，名声を傷つける危険を冒すことが適切で，しかも必要である状況というのはあるのだろうか。誰かがテレビカメラの前で自殺を図ると脅したら，記者は何をすべきだろうか，テープに収録すべきか，あるいはやめさせようとすべきか。倫理に反するビジネス慣行に関する記事を，たとえそれに関与している会社が自社の重要な広告主の1つであっても，新聞に掲載すべきだろうか。テレビネットワークは，番組が常に非常に暴力的な内容を含んでいる場合でも視聴率が高ければその番組を放送すべきだろうか。

　こうした問いに対する答えは，**規範理論**に見つけることができる。これは理想的なメディアシステムの構造と活動のあり方を示す理論である。規範理論はこの本で学ぶ大部分の理論とは異なる。ものごとをありのまま記述もしないし，

科学的説明や予測もしない。その代わりに，ある理想的な価値や原則を実現するために目指すべき方向を示している。規範理論はさまざまな分野から出てくる。あるときは，メディア関係者自身が理論を作る。社会批評家や学者が作る場合もある。多くの規範理論は長い時間をかけて作られ，従来の理論から導かれた要素を含んでいる。現在アメリカでマスメディアを導いている規範理論の場合は特にそうで，これまで3世紀にわたって発展してきた思索を統合したものである。

　この章では，問題が多くて反論さえある理論も含め，メディアに関するさまざまな規範理論を検討する。初期の規範理論から始めて最近の例まで見ていく。ここで注目したいのは主として，アメリカの大部分の巨大メディアを導き，正当化するのに用いられてきた規範理論，すなわち**社会的責任論**である。今のところ，アメリカでは規範理論をめぐる論争は弱まっている。社会的責任論は一見メディアの理想的な基準を提供してきたように思えたので，さらなる論争は必要ないとされた。これまでの30年間，メディア産業界は前例のない成長と合併を経験し，その結果，巨大な複合企業がメディア内容の生産と流通を支配している。こうした複合企業までもが，社会的責任論は活動に実際的なガイドラインを与え，彼らがやっていることを正当化すると認識している。

　ここでは社会的責任論がアメリカのメディア関係者に常に受け入れられてきた理由を検討する。そして他の国で受け入れられている理論と対比し，その将来についても考えてみる。新しいメディア・テクノロジーを基盤とする新しい産業が現れると，社会的責任論が引き続きその産業を導くことになるのだろうか，あるいは代案が出てくるのだろうか。社会的責任論は，国家発展の特定の時期と，特定のタイプのメディアに適した理論である。メディア産業が変化すると，この指針となっている理論はかなり修正されるか，他の理論が取って代わる必要があるかもしれない。

　この章の残りの部分を読む前に少しの間，あなた自身や住んでいる地域，州，国，世界にとってメディアがもつ役割とは何かについて，あなたがどんな意見をもっているかを考えてみよう。メディアがしなくてはいけない，そしてして

---

■**規範理論**　メディア組織の理想的な構造と活動を示している理論。
■**社会的責任論**　一方で，メディアは完全に自由であるべきだと考え，他方で，メディアには外部からの規制が必要であると考える代わりに，メディア産業や市民がその責任をもつとする規範理論。

第5章　マス・コミュニケーションの規範理論

はいけない最も重要なことは何だろうか。このような課題を遂行するために，メディア関係者はどのような行動規準に従うべきか。問題のある非倫理的慣行を利用して，有益なことをすることは許されるのだろうか。たとえば，腐敗したビジネス慣行を暴露するために，レポーターが故意に嘘をついたり，押し入ったりしてもいいのか。賄賂を受け取る腐敗政治家を捕まえるために隠しカメラを使うのはどうだろうか。テレビで娯楽番組の占める割合が高いのはどうか，娯楽番組を減らして，もっと情報を提供し，教育的な内容を増やすべきだろうか。レポーターは軍の任務が成功したという国防総省の公式発表を受け入れるべきだろうか。もし，あなたが，マイケル・パウエルが委員長を務めるFCCの委員だったら，KKMGとKBOOの処罰に関してどう投票しただろうか。あなたはどのように自分の立場を擁護するのだろうか。規範理論を知っていたにせよ，知らなかったにせよ，あなたの判断は規範理論にもとづいているだろう。

## メディア規範理論の起源

　20世紀が始まって以来，すでに見てきたように，アメリカではマスメディアの役割をめぐってさまざまに議論されてきた。極端に対立する見解も出てきている。その1つは，私たちが**急進的自由論者**の理想と呼んでいる主張である。この論者たちはメディアの活動を統制する法律があってはならないと考えている。彼らは**アメリカ合衆国憲法修正第1条絶対論者**である。「出版報道の自由」の概念を文字どおり，そのまま解釈し，どのメディアもまったく規制されてはならないことを意味すると考えている。彼らは，議会が言論の自由や出版報道の自由を侵害するいかなる法律も作ってはいけないというアメリカ合衆国憲法修正第1条がまさしく意味していることを文字どおり，教義として受け取っている。最高裁判所裁判官ヒューゴ・ブラックが簡潔に表現しているように，「法律がないということは規則がないということである」。

　これと対極に位置するのが，メディアの直接規制が必要だと信じている人た

---

■**急進的自由主義**　公衆は善良で理性的であり，メディアが規制される必要はまったくない，と信じている自由主義論についての絶対的な信念。
■**アメリカ合衆国憲法修正第1条絶対論者**　メディアは絶対に規制されるべきではないと信じている人々。

ちで，ほとんどの場合，政府機関や委員会による規制である。これにはハロルド・ラスウェルとウォルター・リップマンのような**専門的技術行政官による規制**（technocratic control）の擁護者が含まれる。彼らは，メディア関係者が，責任をもってコミュニケーション活動を行なったり，重大な公的ニーズに役立つようにメディアを用いるとは思えないと主張した。重要なニーズが確実に満たされるためには，ある種の監督や規制が必要である。このような擁護者たちの見解は，特定のニーズを充足させるためにメディアを必要とする危機的な時期に，最も真剣に考慮されることになる。

第4章で見たように，規制を擁護する人たちの議論は，プロパガンダ理論に依拠している。プロパガンダによる脅威はあまりにも大きかった。したがって情報収集と伝達は，賢明な人々，すなわち公的利益のために行動する信頼のおける専門技術行政官の統制下におくべきだと彼らは信じていた。専門技術行政官たちは高度な訓練を受け，メディア内容を社会的に価値のある目的に役立てることができるような専門的価値観とスキルをもっている。その社会的に価値のある目的というのは，たとえば，テロ行為の拡散を防ぐ，自然災害やエイズのような疾病に関する情報を人々に知らせる，といったことである。

そのほかに大衆社会論（第3章）にもとづいて統制を支持する人たちもいる。彼らは，つまらない娯楽で高級文化を害する力をもつメディア内容に問題を感じていた。批判は，メディアによる性と暴力の描かれ方に集まりがちであった。また，彼らが重要な道徳的価値であると見なしているものが矮小化されることにも異議を唱えていた。

このようにプロパガンダ理論と大衆社会論はメディア規制を働きかけるのに利用できる。両論ともメディアを，強力で破壊的な力と見なしており，公的利益のために行動する信頼のおける賢明な人たちの統制下におくべきであるとしている。しかし，メディアを検閲するのに誰を信頼すべきだろうか。社会学者？ 宗教指導者？ 軍部？ 警察？ 議会？ 連邦通信委員会（FCC）？ 多くの有力な人たちがメディアを統制する必要性を感じてはいたが，誰がそれをすべきであるかという合意には至らなかった。メディア関係者は規制の危険性を指摘することで，さらにより社会的に責任のある存在になるため自主規制する努力を示すことで妥協案を結ぶことができた。

■**専門的技術行政官による規制**　多くの場合，政府機関や委員会によるメディアへの直接的規制。

規制擁護論者たちは，多様な形態の**自由主義**を支持する人たちから反対を受けた。結局，こうした議論から社会的責任論が台頭してきた。社会的責任論は政府によるメディア規制を支持する見解と，出版報道の完全な自由を支持する見解の妥協案である。これがすべての人を満足させたわけではなかったが，特にメディア産業界においては，幅広く受け入れられた。今日でさえ，ほとんどのメディア関係者は自分たちの行動を正当化するため，社会的責任論の変種を用いている。社会的責任論を十分に理解するためには，その発達を導いた思想や出来事を振り返ってみる必要がある。

## 自由主義思想の起源

　現代自由主義思想の起源は，封建的貴族たちが人々の生活に専制的権力を行使していた16世紀のヨーロッパまでさかのぼることができる。その時代は大きな社会変化によって揺れ動いていた。国際貿易と都市化によって封建的貴族社会は徐々にその権力を失っていた。宗教革命を含め，多様な社会運動が起こり，生活と思想に対してさらなる個人の自由が要求された（Altschull, 1990）
　自由主義理論は，すべての形態のコミュニケーションは支配的エリートや権威者の統制下におかれるべきだとする**権威主義理論**に対立するものとして台頭した理論である（Siebert, Peterson, & Schramm, 1956）。権威者たちは神によって導かれた社会秩序を守り維持する手段として，自分たちの支配を正当化した。ほとんどの国でこうした支配は王の手中にあり，その王がメディア関係者に勅許や免許を与えた。メディア関係者たちは勅許に違反する行為をしたときには投獄され，勅許や免許を取り上げられることもあった。したがって，すべての種類の検閲が簡単にできたのである。専制的支配は，気まぐれで一貫性のないかたちで行使される傾向があった。しかし，権威者たちが権力への直接的な脅威になると認識しない限り，少数派の視点や文化を公表するかなりの自由が存在する場合もあった。全体主義とは違って，権威主義理論は同質的な国家

---

■**自由主義**　人々は，善良で，理性的で，悪い思想と良い思想を判断できるとする規範理論。
■**権威主義理論**　すべての形態のコミュニケーションを，支配階級のエリートや権威者の統制下におくべきだとする規範理論。

文化を育成することを優先しない。権威主義は支配するエリートへの黙従を要求するだけである。

初期の自由主義者たちは，権威主義理論に抵抗し，コミュニケーションに関して教会と国から課せられる専制的な制限から個人が自由になれれば，人々は，「自然に」良心の命令に従い，真理を求め，公共的討論に参加し，最終的には自分自身や他の人たちにとってよりよい生活を作り出すだろう，と主張した（McQuail, 1987; Siebert, Peterson, & Schramm, 1956）。自由主義者たちは権威者が不自然で専制的な社会秩序を維持していると非難した。彼らは，社会をより自然な方法で構築していくためには，無制限の公共討論と議論の力が必要だと強く信じていた。

1644年に出版された自由主義に関する小冊子『アレオパジティカ』のなかで，ジョン・ミルトンは，討論の場が公正であれば，よい主張や誠実な主張は，嘘や策略に対して常に勝ち続けるだろうと主張した。もしこれが本当であれば，公共討論を通じて，より良い社会秩序を新しく形成していくことができることになる。こうした考えは，ミルトンの**自動調整作用**（self-righting principle）と呼ばれるようになり，メディアの自由を維持する論理的根拠として現在メディアで働く人々によって幅広く引用され続けている（Altschull, 1990）。これは社会的責任論の基本的原則の1つである。

不幸にも，「真理」を見つけ出し，理想的な社会秩序を確立するのにどれくらいの時間がかかるのかに関して，初期のほとんどの自由主義者たちがもっていた見解は，どちらかというと非現実的であった。この理想的な秩序は必ずしも民主主義を指しているのではなく，コミュニケーションの自由を常に認めるものでもなかった。たとえば，ミルトンは，「真理」はオリバー・クロムウェルによって見出され，その妥当性は彼が闘いの場で勝利を収めることによって立証されたと主張するようになる。クロムウェルが理想的な社会秩序を作り出したと確信したために，ミルトンは進んでクロムウェル政権の一等検閲官を務めた。カトリック指導者のコミュニケーションを制限したことについてもほとんど後悔の言葉を述べることはなかった（Altschull, 1990）。

18世紀には，「真理」を明確に示すことが，すぐに，または容易にできない

---

■**自動調整作用** 討論が公正に行なわれていれば，優れて誠実な議論は，嘘と虚偽に勝つだろう，というミルトンの考え。

ということが明らかになり，自由主義者たちのなかには落胆するものもいた。彼らは，ときおり，自由主義と権威主義の見解の間を行ったり来たりした。アメリカの独立宣言を作成したトーマス・ジェファーソンさえ，出版報道の自由に対する献身と自動調整作用の信念がぐらつくことがあった。彼は2回目の大統領在任期間中に，新聞の下品な批判にかなり失望したと表明した。それにもかかわらず，1787年に友人に宛てた手紙のなかではミルトンの自動調整作用を再確認している。「新聞のない政府か，政府のない新聞かを選択しなければならないとしたら，私はためらうことなく後者を選ぶだろう」（Altschull, 1990, p. 117）。

　自由主義の理想は，民主的な自主統治とともに，アメリカの長期間にわたる試みの中心をなしている。イギリスに対するアメリカ植民地の革命は自由主義の理想によって正当化された。パトリック・ヘンリーの有名な言葉，「私に自由を，さもなければ，死を」を思い出してみよう。この新しく建設されたアメリカ合衆国は，独立宣言と**権利章典**によって，自由主義原理を明示して採択した最初の国の1つである。権利章典では，いかなる政府，コミュニティ，集団も個人の権利を不当に侵害したり，奪ったりすることができず，すべての個人は，その権利を生まれながらにもっていると主張する。演説，言論，集会のような多様な形態のコミュニケーションの自由は，こうした権利の最も重要なものとしてあげられている。異議を唱えること，人々が正しくないと考える法律に対抗するため，ほかの人たちと団結できること，考え，意見，信念を活字メディアで表現したり，放送できること，こうしたすべての権利は，ボックス5aで見るように，民主的な自治に中心的なものであると明示してある。

　しかし，このようにコミュニケーションの自由を最優先しているにもかかわらず，コミュニケーションには多くの制約が課されており，メディア関係者もメディア消費者もそれらを受け入れている，ということを認識することは大切である。名誉棄損に関する法律は，名声を傷つける情報の公表から人々を保護する。裁判官は，公正な裁判を受けるという被告の権利が侵害されうると判断したら，その情報の公表をやめさせるため，報道禁止令を出すことができる。虚偽広告，子どもポルノ，侮辱的な言葉などから保護するための法律や規制もある。この章の冒頭で見たように，「侮辱的な」内容の放送を禁止できる。コ

■**権利章典**　アメリカ合衆国憲法修正条項の1条～10条を指していう。

**ボックス5a　表現の自由を守る感動的な弁護**

1927年，ホイットニー対カリフォルニア州裁判に最高裁が与えた判決の多数意見に同調し，ルイス・ブランダイス判事は，表現の自由を擁護する次のようなすばらしい文書を書いた。

> アメリカの独立を勝ち取った人々は，国家の最終的な目標は，人々の能力を自由に発達させることであり，そして政治においては，審議する力が独断的な判断に優先するべきであると信じていた。彼らは，自由は目的であり手段でもあるとし，尊重していた。彼らは自由が幸福の秘訣であり，勇気が自由の秘訣であると信じた。彼らは自由に考え，考えたとおりに発言する自由は，真の政治を見つけ，広めるために不可欠な手段であると信じていた。言論の自由と集会を開く自由がなければ，討論しても無駄である。そしてそのような自由があれば，討論することでたいていは，蔓延する有害な教義から適切に身を守ることができる。自由に対する最も大きな脅威は，怠惰な人々である。公的討論は政治的な義務である。そして，これはアメリカ政府の基本的な原則の1つでなければならない。彼らは，人間によるすべての組織はリスクを被りやすいのだと認識していた。しかし彼らは，単に，法律を犯した罪で処罰される恐怖だけでは，秩序は保てないとわかっていた。思考したり，希望をもったり，想像することを禁止するのは危険であると知っていた。恐怖は抑圧を生み，抑圧が憎悪を生み，憎悪が安定した政府にとって脅威になることを知っていた。安全への道は，苦情が出されたり，改善策が提案されたときに自由に討論する機会をもてるところにあり，さらに，悪い助言に改善策をほどこせば，よい助言になると知っていた。公的討論を通じて生まれる理性の力を信じることで，彼らは法によって強制される沈黙——これは最悪のかたちの力の主張である——を避けたのである。ときには，多数派による専制的な統治もあることを認識し，彼らは言論の自由と集会の自由が保障されるよう憲法を改正した。
>
> （Gillmor & Barron, 1974, pp.21-22）

ミュニケーションの自由に対する制約は常に再協議されている。ある時代には，自由を拡大する方向に比重が移り，またあるときは自由が制限される。新しいメディア・テクノロジーが新しく発明されるときは常に，どう規制すべきか決める必要がある。現在，インターネットの自由をめぐって，また，軍の活動に

報道機関がアクセスすることについて繰り広げられる過熱した論争に見られるように，コミュニケーションの自由をめぐる論争に決して終わりはないのである。

　なぜコミュニケーションの自由を制限する必要があるのか。コミュニケーションの自由を制限する最も一般的な理由は基本的権利をめぐる葛藤にある。たとえば，憲法で保障されたあなたの権利はどこで終わり，ほかの人の権利はどこで始まるのだろうか。火事でもないのに混んでいる映画館の前で「火事だ！」と叫ぶ権利はあるのだろうか。もしあなたがそういう行動をすると，ほかの多くの人が被害を受けるだろう。彼らはあなたの無責任な行動から守られる権利はないのだろうか。ある集団が少数民族や少数人種に対し嫌悪と恨みをかき立てようとする場合も同じような疑問が生じる。妊娠中絶に反対する集団が，中絶手術を行なっている医師を殺人者と呼び，指名手配用のポスターのような形で，「懸賞金」も添えて，医師らの名前や住所や写真をその集団がもつウェブサイトに載せる権利はあるのだろうか。その医師たちの子どもの名前，年齢，学校の住所を公表する権利があるだろうか。クー・クラックス・クラン［Ku Klux Klan, KKK：南北戦争後結成された白人による秘密結社。白人至上主義。旧教人・ユダヤ人・黒人・進歩主義者などを迫害する］の団員がアフリカ系アメリカ人や同性愛者について嘘をつく権利があるだろうか。こうした無責任なコミュニケーションは統制されるべきではないだろうか。コミュニケーションの自由を超えるような大きな問題は，基本的人権の問題であり，歴史のなかのある時点で，どれだけ基本的人権を最大にできるかという問題である。

　しかし，出版報道の自由や表現の自由はどうなのだろうか。いったい，制作者やメディアはどの程度まで彼らの権利を行使できるのだろうか。あなたの自宅に押しかけ，あなたについて誤った情報を公表したり，虚偽広告であなたを騙すことが許されるべきだろうか。メディアで働く人々には，利益が得られるものなら何でも制作し流通させる権利があるだろうか，あるいは何らかの制限を課すべきだろうか。もしそうであれば，誰がそうした制限を課し，実施すべきなのか。法律が個人を無責任なメディアから守るために書かれている場合，こうした法律はメディアを検閲する手段になりうるのだろうか。

## 思想の市場——急進的自由主義の新しい姿

　アメリカの自由主義思想は国家建設のときから始まったが，これまで多くの変化を経験してきた。その重要な変化のひとつに1800年代，ペニー・プレスとイエロージャーナリズムの時代に現れたものがある。この時期，ビジネスと政府に対する公衆の信用は繰り返される不況と蔓延した腐敗や不正で揺らいでいた。大手企業，特に石油，鉄道，鉄鋼産業の会社は，全国に独占企業を形成し，不当な価格を要求し，莫大な利益を得ていた。労働者たちは低賃金で，危険で劣悪な条件下で労働を強いられていた。新聞社が利潤を追求し，新聞を売らんがためにニュースを作るようになり，新聞に対する公衆の敬意も衰えていった。いくつかの社会運動，特に進歩主義運動（自由主義者による）とポピュリスト運動（一般民衆擁護者による）が起こり，新しい法律と政府によるより多くの規制を要求した（Brownell, 1983; Altschull, 1990）。独占企業を解体するため，独占禁止法が制定された。自由主義者たちは，こうした法律と規制が行き過ぎたものだと懸念し，自由主義思想への公衆の支持を再び燃えあがらせようとした。

　一部のメディア関係者は進歩主義とポピュリストの批判に対して説得力のある対応をした。彼らは，メディアは自己規制する**思想の市場**と見なされるべきであると主張した。この考えは，資本主義の原理，すなわち自己規制による市場という概念のバリエーションの1つである。アダム・スミスによって定式化された古典的資本主義理論では，政府が市場を規制する必要はほとんどない。オープンで，競合する市場が自らを規制するのである。ある製品の需要が高い場合は，価格は消費者がそれを競って買うにつれて「自然に」上昇する。このことは，他の製造業者もその製品を生産するように刺激する。いったん需要が製造の増大により満たされてしまうと，価格は低下する。もし特定の製造業者が製品価格を非常に高く設定したら，競争している会社が買い手を惹きつけるために価格を下げるだろう。消費者を保護したり，製造業者に消費者のニーズ

---

■**思想の市場**　自由主義においては，すべての思想は人々に提示されるべきであり，公衆はその「市場」から最もよいものを選択するだろうという考え。

を満たすよう強要するような，いかなる政府介入も必要ない。このような考え方は別称，**自由放任主義**である。

　思想の市場理論によると，自由放任主義はマスメディアに適用されるべきである。すなわち，思想が人々の間で自由に「交換される」ならば，正しい，もしくは最もよい思想が勝つだろう。思想は競争し，最もよいものが「買われる」だろう。しかし，この論理を現代の巨大なメディアに適用するにはいくつかの問題がある。メディアの報道内容は他の消費財のように有形のものではない。個々のメッセージの意味は一人一人にとって大きく異なる可能性がある。ニュース記事またはテレビドラマが「買われ」「売られる」とき，いったい何が交換されているのだろうか。私たちがある新聞を買うときは，個々の記事を買うのではなく，コミックや星占いのようなものも含めてひとまとめになっているものを買う。ひとまとめになっているもののなかで，不快だと思うものを無視することもできる。テレビを見るとき，料金を放送局に支払ったりしない。しかし，売買は明らかに放送局の番組に関連する。広告主は番組放送時間を買い，番組を彼らのメッセージの伝達手段として使っている。広告主が時間を買うことは，番組を通してオーディエンスへのアクセスを買うことになる。彼らは必ずしも番組の思想の正しさや正確さを買うわけではない。スポンサーは，より多くのオーディエンスを獲得している番組で広告するために，より多くお金を出す。ボックス5bで示されているとおり，明らかに，メディア市場は冷蔵庫や歯磨き粉の市場よりは少し複雑である。

　アメリカのメディア・システムでは思想の市場は以下のように働くと考えられていた。誰かがよい思想を思いつき，何らかのマス・コミュニケーションをとおしてそれを伝達する。他の人はその思想が気に入れば，そのメッセージを買う。メッセージを買うときは，その制作コストと流通コストも払うことになる。いったんこれらのコストがカバーされると，メッセージ制作者は利益を得る。もしそのメッセージが気に入らなければ，人々はそれを買わないので，メッセージを制作し流通させようとした制作者は破産することになる。もし人々が賢明なメッセージ消費者であるならば，最もよい，最も有用なメッセージの制作者が豊かになり，大メディア事業を発展させるだろうし，悪いメッセージ

---

■**自由放任主義**　政府は公式的な干渉をせずに，人々は自由に事業を運営できるようにすべきだという考え。

**ボックス5b**

## 市場のどのモデル？

　思想の市場というのは，マスメディアのシステムの作用が，市場に自己規制が働く作用に類似していると見ている。次の例で，その適合度を判断してみよう。

| 商品生産者（〜は） | 消費者（〜のために） | 商品（〜する） |
| --- | --- | --- |
| モデル1<br>商品生産者 | 買うか買わないかという最終的な権限を行使する消費者のために。 | できるだけ能率的に，安価に特定商品を生産する。 |
| モデル2<br>ハーシーズ<br>(HERSHEY'S [アメリカの菓子メーカー]) | 私たちのような人たちのために。<br>私たちがキャンディを買えば，ハーシーズは同じような方法で同じようなキャンディを作り続ける。 | 生産ラインにのせて，キャンディを能率的に，安価に生産する。 |
| モデル3<br>NBC<br>[アメリカの民放テレビ局] | 広告主のために。<br>広告主がNBCの番組のスポンサーになるなら，NBCは同じような方法で同じようなオーディエンスを作り出す。 | 番組を利用する人々を生産する——これが彼らの生産ラインである。 |

　これらのモデルは，アメリカのキャンディの質について，またテレビの質について，何を意味しているだろうか。

の制作者は失敗し，無益なメディアは業界からなくなるだろう。もし良質な思想の供給者が成功すれば，これらの思想は低コストでより容易に入手することが可能になるだろう。制作者は良質の思想を供給するために競争するだろう。同様に，有害な思想のコストは上がるはずで，それらへのアクセスは減少するだろう。結局，初期の自由主義者により描かれた公開討論会で真理が勝利するのと同様に，真実は思想の市場で勝つであろう。思想の市場理論によれば，自動調整作用は公的な討論だけでなくマスメディア内容にも適用できるはずである。

　思想の市場は自己規制されるので，政府機関がメッセージを検閲する必要は

まったくない。オーディエンスは悪いメッセージを買わないだろうし，無責任な制作者は破産するだろう。しかし，広告主が無料で有害なメッセージを流すことを許可した場合はどうだろうか。これらのメッセージを受け取るのに直接お金を払う必要がなければ，人々はおそらくメッセージの良し悪しを問題にしないだろう。もし有害なメッセージが，1つのまとまったメッセージ（すなわち，新聞またはテレビニュース番組）の一部として流布されたならどうだろう。もし良質のメッセージが欲しいなら，有害なメッセージにお金を払うことになる。あなたにとって有害でも他の誰かにとっては有用なものかもしれない。あなたは星占いやソープオペラが好きではないかもしれないが，友人のなかにはそれらが好きな人もいるだろう。

　いったい，思想の市場理論はどれほど有効なのだろうか。結局，消費者市場の政府規制は，現在必要なものとして一般的に受け入れられている。消費者を保護する法律の必要性や不公正なビジネス慣行を規制する法律に異議を唱える人は少ない。消費者市場は規制から恩恵を得ているのに，どうして思想の市場には規制をかけないのだろうか。1930年代以降メディア批評家たちはこの問いをますます頻繁に提起してきた。最近の，メディア企業の猛烈な集中によって，政府介入の要請が新たに緊急性を増している。それでも思想の市場理論はメディア産業分野ではかなりの支持を得ている。

　こうしたメディア産業分野からの支持は，思想の市場哲学に内在する「二重性」にある。これは「比喩表現に幅広く多様な解釈をもたらした」（Napoli, 1999, p.151）。メディア政策研究者であるフィリップ・ナポリは思想の市場に関する解釈を2つに分けている。「経済理論に依拠して解釈すると，思想の市場は効率性，消費者満足，競争を強調する」とし，「その反面，民主主義理論に依拠して解釈すると，思想の市場は市民の知識，熟知したうえでの意思決定，効果的な自主統治を強調する。思想の市場という比喩に関する議論で，経済理論に依拠した解釈は通常政府規制に反対するコミュニケーション産業の主張と結びつけられ，逆に，民主主義理論に依拠した解釈は通常そうした規制を要請する主張と結びつけられてきた」と述べている（1999, pp.151-152）。多くの研究者（たとえば，Lavey, 1993; Simon, Atwater, & Alexander, 1988）が示したとおり，メディア関係者たちは，この区別に満足している。というのは，政府，特に広告を規制するFCCと連邦取引委員会（Federal Trade Commission）のような機関が，「歴史的に，それらの政策の社会的・政治的効果よりも経済的効

果に，ずっと大きな注目を払ってきた」からである（Napoli, 1999, p.165）。

## メディアに対する政府規制――連邦ラジオ委員会

　1920年代と1930年代に，急進的自由主義による統制と専門技術行政官による統制の両方を拒否する新しいマス・コミュニケーション規範理論が台頭してきた。この理論の背景の1つとなったのが，ラジオの規制をめぐる国会での一連の議論である。1927年，この議論の結果，連邦通信委員会（FCC）の前身である連邦ラジオ委員会（FRC）が設立された。議論が激化するにつれ，一部の人，特に進歩主義と民衆主義者たちは，イエロージャーナリズムの行き過ぎは，自己規制が十分ではないことを示していると主張した。過度にドラマ化し，脚色したニュースのほうが，収益が上がるため，経営者はその制作に対し抵抗できなかった。何らかの規制がない限り，ラジオは，期待されているほど，公益に奉仕できそうもなかった。それでも進歩主義者は，ラジオの統制を専門的技術行政官に譲ることには慎重で，妥協による解決策が求められた。

　1920年代までに，公益事業の政府規制は，民間企業を維持しつつ無駄な競争を無くす手段として広く受け入れられるようになった。電力と電話会社に対する政府規制が行なわれる以前は，都市は競合する電力または電話会社の各ネットワークの電線で覆われていた。他のネットワークの電話を使う人に電話をかけたい人は，競合する会社すべての電話を買わなければならなかった。完全に独立したネットワークを構築するためのコストが電話サービスと電気のコストを増大させた。こうした問題の解決策は，1つの会社がこうした必要なサービスの提供を独占することを可能にすることであった。独占権を与えられた代わりに，その会社は価格とサービスに関して政府規制に従った。このようにして，それらの活動を監督するための政府委員会とともに公共事業が形成された。公益事業としてラジオを規制するために，政府委員会を設置してもよかったのだろうか。

　ラジオ委員会の支持者は，初期のラジオ産業と初期の電話や電力産業との類似点を指摘した。放送事業者はラジオ信号を送るため電線で都市を覆う必要はなかったが，伝送信号のために特定の周波数を使用する必要があった。ほかの放送事業者が同じ周波数を使うと，最初に流れていた放送に割り込み，混線し

てしまう。最初は，規模が大きくて強力なラジオ局を建設する力があるのは，ラジオ製造業者だけであった。新しいメディアに対する社会的関心を刺激し，ラジオ受信者の市場を作り出すために，何局ものラジオ局が作られた。にもかかわらず，すぐに大手のラジオ局は，さまざまなところからわき出てくる競争に直面した。たとえば，ラジオ愛好家たちがリビング・ルームやガレージに放送局を作ったのである。大都市は競合する信号に覆われた。大手のラジオ局の建設に投資した人たちは，政府にその投資を保護してくれるよう求めた。彼らは，自分たちより劣勢にあると思ったラジオ局との競争を終わらせる手段として政府規制を要請した。ラジオ放送で，混線が繰り返し続いたり放送が予測できないことを，放送史学者のエリック・バーノーは，「バベルの塔」[実現不可能なくわだての意]と呼んだが，この状態に一般の市民は疲労感を募らせていた。商務長官のハーバート・フーバー自身は感激して，歴史上，国が満場一致でより多くの規制を希望した数少ない例の1つであると述べた（Barnouw, 1966）。

　連邦ラジオ委員会の設立をめぐる論争で，フーバー長官は，放送電波は国民のものであるという，とりわけ重要な哲学を支持した。もし放送電波が，他の国有資源（たとえば，国有林）のような公共財産であれば，私的に運営される放送局は決して放送電波を所有できない。所有するのではなく，放送局は国民から免許を受け，それを公益のために使わなければならない。もし免許をもった人が公衆の信頼に反することをしたならば，免許は取り上げられるだろう。連邦ラジオ委員会は，公衆を代表して活動するため設立された。連邦ラジオ委員会には，公共の放送電波を使える特権を与えられたラジオ局が，公衆のために重要なサービスを提供していることを，確かめる任務が与えられた。放送事業者には「公共の利益，利便性，必要性」に奉仕することが求められた。しかし，公共事業の規制とは違って，連邦ラジオ委員会は放送産業の利益を規制する権利はもっていなかった。放送局はニュース放送や地域社会に奉仕する番組の編成など一定の基本的な公的サービスを提供し続ける限り，お互いに競合し可能な限りの最大利益を獲得しようとするのは自由であった。そのうえ，連邦ラジオ委員会は，法的に内容を直接検閲する力もまったくもっていなかったが，禁止された内容を放送した放送局を，罰金または免許の取り消しによって罰することができた。

　ラジオ産業は，政府規制を要請しそれに服従した最初のメディア産業であっ

## インスタント・アクセス

## 思想の市場理論

【有効性】
1 政府による統制を制限する。
2 趣向、理想、議論における「自然な」変動を認める。
3 オーディエンスを信頼する。
4 最終的に「質の良い」内容が普及すると仮定する。

【限界】
1 メディア内容を、有形消費財と同一視する誤った認識をしている。
2 営利的動機が高いメディア経営者を、あまりにも信用しすぎである。
3 買いたい内容を「買う」と、他のものも付いてくるが、ときにはそれが欲しくないものであることもある、という事実を無視している。
4 オーディエンスのメディア消費スキルをあまりにも楽観的に捉えている。
5 広告主ではなく、オーディエンスが消費者であるという間違った仮定をしている。
6 「良い」という定義は普遍的ではない（たとえば、多数者に「良い」ということは、少数者に悪いことかもしれない）。

た。連邦ラジオ委員会が比較的成功したため、他のメディア産業を規制しようとする動きが促進された。映画の政府検閲がおおいに主張され、特に宗教グループはそれを強く支持した。長年にわたり映画産業は政府規制を避けるため、さまざまな自己検閲の方法を採用した。プロパガンダの脅威が増大すると、新聞の規制さえも真剣に考慮された。たとえば、1942年には、出版報道の自由に関するハッチンス委員会（Hutchins Commission on Freedom of Press）が設立され、新聞規制のメリットが慎重に検討された（これについては後で詳しく述べる）。

## ジャーナリズムの専門職化

　メディアに対する政府規制の圧力が増大すると，メディア産業界のリーダーたちは専門職化するという努力でそれに対応した。3章で述べたように，ジョセフ・ピュリッツァーとウィリアム・ランドルフ・ハーストはその専門性をたたえる賞を設立した。業界では，メディア関係者を訓練する専門学校を設立するために，ロビー活動を行ない，補助金を提供した。メディアの統制を特定の政府機関に譲渡するのではなくむしろ，メディア経営者は，公共のニーズに奉仕するという誓約を公言した。1922年，アメリカ新聞編集者協会（ASNE）は，「ジャーナリズム倫理規範」（The Canons of Journalism）と題された専門職としての規準を採択した（この規準は，1975年に，ASNE綱領（ASNE Statement of Principles）に差し替えられる）。それ以来，ほぼすべてのメディア関係者の団体が同様の規準を採択した。そうすることによって，彼らは法律や医学分野における専門職人を模倣しているのである。一般的に，メディア関係者を公衆に奉仕させるには，こうした規準が最も効果的である。

　業界の倫理規準は，メディアの役割に関してもう1つ重要な概念を明確にし始めた。その概念とは，公共の福祉を守る番犬になる，ということである。この役割は，20世紀に入った頃，醜聞をあばくジャーナリストが最初に明確に表現した。ここでは，メディアは社会的世界を常に注視し，公衆に対し問題への注意を促すべきである，ということが前提となっている。当初，イエロージャーナリストは，メディアに対するこうした見解に懐疑的であった。しかし，腐敗に対して醜聞をあばく調査にかなり人気があることがわかり，結局このような役割が広く受け入れられるようになった。この役割は大志をもって制定され，メディアは，独立した社会機関の1つであり，政府の**第4階級**として，政府の三権や財界，宗教，教育，家族などといった，他のすべての機関や制度が公共に奉仕するのを確認する任務を負った。社会批評家でベテラン・ジャーナリストのビル・モイヤーズが述べているところによると，「指導者の誠実さを維持

---

■**第4階級**　中世ヨーロッパの三身分になぞらえメディア（言論界）を指す。メディアは社会の諸機関が必ず公衆に役立つよう監視する。

し，政治的であれ商業的であれ権力者の暴政から身を守るために，権力をもたない人が必要な情報で武装できるようにするためには」，適切に機能するメディアが必要なのである（Moyers, 2001, p.13）。こうした見解は，人々は，一度，不正行為や無能力性や非効率性についての情報が与えられたなら，それに対して何らかの行動を起こすだろうと仮定している。

　専門職化の流れにのることで，メディア関係者は，医師や弁護士がしたように，専門職としての行動規準を守ることを誓約した。彼らは無責任な人々を排除し，卓越している人々を認めると約束した。規準に違反した人々は非難され，極端な場合，専門職活動から追放された。

## 専門職化の限界

　政府による直接規制の代案の1つとして，メディアの専門職化はかなりうまく機能した。しかし，いくつか限界もあり，くり返し問題が発生した。

1　**ジャーナリズムの分野も含め，すべての分野の専門職人は，専門職人としての規準に違反した同僚を明らかにし，非難することに抵抗を示した**。多くの場合，違反した同僚を明らかにすることは恥ずべき問題が存在することを認めることになる。あまりにも多くの人が専門職的な活動から締め出されると，メディアで働くすべての人に対し公衆の信頼が揺らぐ可能性もある。専門職人の社会は，外部の脅威や批判から構成員を守る閉じられた集団として機能する傾向がある。外部からの攻撃は，そのメディア関係者に不利な証拠が多くなっても，不当なものとしてはねつけられる。多くの場合，避けられない極端なケースでのみ措置が講じられる。そのときでさえ，ニュース・メディアはそのケースを報道しないようにするか，あるいは簡潔で表面的な報道をするかのいずれかである。

2　**専門職としての規準は過度に抽象的で曖昧になることがある**。それらは実行，実施するのが困難なことがある。使命を書いた文書や大まかな倫理規準は曖昧なことで有名だ。ラジオ‐テレビ・ニュース・ディレクター協会の倫理および職業行動基準（2000, online）を例にあげると，その会員に対し

「積極的に真理を追究し,ニュースを前後の文脈を考慮し正確に,かつ可能な限り完全に提示する」よう指導している。しかし,ニュース・ディレクターは情報源の配分を考慮しながら選択しなければならない。私たちが視聴するニュースは,企業や政府の広報**ビデオ・ニュース・リリース**で構成されるものがどんどん増えている。事実,テレビニュース事業の90パーセントがこうした外部から提供された広報物を利用している (Zoll, 1999)。いつビデオ・ニュース・リリースの放送をやめ,独自取材と報道を始めるかを編集者はどのように決定するのだろうか。レポーターが独自の調査を行なう時間を設けない限り,ビデオ・ニュース・リリースの真偽を疑う理由は何もないかもしれない。しかし,独自取材を行なったために,大手の広告主がその局の顧客になるのを取り消すとしたらどうなるだろうか。ある個人,あるいは,ある組織を困惑させるかもしれないような記事を制作するリスクをなぜ,冒す必要があるだろうか。ニュース産業においては,真実を言うことは困難で,その代価が高くつくことがある。専門職の倫理規準は曖昧なので,ジャーナリストに友好的な情報源との関係や利益マージンを危うくするような危険を冒すよう強いるものは何もない。そして事実,多くの放送局が「広告主が遠ざかるのを恐れて」,ある人物やある話題に触れたり報道できないことがらや個人名リストをもっているということは放送界の公然の秘密である (Potter, 2001, p.68)。

3 **医学や法律とは対照的に,メディアの専門職化には専門職のための訓練と資格の規準がない**。他の専門職は,長期でしっかりと監督された専門職訓練を受けることが必要である。たとえば,医師と弁護士は,大学の4年間だけでなく4〜10年の専門的なトレーニングを受ける。しかし,メディア関係者は,専門職のための訓練規準を決めようとしないし,ジャーナリストに免許を与えることに強く抵抗してきた。彼らは,こうした要求は必然的に政府によって出版や報道を統制するために利用されると主張する。もし,出版や報道が統制からの自由を保つべきならば,訓練を受けていなくとも,あるいは

---

■ビデオ・ニュース・リリース video news release, VNR：企業などが自社（製品）の宣伝用に,実際にニュースで使える規格で作成した映像素材。配信企業を通して,世界中の放送局のニュース番組担当者に無料で配信され,その担当者の選択次第でニュース番組内で放送される。

資格がなくとも，誰でも雇うことができるよう自由でなければならない。誰でもジャーナリストの資格を主張し，新聞を作り，自分の出版・報道権を行使することができなければならない。いかなる政府機関も，記者や編集者の誰かに資格がないという理由だけで新聞に介入し，閉鎖することがあってはならない。

　専門的な訓練とメディア関係者に免許を与えることに反対する主張は，これらの規準が他の専門職で，どのように実施されているかを考慮していない。免許を与えることで医師と弁護士が直接政府の統制下におかれることはなかった。政府機関が免許を発行するにあたっても，事実上，各専門職団体が，誰が免許を得るかを判断する規準を事実上決定している。

4　**他の専門職とは対照的に，メディア関係者はどちらかといえば，自分の仕事に対し，あまり自由をもっていない**。メディア関係者は自律的に働いているわけではないので，自分の仕事に関して個人的責任を前提とすることができない。彼らは巨大で，階層的に構造化された官僚的組織内で働く傾向がある。個々の記者や編集者やプロデューサーやディレクターは，自分たちがすることに対して限られた制御力しかもっていない。記者は編集者から任務を与えられ，広告デザイナーは広告代理店の担当責任者（AE）のために仕事をしており，テレビ・ニュースのアナウンサーやカメラマンはニュース・ディレクターの指示に従う。編集者や広告代理店の担当責任者，ディレクターは，みんなさらに上の管理者に対して責任をもつ。こうした巨大な官僚的組織では，責任を割り当てることは難しい。下のレベルの人たちは，単に「命令に従っている」だけだと主張することができるし，その反面高いレベルの人たちは，彼らの下で進行していたことは何も知らなかったと簡単に否認することができる。

5　**メディア産業界では，専門職としての倫理規準の違反は，即座に直接見えるかたちで発覚することはほとんどない**。したがって，批評家が違反に言及したり，どのような被害を及ぼしたのかを明らかにすることは困難である。医師が失敗したときには，人が死ぬ。弁護士が失敗したときには，人はその必要もないのに刑務所に行くことになる。しかし，非倫理的なメディア活動の結果はわかりづらい。ときおり，非倫理的な行為がよい結果を導くことも

第5章　マス・コミュニケーションの規範理論　159

ある。ジャネット・クックのケースがその典型例である。『ワシントン・ポスト』紙の記者だったクックは，ユダヤ人街のスラムの子どもについて一連のニュース記事を書き，1980年にピュリッツァー賞にノミネートされた（Altschull, 1990, 361-364）。後になって，これらの記事はでっちあげのインタビューによるものだったということがわかった。クックは何人かの詳細な個人情報とコメントを得て，それらを組み合わせて物語を作り上げ，架空のインタビュー対象者をでっちあげた。その結果生まれた物語は，すばらしくドラマチックな影響をもたらし，スラムにおけるドラッグの現実を読者に知らしめ，特に問題の多い地域を一新するための公的措置に拍車をかけた。しかしながら，彼女の記事は真実と正確さという専門職としての規準に違反していた。クックは解雇され，ピュリッツァー賞は返却された。『ワシントン・ポスト』紙はたいそうばつの悪い思いをし，同紙の伝説的編集者ベン・ブラッドリーは，これは彼の長いキャリアのなかで最悪の失敗だったとした。

## 出版報道の社会的責任論——戦後の妥協案

専門職化と自主規制の動きにもかかわらず，第二次世界大戦中には，メディアに対してさらに強力な政府規制が必要であるという圧力が増し，それは戦後の反共産主義運動の間も続いた。それに呼応して『タイム』誌の最高経営者であるヘンリー・ルースは，報道機関の役割について提言する独立した委員会の設立基金を拠出した。出版報道の自由に関するハッチンス委員会は1942年に設立され，1947年には委員会の検討結果について重要な報告書を公開した（Davis, 1990; McIntyre, 1987）。委員会は，学界，政治家，各社会集団の代表を含む社会の各分野の指導者で構成された。

委員会のメンバーは，自由主義的な見解を強く支持する側と何らかの出版報道規制が必要だとする側にはっきりと分かれた。規制を支持する側は，「思想の市場」は脆弱で，反民主主義勢力が簡単に転覆させられると恐れていた。一部の規制支持者たちは，シカゴ大学の社会研究者たち——**シカゴ学派**——が発展させてきた公共コミュニケーションの概念に影響を受けていた。

シカゴ学派は近代都市を，近所の集まりから市全体に及ぶ団体まで，何百と

いう小社会集団で構成された「グレート・コミュニティ」として捉えた。こうしたグレート・コミュニティが発達するためには，それを構成するすべての集団がともに努力し，貢献しなければならなかった。これらの集団は文化的・人種的多様性から**多元集団**と呼ばれた（Davis, 1990）。

シカゴ学派は，思想の市場という概念に反対し，規制を受けないマスメディアは必然的に，大きな，または社会的に支配的な集団の利益と好みに奉仕することになると主張した。小さく脆弱な多元集団は，無視されるか軽視されることになる。こうした視点をもつ人々は，非情なエリートがメディアを個人的な政治権力を獲得するため利用することもありうると考えた。こうした扇動政治家は，多数の人々の間に憎悪や恐怖心を引き起こし，少数派に対して多数派を団結させるために，メディアを操作しプロパガンダを行なうこともできる。ユダヤ人に対する憎しみを引き起こすためのヒトラーのメディア利用がその適例と見なされた。

こうした多数派による専制政治を防ぐため，そして多元集団への支持を取りつけるため，委員会の一部のメンバーは，憎悪を呼び起こすようなプロパガンダを行なう出版物の発行を禁じるために，自分たちと同じような人々から構成され，禁じる権力をもつ公共機関，すなわち新聞評議会（プレス・カウンシル）の設立を支持した。ハッチンス委員会のこれらのメンバーの見解では，この「新しい独立機関が出版報道の活動について毎年評価し，報告する（だろう）」とした。委員会はその評価を「報道機関の実行したことと，人々が出版報道に望んでいるもの」との比較にもとづいて行なう（Bates, 2001からの引用。online）。この機関は，たとえば，新聞に記事の一部分を少数集団用に割り当てるよう求めたかもしれない。あるいは，これらの少数集団の人々に紙上で発表したいと思うことを掲載できる定期的なコラムを与えるよう求めたかもしれない。

委員会のメンバーは，そのような規制が新聞に追加コストを課すことになるかもしれないと認識していた。そのような場合には，その経費に政府補助金を出すことに賛成した。多元集団に奉仕することによって，メディアはそれらの

---

■**シカゴ学派** 1940年代，相互に関係する何百もの小集団から構成された「グレート・コミュニティ」として近代都市を描いたシカゴ大学の社会研究者たち。
■**多元集団** 複数の多様な小集団のことで，これらが集まってグレート・コミュニティを形成している。各集団は，その集団を一体化する，ある特定の特徴によってそれぞれ規定されている。

集団を強化し，彼らをグレート・コミュニティに貢献させることができる。多元主義の促進とプロパガンダの抑制は，アメリカで全体主義が広がるのを防止するのに必須であると見なされた。

ハッチンス委員会のメンバーの大多数はシカゴ学派の思想にある程度共感していたが，出版報道に対する直接的な規制には反対した（Davis, 1990; McIntyre, 1987）。委員会のメンバーは重大なジレンマに直面していた。彼らは一方で，思想の市場が自主規制的ではないことや，メディアが少数集団のために提供できるサービスをあまりしていないことを認識していた。しかし，委員たちは，出版報道について何らかの規制をすることで政府によるメディア統制へのドアを開くことになるのを恐れていた。それは彼らが是非とも避けたいことだった。

状況はそのとき，かなり急を要するかのようであった。何らかのかたちで規制がなければ，残酷でずるい扇動政治家がアメリカで権力を獲得するために扇動プロパガンダを利用する可能性もあった。しかし，アメリカ新聞評議会を設立すると，既存のエリートの手にあまりにも多くの統制権を与えてしまうことになり，それが乱用される可能性もあった。最終的に，ハッチンス委員会メンバーの多数派が，メディア関係者を信頼することにして，公共のため奉仕する努力をさらに強めるよう求めた。そして，メディア関係者に指針を提供するため，多数の委員が長い報告書をまとめた。

ハッチンス委員会の報告書で提唱された思想の総体は，出版報道の社会的責任論として知られるようになる（Sieber, Peterson, & Schramm, 1956）。この理論では，社会組織を十分観察，調査し，客観的で正確なニュースを提供する独立した報道機関の必要性が強調された。社会的責任論の最も革新的な点は，生産的かつ創造的な「グレート・コミュニティ」を育てていく責任をメディアに求めたことである。メディアは文化多元主義を優先することによって，すなわち，過去に，国家や宗教，地域文化を支配してきたエリートや集団の声などではなく，すべての人々の声となることによって，その責任を果たすべきだと主張した。

ある側面では，社会的責任論は急進的主張だといえる。社会的責任論は，メディアに，メディアのオーナーが望んでいるものを何でも自由に印刷したり伝達するよう要求するのではなく，メディア関係者に特定の義務を課している。委員会が主張しているように，「出版報道機関を運営する者が次のように振る

舞うのであれば，出版報道は自由であるとはいえない。つまり，言論の自由という作用によって世間が注目するようになった思想に対して運営者がまるで，そのような地位にいるから，その思想を無視する特権があるかのように振る舞う場合である」（Bates, 2001からの引用, online）。

　社会的責任論は，たとえそれがメディア関係者の利益を減らし，既存の社会エリートを敵に回すことになる場合でも，個々のメディア関係者の理想主義に訴え，文化多元主義の確立のために彼らを団結させようとした。社会的責任論はコミュニティに奉仕する新しい方法を考案するようメディアで働く人の創意の才に挑んだ。この理論は，世界が容赦なく全体主義へと流されつつあるなか民主主義を維持する戦いのなかで，メディアで働く人たちが，自分自身はその最前線に立っているのだということを認識するよう働きかけた。多元的集団を助けることによって，メディアは外部および内部の敵から民主主義を守るための壁を作ろうとしていたのである。デニス・マクウェル（1987）は社会的責任論の基本的な原則を以下のように要約している。

・メディアは社会に対する一定の義務を受け入れ，それを果たすべきである。
・これらの義務は主として，情報への精通性，真実性，正確性，客観性，および均衡性において，高い，あるいは専門的といえるような規準を設定することにより果たされる。
・これらの義務を受け入れ適用する際に，メディアは法律および既存の社会制度の枠内で自主規制すべきである。
・メディアは，犯罪，暴力，市民の不法行為，またはマイノリティ集団への攻撃に結びつくことはすべて避けるべきである。
・全体としてメディアは，多元論者であるべきで，多様な視点や反論する権利に対しアクセスの機会を与え，社会の多様性を反映すべきである。
・社会と市民は，メディアに対し質の高いパフォーマンスを望む権利をもち，全体あるいは個々の公的利益を確保するためにメディアの介入を正当化することができる。
・ジャーナリストとメディアで働く人々は，雇用者と市場だけでなく，社会に対しても責任を負うべきである。

## 冷戦による社会的責任論の検証

　社会的責任論を検証する最初の重要な出来事は，冷戦の間に反共産主義の機運が上昇した1950年代に起こった。中国本土は1949年に共産主義者の手に落ちた。同時に，東ヨーロッパのほとんどが，一般民衆による一連の暴動とクーデターで共産主義者の統制下に入った。重要な秘密を盗んだスパイは，ソビエト連邦の核兵器開発を手助けした。第二次世界大戦は全体主義の1つの形態を阻止したが，また別の，いっそう強く，より徹底的な全体主義をまき散らした。アメリカでは，リチャード・ニクソンとジョン・F・ケネディらの政治家の時代が，ソビエト共産主義の広がりに積極的に反対することによって全国的な名声を得た。

　第3章で議論したように，ジョセフ・マッカーシーは，共産主義に反対する先導者たちを率いていた。マッカーシーは，自分自身を民主主義の救世主のように見せかけていたが，まもなく典型的な扇動政治家のもつあらゆる特徴を見せるようになった。彼はプロパガンダの技術を利用して，自分に対してアメリカ中の注目を集め，彼によって，共産主義と関連しているとされた人々やマイノリティ集団（ほとんどは不正確なのだが）に対して，広く人々の憎悪と疑惑を増幅するのに成功した。マッカーシーは，政府やメディアで働く人たちの多くが共産主義者のスパイ，または，支持者であると非難し，全国の反共産主義集団から強い支持を得た。アメリカ下院議会の非米活動調査委員会（The House Un-American Activities Committee, HUAC）［1940-50年代の「赤狩り」で有名］は，メディア関係者に対して議会レベルの調査を始めた。

　メディア経営陣は，反共産主義集団と議会からの圧力に応じて多くの人のブラックリストを作成し，その人物らは証拠がなくても共産主義傾向があるとして告発された。きわだった関係者は，メディアで働くのを禁じられた。結局，民主主義を破壊しようと広範囲に及ぶ陰謀がアメリカ国内にあったという証拠はほとんどなかった。アメリカでソビエト連邦のスパイが活動していたのは事実だったが，その数と効果は，決して反共産主義集団が主張しているほど大きいものではなかったのである。

　この赤の恐怖（Red Scare）エピソードは，ジャーナリストが危機的状況の

なかで社会的責任論を忠実に守るのがいかに難しいことなのかを示している。ほとんどのジャーナリストは，最初，赤の脅威（Red Menace）に反対する断固とした立場をとっている人物としてマッカーシーを歓迎していた。彼のドラマチックな宣言は，大見出しとして理想的な素材であり，一面のニュース記事は好評を博した。マッカーシーが魔女狩りを連邦官僚の共産主義者に限定していた間は，多くの記者は批判なしで彼の告発を記事にしていた。マッカーシーがメディア内の「共産主義傾向のある人」（Pinkos）や共産主義支持者を捜し始めたときには，多くのジャーナリストが不安感をもちはじめた。しかし，このとき，彼の人気はかなり高かったのでジャーナリストが彼に反対するのは危険で，ほとんどの者はおびえていた。数ヶ月に及ぶ議会での聴聞会の後，ようやくメディアはマッカーシーをはっきりと批判し始めた。エドワード・R・マローは，先陣を切って，テレビ・ニュースのドキュメンタリーを制作し，最終的にマッカーシーのプロパガンダ戦術を公衆の目にさらすことによって，多くの人からその功績をたたえられた。

　もしメディアが社会的責任論を真剣に考えたならば，メディアはどのように反応すべきだったのか。彼らは，マッカーシーの数多くのドラマチックな主張の真実を調査するために，もっと早く，もっと多くの努力をすべきだったのだろうか。彼らは親共産主義者，または知らないうちに共産主義の手先になった者という非難を受ける危険があっただろう。彼らがそのまま待てば，マッカーシーが政治権力を掌握し，メディアからの批判を含むあらゆる反対意見を抑圧するためにその政治権力を利用する恐れがあった。マッカーシーに立ち向かったマローのようなジャーナリストの偉業がなかったら，アメリカは，マッカーシー流のファシズムに向かっていたかもしれない。

## 専門的実践を導く社会的責任論

　社会的責任論の理念は，その完全な意味が，実際に働いているジャーナリストにあまり理解されていなくとも，かなり耐久性があるということが証明された。実際，多くの学者は「社会的責任論の原則は，常に，ジャーナリズム教育やニュース編集室のはずれに追いやられていた。ハッチンス委員会の報告が発表されて50年近く経っても，ニュースに携わる人は，報告書が，公益やその日

の重要な出来事についての幅広い報道に焦点を当てていることに嫌悪を感じている」と主張する (Christian, Ferre, & Fackler, 1993, p.38)。さらに「ビジネスとしてのニュースの理念（と）社会的に責任ある制度としての理念」(Lind & Rockler, 2001, p.119) が競合する場合，社会的責任は二の次になることが多い。現代のような巨大メディア企業の時代においては「出版報道の自由を支持する者たちは，コミュニケーション市場は，コミュニケーションの自由を制限するのだということを認識しなくてはならない。それは参入への障壁を作り，独占を生み，選択を制限する。そして情報という言葉の定義を，公益のための情報から，私的レベルで必要な商品としての情報へと変えていく。」(Keane, 1991, pp.88-89, 強調は原著による)。

したがって，社会的責任論が，存続可能な規範理論であり続けるためには，それを実行するためにより多くの努力が必要であろう。メディアの効果については膨大な研究が行なわれたが，それに比べて，既存のニュース制作の慣行が，彼らが意図していたように実際に社会の目的に寄与しているかどうかを検証した研究は少ない。たとえば，主要な目的の1つは，一般の人々に重要な出来事について正確な情報を伝えるということである。こうした目的についての研究結果はそれほど一貫していない。人々はニュース報道からたいして学習しておらず，学習したことはすぐ忘れてしまうという結果が報告されている (Graber, 1987)。うまく構成されていない，またはドラマチックだが関係のない写真を使っている報道では，人々は混乱しやすい。こうした研究結果は，実際のジャーナリズムに，ほとんど，あるいはまったく影響を与えていない。これらの研究結果はメディア関係者から大部分無視されるか，誤解されてきたのである (Davis & Robinson, 1989)。

1970年代と1980年代に，社会学者は，一連の研究を発表し，日常的なニュース制作慣行の価値について重要な問いを提起することになった (Bennett, 1988; Epstein, 1973; Fishman, 1980; Gans, 1979; Glasgow University Media Groups, 1976, 1980; Tuchman, 1978)。ジャーナリストは，この研究の大部分は，偏見があり見当ちがいのものであり，誤って導かれたものであるとして無視した。このような研究はさらに注意深く読んでみる価値がある。たとえばゲイ・タックマンは，社会運動の発見と育成にメディアが果たす役割について十分に練られた議論をしている。タックマンは，ニュース制作を「戦略的儀礼」として概念化し，こうした慣行が社会的責任という規範が要求することを満たして

いるように見えるが，その目的を達成するにはほど遠いとしている。たとえば，ジャーナリストは，反対の意見を対比させることで「バランスのとれた」記事を儀礼的に構成する。しかし，これらの儀礼は実際には多元主義を促進させるより弱体化する可能性がある。マイノリティ集団に関する「バランスのとれた記事」には，微妙に，あるいは露骨にその集団と彼らの考えを軽視する社会的・政治的指導者の発言が盛り込まれることが多いとタックマンは主張する。あまり知られていない集団の指導者の感情的な意見が，有名で信用のある官僚の理性的な発言と対比される。新しい集団のより大きな目的や文化のために，状況を説明しようとすることはほとんどない。そうする代わりに，ニュース報道は，孤立した集団のメンバーによって演出されたドラマチックなイベントに焦点を当てる傾向がある。

タックマンは，1960年代と1970年代初頭の女性運動に関する初期のニュース報道を引用し，自分が説く批判点について実例をあげて説明している。その運動は，最初はブラジャーを意図的に燃やす（反戦抗議者が徴兵カードを燃やした行動を模倣したものと推測される）集会で全国的に有名になった。タックマンは，ブラジャーを振り回していたかもしれないが，決して燃やしてはいなかったと主張した。女性運動は，ニュース報道によって不当にも徴兵カードを燃やした人と同じ部類の過激派集団のラベルを貼られてしまった。運動を手助けし，それがより広く社会に貢献するのを可能にする代わりに，これらの記事とそれに続く記事は運動を妨げたのである。多元主義は促進されたのではなく，妨害されたのである。

## 社会的責任論にはまだ役割があるのか？

アメリカのメディアは社会的責任論の理想に近づく努力の一環として，多くの専門的実践を展開したが，「グレート・コミュニティ」の創造，という長期的な目標は，それほど達成困難なものには見えなかった。アメリカの都市では数十年にわたり，都市再開発が進められてきたが，スラム街はまだ残っているし，いくつかの都市ではスラム街が広がり続けている。貧困，犯罪，汚染，疾病（ポリオからガン，エイズに至るまで），ドラッグなどと闘う全国的な「戦争」が繰り広げられた。しかし，多くの都市居住者の生活の質は改善されなか

った。民族的・人種的サブカルチャーはいまだ広く誤解されている。マイノリティ集団のメンバーは，差別され，苦しみ続けている。人種差別扇動集団の規模が大きくなり，彼らのプロパガンダが効果的により多くの人々に届いているという証拠もある。

　これは社会的責任論が間違っていることを意味しているのだろうか。理論があまり実践されなかったということなのだろうか。メディアで働く人々は，自分たちが奉仕しているグレート・コミュニティのためにどんな責任を負うことができるのか，あるいは負うべきなのか。より重要なのは，その責任がどのように果たされるべきなのかということである。暴動が起きている場所の上空をヘリコプターで旋回することで果たすべきなのか。人種差別集団に関して扇動的な報道をすることで果たすべきなのか。町内会の日々の仕事という退屈な話題を報道することで果たすべきなのか。犯罪や疾病について悪いニュースを延々と羅列することで果たすべきなのか。多元集団の報道についてシカゴ学派の主張にはメリットがあったのだろうか。もしあるなら，その報道はどのようなスタイルをとるだろうか。集団のメンバーは，新聞やテレビ放送で彼らについて公表される内容に対して，直接，何らかの統制ができるよう認められるべきなのだろうか。

　アメリカ社会でケーブル・テレビのローカル・アクセス・チャンネル［地域住民主導で制作した番組を放送するチャンネル］が運営されてきた経験からすると，多元集団をサポートするためにメディアを利用するのは容易ではない，ということがわかっている。1972年にFCCは，多元集団をサポートする試みの一環として，初めて地域ケーブル会社にローカル・アクセス・チャンネルを提供するよう要請した。しかし，**地域からの発信規則**（local origination rule）や**必須のアクセス規則**（mandatory access rule）は，この40年の間に変更され，中断され，あれこれ手を加えられてきたが，全体的には意図した目的を果たすことはできなかった。こうしたチャンネルを見る人はほとんどおらず，それを利用する集団もあまりない。

　多くの評者は，現在現れつつあるテクノロジーを利用することでコミュニティはますます強力な力を得て，情報を広めることができ，社会的責任論は新た

■**地域からの発信規則**（local origination rule）（あるいは**必須のアクセス規則**）　地域のケーブル・テレビ会社に，地域住民のアクセス・チャンネルを設けることを定めた規則。

## インスタント・アクセス

### 自由主義

【有効性】
1 メディアの自由を重視する。
2 アメリカのメディアの伝統と一致する。
3 個人を重視する。
4 メディアに対する政府の統制を排除する。

【限界】
1 責任を果たそうとするメディアの意思に関してあまりにも楽観的である。
2 個人の倫理と理性に関してあまりにも楽観的である。
3 メディアに対する正当な統制の必要性を無視する。
4 葛藤状態にある各種の自由（たとえば，出版報道の自由と個人的プライバシー）によって起こるジレンマを無視する。

---

な力を得るだろうと考えている。1960年代に予測された市民の権利向上革命にはほど遠かったが，ケーブル・テレビは少なくとも文字どおり，数百のチャンネルを利用可能にし，その多くがエスニック・コミュニティや特定の関心をもつコミュニティのために使われている。現在，インターネットとWWWの急速な普及によって，オーディエンスの規模や利益を上げる能力は，文字どおり数千の「声」にとっては重要な関心事ではなくなっている。たとえば，先住アメリカ人のウェブサイトは，コンピュータ上では，最も強力なメディア組織のウェブサイトと並んでいる。しかし，多くの理論家が恐れているのは，こうした声の豊富さ，すなわち各自が自分が所属するコミュニティに対して発言しているということが大きなアメリカ文化というまとまりを**分裂させてしまう**だろうということである。すなわち，すべてのアメリカ人が，グレート・コミュニティというものがアメリカをすばらしく多様で多元化した国にしているという良心的な作品を読んだり見たりするよりは，むしろ自分のコミュニティ内に属する人々に対してのみ話しかけるようになるだろうというのである。他のコミ

---

■**分裂化** 国，文化，および社会を，対立するサブグループに分割すること。

> インスタント・アクセス

## 社会的責任論

【有効性】
1 メディアの責任を重視する。
2 オーディエンスの責任を重視する。
3 メディア活動への政府の介入を制限する。
4 メディアに対する政府の正当な統制を認める。
5 多様性と多元主義を重視する。
6 「権力をもたない人」を援助する。
7 メディア関係者とオーディエンスの，最も好ましい本来のあり方を呼びかける。
8 アメリカの法的伝統と一致する。

【限界】
1 メディアの，責任を果たそうとする意思についてあまりにも楽観的である。
2 個人の責任についてあまりにも楽観的である。
3 営利動機と競争のパワーを過小評価している。
4 現状維持を正当化する。

ュニティの価値観や欲求，ニーズや考えは無視されるだろうということである。

1950年代，テレビに広告収入と購読者を奪われて大規模な全国誌のマーケットが終焉したのが，その最初の一歩だろう。かつて全国民が『サタデー・イブニング・ポスト』を読んでいたのに対し，それぞれ異なる嗜好をもつ市民は，今は，『スキー』『ワイアード』『モンド 2000』『モデル・エアプレーン・ビルダー』『オーガニック・ファーマー』を読んでいる。ケーブル・テレビが3大民放テレビ・ネットワーク以外に，代わりとなるチャンネルを多数もたらしたときにも，同じような懸念が表明された。1970年代初期に，ABC，NBC，CBSは，視聴者の90パーセント以上を獲得していた。現在は60パーセントになっている。インターネットがこうした傾向を加速させていることから『ニューロマンサー』の著者でサイバー世代の先導者であるウィリアム・ギブソンは，世界は結局，共通の価値観や願望を中心に構築されるのではなく，ナイキという惑星とペプシの世界というブランドを中心に構築された多数のコミュニティから

構成されると予測した（Trench, 1990）。

　1947年の出版報道の自由に関するハッチンス委員会の報告以来，上述したようなアメリカのメディア・システムの本質に深刻な変化があったにもかかわらず，アメリカのメディアについて，さらに現代的な規範理論を開発しようとする努力はたいしてなかった。社会的責任論は，世界的な危機の時期，民主主義それ自体が脅かされていることが明らかであったときに台頭してきたものである。冷戦の終焉および「新しい世界秩序」の構築が，新しい規範理論をもたらすのだろうか。ニューメディア環境を反映するためには，この理論はどのように再検討され，再構築されるべきだろうか。世界の別の場所で実践されているいくつかの規範理論を検討することが役に立つだろう。社会的責任論に新たな生気を吹き込むことを目指す現代のメディア運動について議論した後に，それを検討することにしよう。

## 市民ジャーナリズム

　多くのメディア，とりわけコミュニティと強いつながりがある新聞社は，市民にとって重要な問題を報道する際，その地域の住民を積極的に登用しながら，市民ジャーナリズムを実践し始めた。社会的責任論の使命は，グレート・コミュニティを構成する多様で異質な集団のニーズを満たすことであるが，これはその使命への直接的な反応の1つである。これは双方向的なジャーナリズムのスタイルであり，新聞社は，意欲的に，社会のあらゆる活動範囲から協力してもらえる人々を得て，記事を書いてもらう。シェルトン・グナラトネ（1998, p.279）は，いろいろな文献を引用し，**市民ジャーナリズム**——ときにはパブリック・ジャーナリズムと呼ばれる——について，次のようにいくつか定義を示している。

・ニュース報道過程において，より積極的に市民に接触しようとする活字および放送メディアのジャーナリストによる活動。その目的は市民が問題をどの

---

■**市民ジャーナリズム**　重要な市民問題の報道にオーディエンスを積極的に参加させるジャーナリズム活動（パブリック・ジャーナリズムと呼ぶこともある）。

ように認識し，何をその解決策と考えているか聞き出し，またそうした情報を新聞や放送の報道を豊かにするために利用することである。
・人々の重要な課題を自覚をもって表明することで，より積極的で関心の高い市民を創り出すための活動。
・多くの人が，ジャーナリズムは普通の市民を排除し，市民に情報を与える必要性を低く評価していると見ているが，そのジャーナリズムを，市民生活に再び活力を与える方向へと導くための活動。

　これらの定義が示すように，市民ジャーナリズムはさまざまなかたちで起こりうる。新聞は，コミュニティにとって重要だったり議論になっている問題を，詳細に長時間にわたって報道する際に，重要な情報源として市民を取材対象の一部として採用したり，視聴者参加番組や公開討論会のような手段を通じて，意見や議論を求めるということもよくやる。多くの新聞が，人種関係や公立学校事情など人を悩ましている問題について，何週間もの間，多彩なニュースをそれぞれいく日かかけて報道し，長期にわたるシリーズ報道を展開してきた。こうした報道では，たとえば，マイノリティ集団の失業に関する全国的データやほかの州の学校がどのように難しい問題に対処してきたのかということより，地域の人々や集団，地域の問題，および地域的解決策が強調される。
　市民ジャーナリズムのまた別のスタイルとしては市民討論会がある。多彩な人が集まり，さまざまな関心のもとに，あるニュースが続いている期間中は定期的に開かれる。たとえば，議会で予算案の公聴会が行なわれているときや，政治キャンペーン中などである。これらの展開に対する市民の反応はニュースで報道される。たとえば，カリフォルニア州のいくつかの新聞がこうした討論者を召集し，州が積極的差別是正措置について討論し，そしてその廃止について投票が行なわれた。同様に，多くの新聞が，対立しあっている団体からそれぞれ人を呼び，お互いの相違点を徹底的に議論し妥協点を見出すべく，市民によるラウンドテーブルを設けた。そして，こうした相互交流はニュースとして報道される。
　市民ジャーナリズムの支持者は，それが社会的責任論を具現化したもので，充実した地域社会の活動の形態の1つと考える。しかし，批判もある。批判する人たちは，市民ジャーナリズムは，テレビやインターネットのような，より全国的なほかのニュース・メディアとの広告収入競争を考え，新聞社の「地域

性」を強調することで発行部数を増やすために考案された策略であると主張する。一方では，市民の関心事があまりにも個人的だったり偏狭だったりするせいで，ジャーナリズムの専門家としての見解があまりにも放棄されている，と主張する人たちもいる。またある人たちは，市民ジャーナリズムが特定の問題を強調しすぎており，それゆえに，公共の議題を歪曲している，と指摘する（Dalton, 1997; Effron, 1997）。それにもかかわらず現状では市民ジャーナリズム「実験」が，アメリカのメディアの社会的責任論への責務を負い続けている。

## その他の規範理論

　マクウェル（1987）は，世界の各所で考案されたいくつかのメディア規範理論について言及している。このなかに発展メディア理論と民主的参加メディア理論がある。これらの理論では，メディアは，特定の社会的役割をもっている。**発展メディア理論**は，メディアは，現行の政権や，国内の経済発展を成し遂げる政府の取り組みを支援しているのだ，と提唱する。たとえば，ホンジュラスやブラジルなど南米のいくつかの発展途上国が，発展メディア理論の例となっている。政府発展への取り組みをサポートすることによって，メディアは，社会全体を支援することになる。この理論では，国がしっかり確立され，経済発展がうまく進行するまで，メディアは政府に批判的というより，協力的であるべきだと考える。ジャーナリストは，発展を促進するための政府の取り組みを批判してはならない。むしろ，政府がそうした政策を遂行するのを助けなければならない。アメリカのジャーナリストはこうした見解にずっと批判的であった。彼らは，この見解が権威主義理論の最新版であり，メディアは，政策が失敗に終わる危険を冒してでも政府の政策を批判する力を決して引き渡してはならない，と考える。

　**民主的参加理論**は，メディアが草の根レベルで文化的多様性をサポートすることを提唱する。メディアは，多元集団を刺激し，彼らに力を与えるために用

---

■**発展メディア理論**　メディアが国の有益な発展計画を必ず支援するように，政府とメディアが協力するよう求める規範理論。

いられる。マスメディアがこの機能を果たせると仮定する社会的責任論とは違い，民主的参加理論は，集団のメンバーによって直接統制することができる革新的で「小規模」なメディアの発展を提唱する。もし彼らにそのようなメディアをもつ余裕がないならば，政府が補助金を与えるべきである。既存の小規模メディアは認定され，資金が与えられるべきである。小規模メディアを運営する方法を集団のメンバーに教えるトレーニング・プログラムが設立されなくてはならない。スカンジナビアのほとんどの国が民主的参加理論のある種の形態を実践している。

　ウィリアム・ハッテン（1992）は，さまざまな国や政治組織で用いられている規範理論に関して，新しい視点を示した。彼は5つの「概念」を分けて考えた。すなわち，西洋的，発展的，革命的，権威主義，共産主義である。アメリカ，イギリス，そして大部分の先進産業国がその例となる**西洋的概念**は，自由主義と社会的責任論の見解を組み合わせたものである。この概念では，完全に自由なメディア制度はなく，もっとも営利志向の強いメディア組織においても，サービスと責任を公衆から期待されるだけでなく，「政府の活動に関連する重要なコミュニケーション」，言い換えれば規制，を背負うことで，政府からも期待されているのである（Stevenson, 1994, p.109）。**発展的概念**は，ある特定の国において計画された有益な発展を，メディアが確実に支援することができるようにするために，政府とメディアが協力する体制を想定している。この概念の例としては，アフリカ，アジア，前東ヨーロッパ地域，ラテンアメリカと南米の大部分の発展途上国のメディア・システムがあげられる。メディアと政府官僚がお互いに協力し，特定の文化的・社会的ニーズ，たとえば，疾病根絶，新しい農業技術の普及，などを充足させる内容を制作する。西洋的概念よりはメディアの活動への政府介入が多いが，政府によるあからさまな検閲や統制は少ない。

　**革命的概念**は，メディアを革命のために用いる制度を想定している。どの国も表向きはこの概念を受け入れてはいないが，だからといってそれが，一般の

---

■**民主的参加理論**　メディアが，草の根レベルで文化的多元主義を支援するよう主張する規範理論。
■**西洋的概念**　自由主義と社会的責任論を組み合わせた規範理論。
■**発展的概念**　その国の経済発展計画を，メディアが必ず支援するよう政府とメディアが協力する制度を説明する規範理論。

人々とメディア関係者は，政府を転覆させるために国家のコミュニケーション・テクノロジーを利用することができない，ということを意味するわけではない。革命的概念におけるメディアの目的は，既存政府に対する反対勢力を形成し，既存政府の正当性を無効にし，政府を倒し，政府による情報の独占を終わらせることである（Stevenson, 1994）。革命的概念の例については，ポーランドで起きた民主化運動がその1つである。1989年に共産主義政権が陥落した際，連帯［Solidarity. ポーランドの独立自治労組全国組織］は国のメディア組織を巧妙に操った。また，より最近では，非民主主義的指導者スロボダン・ミロシェビッチに反対して，ユーゴスラビアのほとんどの大きなメディア機関が団結した例がある。

現在，共産主義国は3国（北朝鮮，中国，キューバ）残っているだけなので，**権威主義概念**と**共産主義概念**は通常一緒に論じられることが多い。両方とも，政府による完全なメディア支配を提唱している。というのは，メディアを，権威主義体制の場合は政府の要望のために，共産主義のもとでは共産党の要望のために，利用したいからである。

## まとめ

1940年代，社会的責任論はアメリカのメディア活動に関する有力な規範理論として現れた。社会的責任論は，急進的自由主義の視点と専門技術行政官による統制という概念間の妥協案である。メディア内容の統制は，公益のために活動しているとされるメディア関係者の手中にあった。しかし，メディア関係者に市民への貢献を強制する方法はまったくなかった。メディア関係者はどんなサービスが必要かを自由に決め，そのサービスの有効性を自由に調べることができた。

ハッチンス委員会がそれを明確に示してから，多くのメディア関係者は少な

---

■**革命的概念**　メディアを革命のために用いる制度を説明する規範理論。
■**権威主義概念**　メディアを政府に役立たせる目的で，政府がメディアを完全に支配すべきであると主張する規範理論。
■**共産主義概念**　メディアを共産主義に役立たせる目的で，共産主義政府がメディアを完全に支配すべきであると主張する規範理論。

くとも社会的責任論の基本的な理想を取り入れた。そのようなわけで，自分たちの活動について疑問が投げかけられたとき，メディアのほとんどが社会的責任論の概念にもとづいた説明をする。さらに，この思想を実行する取り組みとしてさまざまなニュースが制作され，開発された。しかし，メディアで働いている多くの人々は，依然として，この理論が，公益と重要な出来事について幅広い報道を強調していることに関しては，あまり関心はなさそうだ。加えて，メディアはますます商業化され，社会的責任と営利性の間の葛藤が大きくなるにつれて，責任は多くのメディア組織の使命としてあまり中心的なことではなくなっている。

　最近，タックマン（1978）とW・ランス・ベネット（1988）のようなメディア批評家は，マイノリティ集団や社会運動に対するメディアのサービスが，実際には集団の活動を妨げたり，または破壊していると非難している。彼らは，ひどく誇張した記事をニュースと組み合わせて儀礼的にバランスをとることで，各集団について間違った印象を伝えたり，よくないステレオタイプを押しつけたとしている。各集団はメディアから実質的にほとんど恩恵を受けていない。メディアによる貢献のほとんどは，最も助けが必要な集団ではなく，人口統計学的に広告主に好まれる人々に向けられている。メディアは都市の崩壊については記録してきたが，「グレート・コミュニティ」を作るためにはほとんど何もしてこなかった。メディアがターゲットとするオーディエンスは，一般に，スラム街ではなく裕福な郊外に住んでいる。社会的責任論に対する最も厳しい批評家は，このイデオロギーは現状を単に合法化し合理化しているだけだと主張している（Altschull, 1990）。こうした批判については第10章で検討する。

　改善と再検討がほとんどなされなかったにもかかわらず，社会的責任論は，今日でもアメリカにおけるほとんどのメディア活動を導く規範理論である。この理論が長続きする魅力は，市民ジャーナリズムの手法にあるのだろう。その手法を用いて，メディア，とりわけ新聞は，新聞を発行する都市における多様な集団を結びつけようと努力しているのである。

　メディア・テクノロジーと国際政治における最近の変化を考えると，現在適用されている社会的責任論の有用性を再評価することは妥当である。小規模のメディアならば，それぞれの民族・人種集団に低コストで提供でき，インターネットならば非常に小さい集団でさえ，自分たちの見解を公表できる。数千の小さな集団の出現は，ときには大アメリカ文化の分裂化と見られる。しかしな

がら，こうした主張の妥当性を判断する前に，私たちのメディア・システムが基盤としている規範理論を再構築しなければならない。メディアを再形成しているのが技術的・経済的変化である場合はとくにそうである。このためには社会的責任論を批判的に再検討し，代替案について慎重に検討しなければならないだろう。

しかしながら，アメリカの政治と社会制度には適していないかもしれないが，代わりとなる規範理論もすでにある。発展メディア理論は，メディアの役割は，国家の経済発展を促進するために既存政権を支援することだと提唱する。民主的参加理論は，草の根的な文化多元主義を支援することだと提唱する。ハッテンは，5つの概念を提示している。それは，自由主義と社会的責任論の理想を組み合わせた西洋的概念や，発展メディア理論と類似した発展的概念，人々とメディア関係者が既存の政権に挑戦するためにメディアを利用するという革命的概念，メディアを権力者の命令に役立たせる権威主義概念，共産主義概念である。

## さらに深く検討しよう！

**1** 以下は，メディア業界のさまざまな専門組織のホームページである。各サイトを調べ，これらの自主規制組織から何を学べるか見てみよう。そして各団体の倫理コードや実践規準にリンクしてみよう。それらを検討し，a）どの団体が独自の規準を最もよく遂行しているか，b）どの団体が最も遂行していないか，c）どの団体が最も高い規準を設定しているか，判断してみよう。

ジャーナリスト協会　　　　http://spj.org/

アメリカ新聞編集者協会　　http://www.asne.org/index.htm

ラジオ - テレビ・ニュース・ディレクター協会
　　　　　　　　　　　　http://www.rtnda.org

アメリカ広告連盟　　　　　http://www.aaf.org/

アメリカPR協会　　　　http://www.prsa.org

**2**　以下にあげたのは，上述した団体を代表するメディアで働く人々の活動をモニターしているウェブサイトのURLである。これらのサイトに行って，自主規制を行なっているメディア業界をどのように評価しているのか読んでみよう。あなたは彼らがアメリカのメディア活動に対してあまりにも批判的すぎると思うだろうか，あるいは批判が十分ではないと思うだろうか。

> http://www.mediawhoresonline.com
> http://www.bartcop.com
> http://www.buzzflash.com
> http://www.americanpolitics.com
> http://www.onlinejournal.com
> http://www.mediatransparency.org
> http://www.fair.org
> http://www.cjr.org

**3**　以下は，ときには批判的になりながらも，特に市民ジャーナリズムに注目している3つの機関のリストである。これらのサイトにアクセスし，市民ジャーナリズムに対する議論と評価を載せているリンクをたどってみよう。教科書で言及していない批判や，支持のコメントを見つけることができるだろうか。これらいずれかの集団の主張や，市民ジャーナリズムの価値を否定するコメントに，あなたは納得するだろうか。これらのサイトのなかで市民ジャーナリズムを直接社会的責任という概念と関連づけているものはあるだろうか。もしあるならば，どのように関連づけているのだろうか。

ピュー（Pew）市民ジャーナリズム・センター
http://www.pewcenter.org

南カリフォルニア大学アネンバーグ校オンライン・ジャーナリズム研究

http://www.orj.org

ポインター（Poynter）研究所（メディア研究）
http://www.poynter.org

**4** インフォ・トラック学生版を使ってアメリカ以外の各国でメディア組織がどのように運営されているのか議論している論文を探してみよう。情報源は『アフリカ・レポート』（*Africa Report*），『アフリカ・トゥデイ』（*Africa Today*），『アフリカ問題』（*African Affairs*），『ヨーロッパ研究ジャーナル』（*The Journal of European Studies*），『ラテンアメリカ研究ジャーナル』（*Journal of Latin American Studies*）などになるだろう。公共サービスやメディアの責任のような問題を検索してみよう。各メディア組織の運営についての詳細を読んで，どんなことが判断できるだろうか。各組織を適切な規範理論に当てはめ，そのように考えた理由を述べてみよう。

**5** インフォ・トラック学生版を使って，アメリカのメディア活動を扱っている論文を探してみよう。『アメリカン・ジャーナリズム・レビュー』（*American Journalism Review*），『放送とケーブル・テレビ』（*Broadcasting & Cable*），『コロンビア・ジャーナリズム・レビュー』（*Columbia Journalism Review*），『編集者と出版社』（*Editor & Publisher*）から始めるのがよい。「広告倫理」あるいは「ジャーナリズム倫理」を検索してみよう。レビュー・ジャーナル（『アメリカン・ジャーナリズム・レビュー』『コロンビア・ジャーナリズム・レビュー』）と業界ジャーナル（『放送とケーブル・テレビ』『編集者と出版社』）との視点の違いがわかるだろうか。

## 批判的思考のための問い

**1** メディアがあなたに提供する最も重要なサービスは何か。もしこれらのサービスのうちの1つ，または複数が中断されたら，あなたはどう反応するだろうか。たとえば，メディア企業家が，通常の放送ネットワークやケーブル・テレビを使って放送せずに，より大金を稼ぐために番組別有料視聴システム（pay per view system）を使って全米プロフットボール・リー

グの試合を放送することが，まもなく可能になるかもしれない。あなたはそれにどう反応するだろうか。

**2** マイノリティ集団は人種差別のプロパガンダから守られるべきだろうか。あなたが地域のケーブル・テレビのアクセス・チャンネルの経営者で，クー・クラックス・クラン（KKK）があなたに接近してきたと想像してみよう。その集団があなたに，有色人種が劣等であるということを「立証している」30分のビデオを放送してほしいという。それは冒涜するような内容はまったく含んでいない。この集団に時間を与えるのを拒むだろうか。拒むのはなぜだろうか。そして，虹の連合 [the Rainbow Coalition：マイノリティ差別と闘う団体] があなたに，多元主義に関するビデオの放送を申し入れる。あなたはそれを放送するだろうか。もしKKKの要求を拒否し，虹の連合を認めるならば，あなたはその判断をどう正当化するのだろうか。これは単にあなたが好きな集団をえこひいきしていることにならないのだろうか。

**3** 主要なメディア機関が，どれほど適切にマイノリティ集団に役立っているだろうか。あなたは，ほとんどのニュース報道が，マイノリティ集団や社会運動を助けるというよりは害している，というメディア批評家の非難に賛成するだろうか，あるいは反対するだろうか。

**4** メディアの新しい規範理論を作り出してみよう。ほとんど，またはまったく利益が得られなくてもメディアが提供すべき重要なサービスを少なくとも3つあげてみよう。あなたが作り出したその理論は，そのようなサービスを提供することを正当化しているはずである。メディアがこれらのサービスを提供できるように，政府が補助金を出すべきだと思うだろうか。そして委任されたサービスを提供するよう，どのようにメディア組織を監視し，強制するだろうか。

**5** もしあなたがジャーナリストになる資格を与える規準を開発することになったら，その規準にどんな要素を含めるだろうか。なぜそのような規準を考えたのか説明してみよう。

## 重要な人物と文献

Altschull, J. Herbert (1990). *From Milton to McLuhan: The Ideas Behind American Journalism*. New York: Longman.

Barnouw, Erik (1966). *A Tower in Babel: A History of Broadcasting in the United States, Vol. I*. New York: Oxford University Press.

Bennett, W. Lance (1988). *News: The Politics of Illusion*, 2nd edition. New York: Longman.

Gunaratne, Shelton A. (1998). "Old Wine in a New Bottle: Public Journalism, Developmental Journalism, and Social Responsibility." In M.E. Roloff, ed., *Communication Yearbook 21*. Thousand Oaks, CA: Sage.

Hachten, William A. (1992). *The World News Prism*. Ames: Iowa State University Press.

McIntyre, Jerilyn S. (1987). "Repositioning a Landmark: The Hutchins Commission and Freedom of the Press." *Critical Studies in Mass Communication*, 4: 95-135.

Tuchman, Gaye (1978). *Making News: A Study in the Construction of Reality*. New York: Free Press.（タックマン『ニュース社会学』鶴木眞・櫻内篤子訳，三嶺書房，1991）

# 第3部

| | |
|---|---|
| 1938 | H・G・ウェルズ『宇宙戦争』のラジオ放送 |
| 1939 | 最初のテレビ放送<br>ヨーロッパで第二次世界大戦勃発<br>アメリカで最初のペーパーバック（普及版書籍）登場 |
| 1940 | ラザースフェルドがエリー郡で投票行動研究を開始 |
| 1941 | アメリカが第二次世界大戦参戦<br>イギリスが最初の電算計算機（2進法）を開発 |
| 1942 | ホヴランドが最初の戦時プロパガンダ研究を実施<br>ドイツの戦時暗号解読のため，イギリスが最初の電子デジタル・コンピュータ"コロッソス"を開発 |
| 1945 | 第二次世界大戦終結<br>オルポートとポストマンの噂研究出版 |
| 1946 | ジョン・モークリーとジョン・アタナソフが最初の"汎用性をもつ"電子デジタル・コンピュータ，エニアック（ENIAC）を開発<br>ハッチンス委員会が「出版報道の自由」報告書を発表<br>ハリウッド10(テン)が連邦下院の非米活動調査委員会（HUAC，通称ダイズ委員会）に喚問される |
| 1947 | ウィーナー『人間機械論』（*Cybernetics*）<br>ケーブル・テレビの発明 |
| 1948 | オーウェル『1984年』<br>エール大学グループ「マス・コミュニケーション実験」 |

# 限定効果論の登場と崩壊

| | |
|---|---|
| 1951 | イニス『メディアの文明史』(The bias of communication)<br>マロー『今，それを見よ』(See it now) 初演<br>ユニバック(UNIVAC)が世界で最初の商業コンピュータとして成功 |
| 1953 | ホヴランド，ジャニス，ケリー『コミュニケーションと説得』 |
| 1954 | マローがテレビでマッカーシーに異議を唱える |
| 1957 | ミルズ『パワー・エリート』<br>ソビエト連邦が，世界初の人工衛星「スプートニク」を打ち上げる |
| 1958 | テレビ・クイズ番組でスキャンダル噴出 |
| 1959 | ミルズ『社会学的想像力』 |
| 1960 | ケネディとニクソンがグレート・ディベートで討論<br>テレビがアメリカ全世帯の90％に普及<br>クラッパー『マス・コミュニケーションの効果』 |
| 1961 | キー『世論とアメリカ民主主義』(Public Opinion and American Democracy)<br>ケネディ大統領が，全国で初めてテレビ生中継で記者会見を実施<br>ベレルソン「文化民主主義に関する大論争」(The Great Debate on Cultural Democracy)<br>シュラムら『子どもたちの生活におけるテレビ』 |
| 1962 | フェスティンガーが認知的不協和に関する論文を発表<br>クラウス『グレート・ディベート』<br>空軍が，ポール・バランに国内コンピュータ・ネットワークの開発を依頼 |

# 限定効果論の登場 6

　マスメディアの影響は強力で有害であるとするマス・コミュニケーション理論を，もう少しゆるやかな方向へと促したのは2つの戦争であった。1つは架空のもので，1つは実際に起きたものである。

　長い間支持を集めることになる限定効果論の歴史は，1938年10月も終わりに近い頃の平和な夜に始まった。その夜，多くのアメリカ人がCBSラジオの社交ダンス音楽番組を聴いていると，突然番組が中断されて臨時ニュースが始まった。ニュースは最初，奇妙な天体観測結果と空に光る物体の目撃情報について伝えていた。報道はどんどん不穏さを増し，異星人の宇宙船が上陸して，取り囲んだ軍隊を攻撃しているという。現場からのレポートは突然打ち切られ，続いて，異星人の脅威に直面しても平静を保つようにという内務長官からの呼びかけが流れた。アメリカ中がその報道に恐怖と不安を感じたのである。

　当時，ラジオという媒体はまだ新しいものではあったが，広く一般に普及してきていた。ちょうどその数年前に広大な国内ネットワークが整備されたばかりで，視聴者は無料で簡単に利用でき，現場から展開する事態を次々と伝えるレポートに思わず惹きつけられ，その新しいニュース・メディアを頼りにするようになってきていた。ヨーロッパでは戦争が切迫したものになるなど，平素には起こらない数々の恐ろしい出来事が生じる騒乱の時代にあって，人々は，それら悪いニュースの最新情報を得ようとラジオを聴いたのである。若きラジオ番組プロデューサー，オーソン・ウェルズは，臨時ニュースを模したラジオ・ドラマ番組を，ハロウィンの日にアメリカ中の人々をひっかけるために使ってみようと思いついた。オーソン・ウェルズと脚本家のハワード・コックは，H・G・ウェルズの小説『宇宙戦争』をもとに，ラジオの視聴者が注目せずにはいられないような，異星人侵略について次々と目撃報道を聴くというラジ

オ・ドラマを作り上げた。コックは，番組が退屈にならないよう，小説から引用したり，本物の番組とまったく同じように細部を脚色した（Lowery & DeFleur, 1955）。

　番組の後半では，異星人侵略後の状態を詳しく伝えた。臨時ニュースは，たった1人の生存者のモノローグに代わり，異星人が最後はバクテリアによって打ち負かされたことを伝える。番組のこの部分が空想であるのは明らかだったので，ウェルズは，この番組がフィクションであるということを告知する必要はないと考えていた。しかし，大多数の視聴者にとっては，この時点でフィクションであると告げられたとしてもすでに遅すぎた。人々は，番組のごくはじめに伝えられた臨時ニュースを聴くやいなや家から逃げ出し，近隣の人たちに警告してまわったのである。

　多くの人はこの火星からの侵入パニックを，大衆社会論の決定的な証拠と見なした。たった1つのラジオ番組がこのように大きなパニックを引き起こすとしたら，計画されたプロパガンダ・キャンペーンが，はるかに悪い状況を招きうることは明らかである。いかなる人物であっても放送電波を支配できる扇動家であれば，アメリカ大衆は疑いもなくその扇動家のなすがままにされてしまうだろう。アドルフ・ヒトラーがドイツでやったように，遅かれ早かれ，弱者に対して威張るような人物が，好機を捉えて権力を掌握するだろう。接戦の選挙で勝つためにプロパガンダが使われるようになり，ひとたび十分な電波の支配権を掌握したならば，対抗している政治政党は壊滅することになるのだ。

　プリンストン大学の社会調査グループは，ウェルズの放送がなぜこれほど大きな影響を及ぼしたのかを明らかにするために研究を始めた（Cantril, Gaudet, & Herzog, 1940）。彼らはこの研究によって，異星人侵略について最初の断片的な報道しか聴いていない段階で，多くの人があまりにもあわてて行動したということを見出した。本物をまねた臨時ニュース，特に目撃レポートと偽の専門家へのインタビューは，何の疑いもなく信用された。その番組を聞いてかなり動転した人々は，最新情報を待って家のラジオの前にはりつくことはしなかった。この時代，携帯ラジオやカー・ラジオはまだまだ当たり前のものではなく，いったん家を離れてしまったら番組を聴く機会はなかった。口コミが偽の異星人侵略ニュースを地域一帯に広げることになった。人々は，他の人から異星人侵略について聞いても，自分でそのニュースの真偽を確かめるため，ラジオの電源を入れようとは思わなかった。彼らは隣人を信用し行動したのだ。し

かしながら，研究者らは，パニックが確かに起こったことは確認したが，ほとんどの人がウェルズのジョークを鵜呑みにすることはなかったことも明らかにした。ほとんどの人はラジオ放送の妥当性を検証する批判能力をもっており，したがって，異星人侵略ニュースを確認しなかったために生じたトラブルとはほとんど無縁であった。番組開始に少し遅れて，かつたった数分だけ周波数を合わせた視聴者だけが動転したようである。これらの人々は，メディアの影響を特に受けやすい心理学的特性，すなわち情緒不安定，恐怖症的パーソナリティ，自信の欠如，運命論的，などのいくつかの特性をもっていると研究者たちは考察している。

## 本章の流れ

　ハドレー・キャントリルをはじめとする『宇宙戦争』の研究者たちは，メディアがどのように社会に影響を及ぼすかについて，私たちの見解を徐々に変容させ社会科学者たちの先駆者となった。あの有名な放送から20年も経たないうちに，マスメディアに対する研究者の見方は劇的に変化した。メディアは，もはや政治的な抑圧や操作の道具として恐れられるのではなく，むしろ，はるかに社会的に利益をもたらす可能性がある，どちらかといえば人々に恩恵をもたらす力と見なされるようになった。大衆に及ぼすメディアの力は限定的，いや，非常に限定的なものと見なされ，メディアによって操作されないように政府規制を必要とするものとは見なされなかった。大衆の側も，説得や極論者の操作にはかなりの抵抗力があるものと見なされた。大半の人がメディアからよりもむしろ他の人々から影響を受ける，すなわちすべてのコミュニティで，そして社会のあらゆるレベルにおいて，オピニオン・リーダーが影響を及ぼして政治を導き，安定させるのだと信じられていた。ごく少数の人たちだけがメディアによる直接的な操作に弱い心理学的特性をもっているのだ，と論じられた。メディアは，世論形成において，個人差や集団所属といったより影響力の大きな媒介変数の前では比較的無力なものと考えられた。このメディアについての新しい見解は，テレビがメディア風景を一変させ支配するようになっても，主張され，存続し続けたのである。

　どのようにして，そしてなぜメディア理論にこれほどまでに革命的な変容が，

かくも短期間に起こったのだろうか。本章では，アメリカのメディア研究で数十年間支配的であった**パラダイム**について，その興隆をたどる。ここでは，プリンストン大学でキャントリルの同僚であったポール・ラザースフェルドを先駆者とする研究者たちの仕事について説明しよう。ラザースフェルドは後にコロンビア大学に移り，精細な調査手法を用いて，人々の考え方や行動の仕方にメディアが及ぼす影響を測定する道を拓いた。これらの調査によって，メディアは個人に対して強力で直接的な影響をほとんど及ぼしていないという決定的な証拠を得ることができた。メディアの効果はきわめて限られた範囲——わずか数人に影響を及ぼすだけか，ほんの些細な思考や行動に影響する——に限定されている。これらの調査結果はやがて，**限定効果パースペクティブ**と呼ばれるメディア効果の捉え方を導いた。

カール・ホヴランドの研究に焦点を当てて，メディアの説得力についての実験研究も振り返ってみよう。ラザースフェルドと同様にホヴランドも，メディアの影響を測定するために新しい基準を展開し，方法論の革新者となった。彼もまた，平均的な人々が強くもっている意見をただちに変えてしまうような力はメディアにはないと結論づけている。メディアによる影響が出やすいと考えられる実験室という状況でさえ，ゆるやかな効果が見出されたにすぎなかった。実際にはメディアの影響を限定する要因が数多く見つかった。

最後に，限定効果論の主唱者たちがどのようにこのパースペクティブを，メディアについての支配的な見方として確立することができたのか考察しよう。念入りに計画された数々の実験研究は優れており，そこから得られたデータは，重要な古典的研究報告書として次々と編纂されていった（たとえば，Klapper, 1960; Bauer & Bauer, 1960; Katz & Lazarsfeld, 1955; Cambell, Converse, Miller, & Stokes, 1960; DeFleur & Larsen, 1958）。

限定効果論の出現の跡をたどるとき，その時代と私たちの時代との類似点に（相違点にも）注意することが重要である。1930年代，40年代の理論家たちがいうように，メディアには自分たちの社会経験を変えてしまうほどの影響力があることを示す明確な証拠が，私たちの周りのいたるところにあるようだ。私

---

■**パラダイム**　理論がもつパースペクティブを体系化したもの。
■**限定効果パースペクティブ**　メディアは効果が非常に小さいか，もしくは限定的な効果しかもたないという先導的な考え。

たちのほとんどは，テロリスト攻撃の脅威を伝えるメディアの力を直接経験した。メディアは強大な効果をもちえないというなら，これはどう説明されるのであろうか。戦時や国家の危機には，何が起こっているのかを理解し，将来起こることを予想してみる手段として私たちはメディアに目を向ける。こうしてメディアに依存すればするほど，私たちは事実上，自分たちを導くものとしてますますメディアを信頼するようになり，より確実にメディアが私たちの生活に影響を及ぼすことになる。メディアが私たちの社会の見方を変えるということについて，メディア自体はどの程度責任をもつべきだろうか。私たちがメディアを信頼し，有益な情報を伝える手段としてメディアを選び，活用するならば，私たちはその選択にどのぐらい責任をもつべきだろうか。この顕在的なメディアの影響力は科学技術そのものに内在するものではないし，ましてメディアによって伝えられる特定の情報に内在するわけでもない。この点を認識することは重要である。メディアのもつ影響力は私たち自身の中に——メディアが私たちの生活に影響するのを許し，それを私たちが選択しているということの中に——あるのだ。これは限定効果論から導き出される本質的な識見である，つまりそれは，私たちが今日メディアの役割を評価しようとするときにも妥当性をもち続けている識見である。

## パラダイム・シフト

1940年から1960年までの20年間にメディア理論に何が起こったかを理解する方法の1つは，それを**パラダイム・シフト**として見ることである。科学史研究家のトーマス・クーン（1970）は，理論におけるこうした革命的な断絶を通じて科学は進歩すると主張した。ある時代には，ある1つの理論にもとづいたパースペクティブやパラダイムがほとんどの研究を支配する。これらのパラダイムは，密接に関連する多くの理論を取り込むことができる。各理論はある共通の仮説を共有する。パラダイムとは既知の事実のすべてを要約するものであり，既知の事実とは矛盾しない。その基本となる仮説が受け入れられている限りは，

---

■**パラダイム・シフト** 体系づけられた諸理論のパースペクティブが，あるものから別のものへと移行すること。

パラダイムは研究にとって有益な指針を提供してくれる。研究者のほとんどは，そうした枠組みの中で研究するほうが楽だと考える。研究者の多くは，他の選択肢があることに気づかなかったり，パラダイムに沿わない考え方や発見は簡単に捨ててしまう。よく知られた科学者で作家のスティーヴン・ジェイ・グールドは，次のように雄弁に説明している。パラダイム・シフトとは，

> 深く，困難で，複雑なものである。パラダイム・シフトとは，現実についてのある見方を棄却し，新しい秩序を支持し，重要なことがらすべてに多くの影響を与える（理論的にも，心理的にも，容易なことではないが）。人は安楽や生涯のよりどころとなるものをそう簡単に，あるいは突然に捨て去ったりはしない。さらにいえば，ある思想家がたとえ感動的ですべてを変えてしまうようなユーレカを経験したとしても，対抗する見解をかたくなにもち続ける研究者集団を説得するためには，精緻化した議論を考え出し，仮説を支持する多くの実証的結果を積み上げていかなければならないのである。結局，科学とは，社会的な企てとして，そして知的冒険として機能するものなのである。(2000, p.188)

パラダイムは科学的研究の過程すべてにわたって多大な影響を及ぼすものであるが，すべての観察結果を適切に説明できるパラダイムは存在しないので，必然的にパラダイム・シフトが起こることになる。ときには，そのとき使われているパラダイムと対立する小さな研究者集団が代替となる理論を発展させ研究していくこともある。彼らの研究は通常，無視されるか厳しく批判されるのだが，ときにはそのパースペクティブの妥当性を決定的に論証できることもある。また，あるときには支配的なパラダイムに身をおく研究者たちが，そのパラダイムと一致しない重要な発見を暴露することもある。これらの発見を探究していくと，ますます多くの矛盾したデータが得られる。やがて，研究者たちはこれらの矛盾を説明する努力をするようになり，新しい理論の基盤を発展させることとなる。さらに，科学の因襲打破主義者——すなわち，支配的パラダイムの重要な仮説に反逆する人々，あるいは新しい研究方法が用いられるべきだと確信している人々——が重要な役割を演じることがある。因襲打破主義者は，取って代わるパースペクティブを発展させている段階においては，たいてい孤立して研究している。彼らの考え方や諸発見の価値は，最初の研究がなさ

れてから数十年経ないと認められないかもしれない。

## マス・コミュニケーション理論におけるパラダイム・シフト

　1940年代および1950年代にかけて、マス・コミュニケーション理論にパラダイム・シフトをもたらした人たちは、理論にのみ関心がある研究者ではなく研究手法にも高い関心を払う研究者たちであった。ポール・ラザースフェルドとカール・ホヴランドは、客観的、実証的な測定方法を使えば、メディアの影響力を最もうまく判断できると確信していた。彼らは、実験や調査といった新しい研究方法によって、メディア効果を観察できるようになると主張していた。これらの観察を用いれば、信頼に足る結論、到達すべき結論を出せるようになり、さらに有用な理論を構築できるようになっていくだろう、と。

　ラザースフェルドとホヴランドは両者とも、心理学で開発された実証的研究手法の教育を受けていた。さらに、ラザースフェルドはオーストリアで社会統計学者として過ごしたこともある。彼らは別々に研究するなかで、それぞれの研究手法をどうすればメディア効果の研究にも用いることができるのか、ということを示した。そして両者ともに、自分たちのアプローチが有効であると他の人々に納得させることに成功したのである。ラザースフェルドは研究資金を確保し、コロンビア大学で、メディアの影響について費用のかかる大規模な調査を実施することができた。ホヴランドは、第二次世界大戦——本章のはじめで述べた現実の戦争——中にプロパガンダ実験を行なった後、エール大学に大規模な研究センターを設立し、説得に関する何百という実験を行なった。コロンビア大学もエール大学も、その時代の優れた社会学研究者たちを惹きつける、非常に影響力のある研究センターとなった。

　ラザースフェルドもホヴランドも、マス・コミュニケーション理論に自分で革命を起こすことはなかった。彼らには、もっと広大な目標がいくつもあった。戦時中彼らはメディア研究に引き込まれていたが、それはプロパガンダのもつ力やその脅威を理解しようとするための、広範囲にわたる研究課題の一部としてであった。多くの研究者が、メディアはその影響力がきわめて強いと積極的に決めてかかるのとは異なり、ラザースフェルドとホヴランドはその仮説を見極めるために実証的研究を行なおうとしていたのだった。彼らは、もしメディ

アのもつ影響力をより深く理解することができれば，メディアはよい目的のために，統制され，利用されるようになるかもしれないと考えていた。

ラザースフェルドとホヴランドは，科学的な方法を用いれば，メディアの影響力を統制するのに不可欠な手段を得られると主張した。彼らは，自然科学領域の驚異的な業績に感心していた。物理学や化学といった分野では，物理的世界を理解し統制するための科学の力が鮮やかに示されていた。最も印象的な例は，新しい軍事技術——すばらしい航空機，破壊力の高い爆弾，止められない戦車——に見出せるだろう。これらの武器は善にも悪にも，民主主義を守るためにも全体主義を強化するためにも用いることができる。ハロルド・ラスウェル（第4章）と同様に，ホヴランドとラザースフェルドは，民主主義が生き残るためには，優秀な科学者を生み出し，その科学者が民主主義を発展させるためにその技術を活用していくようにならなければならない，と考えていた。

しかし，2人は研究を進めていくなかで，メディアが，大衆社会論が指摘するほどには影響力をもっていないことに気づいた。多くの場合，世論や人々の態度に与えるメディアの影響というものはほとんど見つからなかった。だいたいにおいて，社会的地位や教育といった変数に比べれば，メディアの影響は重要ではなかったのである。メディア効果が見出されたとしても，それは1回きりのものであるように思われたし，ときには他の結果と矛盾するものであった。このように結果が脆弱であるにもかかわらず，さらに研究したければその資金は簡単に調達できた。次々と研究が実施され，メディアの影響力は限定的であるという識見がますます高まった。

1950年代，新しいパラダイムが姿を現わしてきた。エール大学やコロンビア大学の研究センターにならって，アメリカ国内のいたるところで新しい研究センターが開設されていた。1960年までには，「古典的研究」がたくさん出版され，その世代のコミュニケーション研究者たちの必読書となった。この新しいパラダイムは，1960年代には中心的位置を占め，1970年代をとおして圧倒的に優位を保ち，そして今日でも少なからず影響力をもっている。

初期の研究を論じるにあたって，そのパラダイムの発展を可能にした一連の要因について説明しよう。ここではこれらの要因をあげるにとどめ，後の章でそれらについて述べることにする。

1　実証的な社会調査法の洗練と普及が，新しいパラダイムの出現において不

可欠であった。この時期，実証的研究法が，社会現象を測定するための理想的な手段として効率よく普及した。それらは社会現象を扱う唯一の「科学的」方法であると謳われた。他のアプローチは，あまりにも推論的である，体系的でない，あるいは主観的すぎるとして捨て去られた。その時点では，ほとんどの人が実証的研究法の限界を理解していなかったため，こうした方法によって得られた結果や考察は，批判もなく受け入れられることが多かった。これらの研究結果が過去の理論と矛盾したときには，古い理論のほうが問題にされた。

2　実証的社会学研究者は，大衆社会論を唱える人々を「非科学的」だと烙印を押すことに成功した。大衆社会論を唱える人々は，考え方が曖昧なヒューマニストであり，悲観論者であり，政治的空論者であり，メディアに偏見をもっている人として非難された。また，プロパガンダの脅威が1950年代後半から1960年代にかけて徐々に薄れていくにつれて，大衆社会という概念はその広範囲にわたるアピールの一部を失っていった。

3　社会学研究者は，新しい研究手法がもつ**商業上の可能性を利用し，民間産業の援助を得た**。合衆国到着後にラザースフェルドが書いた初期の論文の1つは，広告主たちが道具の1つとして，調査研究の手法を用いることについてであった（Kornhauser & Lazarsfeld, 1935）。調査と実験は，メディアの視聴者を探り，消費者の態度や行動を解釈するための手段として売り込まれた。ホヴランドの説得研究は，広告やマーケティングへあらかたそのまま適用された。ラザースフェルドはこうした応用例を指して**管理運営研究**という語を作り出した。彼は，経営上どのような意思決定をすればよいかを決めるために，実証的研究を利用するよう説得力のある主張をした。

4　実証的社会研究の発展は，民間および国のさまざまな財団，とりわけロックフェラー財団と国立科学財団によって資金的に大きく支えられた。この支援は，特に初期の段階ではきわめて重要であった。というのは大規模な実証

---

■**管理運営研究**　消費者の態度や行動を解釈するために，オーディエンスを調べる研究。現実に，経営上の意思決定を助けるために実証研究を用いること。

的社会研究は，それまでの社会研究のやり方よりもずっと多額の資金を必要としたからである。ロックフェラー財団からの支援がなかったら，ラザースフェルドはアメリカに来ることはなかったし，そのアプローチを発展させ，有効性を論証することもできなかったかもしれない。

5 　実証的研究によって，メディアは大衆社会論が暗示していたほど脅威でもないし，ことごとく強力な影響を及ぼすわけでもないということが明らかになってくると，マスコミ各社は進んでより多くの実証的研究に資金援助するようになった。やがて，CBSとNBCは自分たちの社会調査部門を作り，コンサルタントとして多くの外部研究者を雇うようになった。初期に最も影響力をもったメディア研究者のうちの2人をあげるとすれば，フランク・スタントンとジョセフ・クラッパーである。スタントンはラザースフェルドと協同して多数の研究プロジェクトを実施しており，クラッパーはラザースフェルドの学生であった。マスコミ各社が大きく成長し，かなりの利益を上げるようになると，実証研究を――特に，その研究が現状を正当化し，メディア事業を規制する動きを止める力になるような場合には――援助する余裕が出てきた。メディアが資金を提供して援助することは，ニールセン・メディア・リサーチやアービトロン［共にアメリカのテレビ視聴率調査会社］のような商業的な視聴率サービスを発達させるには不可欠であった。これらの会社は，広告やマーケティングといった分野で視聴者の実態を測定し，経営上の意思決定を助けるため，率先して調査研究の手法を用いた。

　　メディアが援助することは，ギャラップ，ハリス，そしてローパーといったさまざまな国内世論調査を行なうサービス企業の成長にとっても重要であった。世論調査や視聴率データをメディアが報道することで，常識的な批判が広まったにもかかわらず，世論調査の信頼性が確立した。1940年代および1950年代には，ほとんどの人は小規模なサンプルから収集されたデータの有効性については懐疑的であった。たとえば，いったいどのようにしたら世論調査員はたった300人とか1200人とかいう人々を調査しただけで1都市，あるいは全国のことを考察することができるのかと疑問に思っていた。これらの疑問への回答として，メディアは，世論調査と視聴率はそれらが「科学的」サンプルにもとづいたものであるから妥当性をもつと報じた。多くの場合，このような文脈で語られた「科学的」という語の意味については，ほとんど

説明されることはなかった。

6　実証的社会研究者は，社会研究のさまざまな分野——政治科学，歴史学，社会心理学，社会学，経済学など——において，うまく自分たちのアプローチを確立していった。そして，今度はこれらの研究分野がコミュニケーション研究を発展させていった。多様なコミュニケーション学が発達してくると，より確立された社会科学からの実証的社会研究者がリーダーシップを発揮した。社会科学理論と研究手法は，大学のジャーナリズム学科，スピーチ・コミュニケーション学科，放送学科などで重視され，多くの場合中心的な位置を占めるだろうと考えられていた。実証的研究は，メディアが及ぼす影響について決定的な証拠を見つけることは困難であると示したにもかかわらず，コミュニケーションを研究する最も科学的な方法として広く受け入れられるようになった。

## 情報と影響の2段階の流れ

ラザースフェルドは理論家ではないにもかかわらず，実証的研究を広めることによってどの研究者よりも社会理論を変えるために多くの貢献をした。ラザースフェルドは，理論はしっかりと経験的事実にもとづいていなければならないと考えていた。さまざまな大衆社会論を含む巨視的社会理論は，推論的過ぎるのではないかと危惧していた。ラザースフェルドは理論構築よりもむしろきわめて**帰納的**なアプローチを好んだ——すなわち，研究は机上の空論ではなく，実証的観察から始まるべきだと考えていたのである。事実が集められた後，それらはふるいにかけられ，情報の最も重要な部分が選び出される。この重要な情報が，経験的一般化を行なう——変数間の関係を主張する——ために用いられる。そして，研究者はこれらの一般化が妥当なものかどうかを検証するために，さらにデータを集めるのである。

このような研究方法は，慎重で，本質的に保守的なアプローチであるといえる。経験的観察を越えて広く一般化してしまうことを避け，理論構築はデータ

■**帰納的**　思索ではなく実証的観察から研究を始める理論構築へのアプローチ。

収集と分析によって「鍛えられる」べきだとする。理論は決してデータから乖離するべきではない。研究過程はゆっくりと進むことになる——すなわち，データ収集作業が1つ行われると一歩進み，次のデータ作業でまた進むというように一歩一歩進む。やがて経験的一般化が膨大な数になり，検証されることになる。

ロバート・マートン（1976）が**中範囲理論**と呼んだ理論（さらに詳しい議論は第7章を参照）は，多くの経験的一般化を組み合わせながら次第にかたちづくられる。より早い時期に作られた壮大な社会理論——たとえば，大衆社会論など——とは違って，中範囲理論は経験的事実にしっかりと基礎をおいた経験的一般化から成る。この時代には，ほとんどの社会学研究者が，これこそが物理学で理論が発達してきた過程であると思っていたのである。彼らは，物理学者を見習うことによって現象をうまく支配できるのではないかと期待していた。もしそうであったならば，核爆弾を作った科学的方法は，貧困，戦争，そして人種差別をもなくすことができるかもしれない。

現職のフランクリン・デラノ・ルーズベルトが共和党のウェンデル・ウィルキーと争った1940年の大統領選で，ラザーズフェルドは初めて自分のアプローチの妥当性を調べる大きな機会を得た。彼は，それまでの研究以上に入念に練り上げたフィールド実験を計画し，そして実施した。ラザーズフェルドは1940年の5月に巨大な研究チームを作り，オハイオ州のエリー郡——クリーブランドの西，エリー湖の海岸沿いにあるサンダスキーという町周辺を中心とする比較的遠方の地域——へ送り込んだ。エリー郡の全人口は4万3000人で，アメリカの平均的な地方であるとされて，フィールドとして選ばれた。サンダスキーの住民は民主党に投票する傾向があったが，周辺の田園部の住民は熱心な共和党員であった。研究チームが11月にその地を離れるまでに，3000人以上が自宅で個別面接を受けた。600人がパネル調査［同一の人たちを対象として定期的・継続的に行なう調査］の対象に選ばれ，7回——5月から11月まで毎月1回——にわたる面接調査を受けた。平均的な5人家族を想定すると，エリー郡では3家族に1家族が面接調査員による訪問を受けたことになる（Lazarsfeld, Berelson, & Gaudet, 1944）。

そのデータを分析する際に，ラザーズフェルドは，投票意思決定の態度変容

■**中範囲理論**　経験的事実にもとづく経験的一般化から構成される理論。

に焦点を絞った。対象者は毎月面接調査を受けるのだが，そのとき彼らがどの候補者を選択するかが前月の選択と比較された。6ヶ月間に生じうる態度変容にはいくつかのタイプがあった。ラザースフェルドはそれぞれを次のように命名した。初期決定型（Early Deciders）は5月に候補者を選び，選挙キャンペーン期間をとおして一度も態度を変えなかった。浮動型（Weavers）は1人の候補者を選ぶが，また迷ったり，他の候補者に変えたりする。しかし，最後には最初に選んだ候補者に投票した。移行型（Converts）は1人の候補者を選んだものの，結局はその候補者と敵対する候補者に投票した。結晶化型（Crystallizers）は5月には候補者を選んでいなかったけれども，11月までには選択した。

　ラザースフェルドは，非常に長くて詳細な質問票を用いて，候補者のスピーチなど特定のマスメディア情報への接触を広範囲にわたって尋ねた。ラザースフェルドのラジオ研究のかなりの経歴と関心を考えると，このように態度変容に焦点を当てることは驚くにはあたらない。もしプロパガンダが，大衆社会論が予測したほど大きな影響力をもつものであったなら，彼の研究はメディアの影響を突き止めることができたはずである。もし大衆社会論が妥当なものであったら，彼はほとんどの有権者が移行型か浮動型であることを発見したはずである。人々が2人の候補者の間を行ったり来たりすることを観察したに違いない。最も変化が多い人は，最も頻繁にメディアを利用する人だったはずである。

　しかし，ラザースフェルドの結果は大衆社会論を直接否定するものであった。有権者の53％が初期決定型であった。その人たちは5月の段階で候補者を1人選択し，一度も態度を変えなかった。28％は結晶化型であった――その人たちはしばらくして，予想どおりの選択をし，態度を変えなかった。浮動型は15％であり，移行型はたった8％にすぎなかった。ラザースフェルドは，結晶化型，浮動型，あるいは移行型に影響を及ぼすという点で，メディアが重要な役割を果たすという証拠をほとんど見出すことができなかった。後者の浮動型，移行型のカテゴリーに入る人のメディア利用は平均より少なく，メディアのメッセージから明らかに影響を受けたと報告した人はほとんどいなかった。その一方で，これらの有権者たちは，他の人から影響を受けたと言う傾向が強かった。多くの人は政治に無関心であった。そうした人々は非常に関心が低いために，明快に投票意思を決定できなかった。ラジオから流れる話や，投票するように

呼びかける新聞の社説によるのではなく，多くの場合，彼らは親しい人が投票する候補者に自分も投票しようと決めていたのである。

　ラザースフェルドは，マスメディアが与える一番重要な影響とは，すでに人々が決めた投票の選択をさらに補強することだと論じた。メディアは，人々がすでに好感をもっている候補者を選択するように，さらに多くの理由を与えるにすぎなかった。ある有権者——たとえば結晶化型——にとって，メディアは現在の支持政党への忠誠心を高める働きをした。ウィルキーのことを聞いたこともなかった共和党員が，少なくとも彼の名前を覚えることはできたのである。しかしながら，ラザースフェルドは，メディアが人々を転向させたという証拠はほとんど見出せなかった。代わりに，移行型は多くの場合，忠誠心を分割するような事態に陥った——ラザースフェルドいわく，彼らは「板挟み」にされていたのだ。彼らは，それぞれ反対の方向へ自分を引っ張る集団とつながりがあった。ウィルキーはカトリック教徒だったので，宗教をもつ人々をウィルキーのほうへ引き寄せ，他の人々を押しやることになった。共和党員の有権者のほとんどは，田園部のプロテスタントであった——すなわち，ウィルキーに投票するためには，自分の宗教を無視しなければならなかった。同じことは都市部のカトリック教徒の民主党員にもいえた——彼らがルーズベルトに投票するためには，宗教を無視しなければならなかったわけである。

　しかし，もしメディアが投票の意思決定に直接影響を及ぼさなかったとしたら，メディアの役割とは何だったのだろうか。ラザースフェルドはデータを検討しながら，経験的一般化をまとめ始めたが，それが，最終的には大変重要な意味をもつものとなった。彼は，筋金入りの初期決定型のいく人かは，メディア利用度が最も高いということに気づいた。彼らは，わざわざ探し出して，支持政党ではない候補者のスピーチを聴くということさえしていた。その一方で，メディア利用度の最も低い人は，投票意思決定の助けに他の人を頼る可能性が高かった。ラザースフェルドは，メディアの高利用者／初期決定型が，選挙に無関心な有権者が助言を求める相手なのではないか，と推論した。メディアの高利用者／初期決定型は，政治についてしっかりとした見解をもち，メディアを賢明に，そして批判的に用いることができる洗練されたメディア利用者なのではないだろうか。彼らは対立候補者のスピーチを聴いて，それを評価する能力があるのだろう。自分自身の意見を変えるような情報というより，考えを簡単に変えないように他者に助言をする，実際にはその助けとなるような情報を

> **インスタント・アクセス**
>
> ## 2段階の流れ仮説
>
> 【有効性】
> 1 メディアの効果が生じる環境と生じない環境に注目した。
> 2 世論形成におけるオピニオン・リーダーの重要性を強調した。
> 3 演繹的ではなく，むしろ帰納的な論拠にもとづいている。
> 4 直接効果に関するあまりにも単純な考えに対し有効な異議を唱えた。
>
> 【限界】
> 1 適応範囲が，その時代（1940年代）とメディア環境（テレビが存在しなかった）に限定されている。
> 2 メディアの効果を検証するのに，報告された行動（投票行動）だけしか用いていない。
> 3 重要なメディア効果としての補強効果を軽視している。
> 4 メディアのもつ強力な影響力を過小評価する調査手法を用いている。
> 5 後の研究が影響の多段階の流れの存在を証明している。

メディアから得ていたのではないだろうか。したがって，これらのメディア高利用者は**ゲート・キーパー**――情報をふるいにかけ，他の人々が自分たちと見解を共有することを促すようなことがらだけを伝える存在――として振る舞うのだろう。ラザースフェルドはこうした特徴をもつ人を指すのに**オピニオン・リーダー**という語を選んだ。オピニオン・リーダーに助言を求める人は，**オピニオン・フォロワー**と名づけた。

1940年の研究から得た経験的一般化を直接調べるため，ラザースフェルドは次の研究を計画した。彼はオピニオン・リーダーの特性やその役割について推論するつもりはなかった――彼が望んでいたのは経験的事実である。1943年，ラザースフェルドは消費者の意思決定について700人を越える主婦に面接調査するため，イリノイ州のディケーターに調査チームを送り込んだ。アメリカの

---

■**ゲート・キーパー** 2段階の流れ仮説のなかで，メディアのメッセージをふるいにかけ，他の人が自分たちの視点を共有できるようにそれらのメッセージを伝える人。
■**オピニオン・リーダー** 2段階の流れ仮説のなかで，情報をそのフォロワーたちに伝える人。
■**フォロワー** 2段階の流れ仮説のなかで，オピニオン・リーダーから情報を受け取る人。

中核地域［保守的で伝統的な価値観が支配的な地域］である都市ディケーターは，多くの小・中規模都市を代表する都市だと見なされていた。ここでは「雪だるま式」標本抽出法が用いられた。まず最初の標本となる女性たちに会い，面接調査で買い物，映画，ファッション，そして政治について彼女たちの考えに影響を及ぼす人の名前を尋ねた。次に，ここで名前があがった人々が面接調査を受ける。こうした方法で，ラザースフェルドはオピニオン・リーダーとして名前があがった人を特定し，研究したいと考えたのである。他者からの指名そのものが，その人たちがオピニオン・リーダーであるということの実際の証拠として採用されたのである。

　ディケーター研究が出版されるまでに，10年以上の歳月が流れた。共著者であるエリユ・カッツの助力を得て，『パーソナル・インフルエンス』は1955年についに出版された。人々がどのようにメディアを利用しているかということを概念化したという点でこの本は非常に影響力があり，**2段階の流れ仮説**を形式的にも漸進させた。カッツとラザースフェルドは，オピニオン・リーダーは社会のすべてのレベルに存在し，彼らの影響の流れは垂直方向ではなく，むしろ水平方向の傾向があると報告した。社会階層という視点から見ると，オピニオン・リーダーは，彼らよりも上や下の層にいる人々ではなく，彼らと同じ層の人々に影響を及ぼしていた。オピニオン・リーダーは，フォロワーとは個人的属性が異なっていた——オピニオン・リーダーのほうが社交的で，メディアをよく利用し，社会的に活動的であった——が，フォロワーと同じ社会階層に属している場合が多かった。

## ラザースフェルド・モデルの限界

　ラザースフェルドの研究アプローチには，その擁護者がなかなか気づかないでいたのだが，いくつかの重大な欠陥がある。これらの欠陥のために，ある研究結果が説得力を失うというわけではないが，それらの解釈を非常に注意深く行なうことを余儀なくさせる。私たちは，こうした調査研究によって何が測定

■**2段階の流れ仮説**　メッセージがメディアからオピニオン・リーダーを通じてフォロワーへ伝わるという考え。

され，何が測定されないのかをはっきりと認識しておく必要がある。

1  **調査しても，人が実際に毎日どのようにメディアを利用しているかを測定することはできない**。調査というものは，人が自分のメディア利用をどのように報告するかを記録するにすぎない。調査経験が豊富になるにつれ，私たちはメディア利用の調査報告に共通の傾向がいくつかあると確認するに至った。たとえば，教育程度の低い人はメディアの影響を過大評価するが，逆に教育程度の高い人は，自分の意思決定へのメディアの影響を過小評価する傾向がある。メディアの影響の推定は，各種のメディアをその人がどのように認識しているかということと強く関連する傾向がある。たとえば，教育程度の高い人には，一般にテレビは社会的に受け入れがたいメディア（すなわち，まぬけテレビ［the boob tube テレビをくだらないものだと見なすときに用いる俗語］）だと見なされているため，彼らはテレビから影響を受けたとはなかなか認めない。

2  **あるニュース記事を読んだか，特定のテレビ番組を見たか？というような，特定のメディア内容の利用を研究するには，調査は非常に費用がかかり，面倒である**。ラザースフェルドの初期の研究以来，ほとんどの研究は特定の内容の利用についてではなく，全体的なメディア利用のパターンを扱ってきた。こうした研究を批判する人は，これではメディア内容が無視されていると非難してきた。人々を動かすような個々のメッセージの影響力は型どおりのやり方，つまりあるメディアの日々の利用量を測定するだけでは見きわめられない。メディアの利用パターンを研究することから，私たちはかなり多くのことを学ぶことができるが，しかし，特定のメディア内容の利用を研究することでしか取り組むことのできない重要な研究課題が残されている。

3  **ラザースフェルドが発展させた研究デザインとデータ分析手法は，本質的に，メディアのもっている影響力を控えめに評価する傾向がある**。メディアの及ぼす影響は，一連の社会的変数と人口統計学的変数を統計的にコントロールした後，メディアが効果変数（すなわち，投票意思決定）に引き起こす変化の量として測定される。こうした状況では，メディアの利用が投票意思決定という効果をよく説明するという結果が得られることはほとんどない。

総体的なメディア利用のパターンは，年齢，性別，社会的地位，教育など社会的変数や人口統計学的変数と強い関連が見られる傾向がある。これらの変数が統計的にコントロールされた後には，メディア利用パターンを説明できる影響（変動）はほとんど残されていない。これは，メディア利用は，じつは，あまり影響力をもたないということなのだろうか。それとも，こうした結論は方法論的な問題から出てくるものなのであろうか。

4　**2段階の流れ仮説にもとづいた研究は，その後，非常に矛盾した結果を生み出した。**この概念化が今でも有効だとする理論家の多くは，多段階の流れについて言及している。これらの流れは，伝えられる情報のタイプや，ある特定の時点の社会的状況によって大きく異なるということがわかってきた（Rogers, 1983）。メディアからオーディエンスへの情報の流れには基本パターンがあるが，これらのパターンは絶えず変化しやすい。影響力のあるメッセージは，流れのパターンを根本的に変えることができるのである。

5　**調査は時系列的な変化を研究するうえで有益であろうが，どちらかといえば粗雑な手法である。**1940年，ラザースフェルドはひと月に１回，人々に面接調査を行なった。調査の行なわれない残りの30日間に，少なからぬ変化が起こりえたわけである。調査の日よりずっと前に聴いたり，読んだりしたことが，誤って報告された可能性がある。人は，実際にしていることよりも，自分がしているべきだと思うことについて選択的に記憶していて報告する傾向がある。もし，調査がもっと短い間隔で頻繁に行なわれれば，うっとうしいと思われるだろう。しかし，こうした間隔を短くした調査が行なわれない一番の理由は，費用がかかりすぎるからである。

6　**既存の手法で，容易にあるいは信頼性をもって測定できるものだけに注目することによって，調査は潜在的に重要な多くの変数をなおざりにしている。**このような変数——たとえば，人がどのように育ったか——は，重要でないとか，はなはだ推論的だという理由で捨て去られることがあまりにも多い。それらは測定が困難であったり，不可能であるために，その存在自体までもが疑われているのである。これでは，ある種類の変数すべてが削除されてしまうので，理論構築を著しく制限してしまう。

7 ラザースフェルドが調査を行なった時代は，彼が測定したかった効果が観察されにくい時期だった。彼が投票行動調査で見出そうとしていた主な効果とは，1940年の選挙にあたり，人々が誰に投票するかについて意思決定を変えるかどうかというものであった。ナチスの軍隊が西ヨーロッパの各地を侵略していた1940年の夏と秋に，誰に投票するかを変える人はほとんどいなかったことは驚くべきことではない。たとえば国政選挙が，ニューヨークとワシントンでテロリストの襲撃があった9月11日直後の2001年11月に行なわれていたとしたら，ブッシュ大統領が，圧倒的な高支持率によって，大差で勝利したことだろう。そうした仮想の選挙において，ブッシュから大統領の座を奪うために民主党が行なった選挙キャンペーンが失敗に終わったからといって，すべての政治キャンペーンにおけるメディアの影響力の弱さを示す強力な証拠だと言えるだろうか。この選挙で，パーソナル・インフルエンス（メディアでなく，人が与える影響）が中心的役割を果たしたからといって，それが常に中心的役割を果たすといえるのだろうか。

## 限定効果論

ラザースフェルドの研究から発展したメディアに関するパースペクティブで，よく知られているのは，**間接効果論**と**限定効果論**の2つである。これらの名称は，社会の中のメディアの役割に関する，主要な一般化を浮き彫りにしている。ここでは，1945年から1960年の間に行なわれた限定効果研究から明らかになった，いくつかの最重要事項を紹介する。

1 **メディアが個人に直接影響を及ぼすことはほとんどない。**ほとんどの人は，家族，友人，同僚，そして社会集団によって，プロパガンダによる直接的な操作から守られている。人は自分たちがメディアで聴いたり観たりしたすべ

---

■**間接効果論** メディアが間違いなく効果をもっていると思われる場合でも，その効果は他の社会的要素，たとえば友人や社会集団を通じて「濾過されて」いるという理論。
■**限定効果論** その効果はさまざまな仲介あるいは媒介する変数によって弱められるため，メディアは非常に小さい，もしくは限られた効果しかもたないという理論。

てのことを信じるわけではない。人は他者に助言や批判的解釈を求める。この仮説は，人々は孤立しており直接的な操作に対して非常に脆弱だという大衆社会概念と相反するものである。

2 **メディアの影響には2段階の流れがある。**メディアは，他者を導く役目をもつオピニオン・リーダーが，第1段階で影響を受けた場合に初めて影響力をもつだろう。これらオピニオン・リーダーは，洗練された批判的なメディア利用者であるため，メディアで流される情報によって簡単に操作されたりはしない。彼らは，メディアからの影響に対して効果的なバリアーとして作用する。

3 **たいていの人は，大人になるまでに，政党や宗教上の所属グループなどと深い関わりあいを築くので，メディアによる個々のメッセージは弱められて影響力を失ってしまう。**たとえその集団のメンバーがそこにいて助けなくても，これらの関わりあいによって，人はそのメッセージを拒否する。メディアの利用は，これらの関わりあいに呼応している傾向がある。たとえば，共和党員と友好関係にある有権者は，共和党の雑誌を定期購読し，ラジオでは主に共和党の政治家の言うことに耳を傾けている。

4 **メディア効果が生じるとしても，それはあまり大きくなく，単発的なものだろう。**国内の全域で膨大な数の人々が態度や行動を変えることはないだろう。どちらかといえば，ある少数の人々——たいてい，何らかのかたちで他人の影響から切り離された人々や，社会的危機によって長い間集団との関わりあいが損なわれていた人々——が影響を受けるのかもしれない。

### 態度変容理論

説得と態度変容の関係は，有史以来と言っていいぐらい以前から思索されてきたことだが，これらの現象の系統だった研究は20世紀になって始まったばかりである。第二次世界大戦は態度変容に関して，一連の思索を発展させる「実験室」を提供することとなり，そしてその延長として，メディアと態度変容と

いうテーマの「実験室」にもなったのは明らかである。アメリカはその戦争に参加し、それが弾丸を用いる戦争であると同時に、心理戦であるということを確信していた。ナチスは大きな嘘［the Big Lie＝ナチスの宣伝相は「大きな嘘も声高に叫べば信じられる」と語った］の力を証明することになったのである。アメリカは効果的に反撃できるようにならなければならなかった。しかし、日本人やドイツ人と対決する準備ができるまで、アメリカは、国民の関心を国内へと向けておかなくてはならなかった。1930年代、国内には強力な孤立主義的感情や平和主義的感情があった。こうした傾向が非常に強かったために、1940年の選挙ではナチスが西ヨーロッパのほとんどを征服していたにもかかわらず、ルーズベルトはアメリカは戦争に参加しないと約束した。イギリスへの援助も秘密裏になされた。パール・ハーバーの爆撃まで、日本との間には和平交渉が行なわれていたのである。

　こうして、態度研究に関心をもっている人は、第二次大戦から重要な刺激を3つ受けた。1つは、ヨーロッパにおけるナチスのプロパガンダ活動の成功が、民主主義および人々の賢明さへの信頼というアメリカ的考え方に対する挑戦となったことである。強力な悪の思想は、十分に正当性を主張できなかった良い思想を圧倒してしまうかのようであった。ナチスのプロパガンダに対抗し、アメリカの価値観を守るための戦略が必要とされていた。戦争初期には、たとえば、戦時情報局の顧問をしていたカール・J・フリードリヒ（1943）が、軍で進行中の研究戦略、すなわち説得に対する心理的障壁を見つけ出し、ある特定のメッセージ群がどのようにして、効果的にそれらの心理的障壁を打ち破るのかを測定する、という戦略を概説している。

　大戦がもたらした研究への2つめの刺激は、実際にはより緊急性の高いものであった。アメリカ中のあらゆる地域から、さまざまな経歴をもった多数の男女が急遽募集され、訓練され、そして軍隊に入れられていた。これが、テレビが出現する前であり、高等教育も広く行き渡っておらず、地方がまだ地方のままで都会化される前のことであったことを考えれば、軍隊は、これらの兵士たちが何を考えているのかを見定め、彼ら——北部の人間と南部の人間、東部の人間と西部の人間、都会の少年と地方の少女——を大義に向かって知的かつ情緒的にとりまとめていく方法を見出す必要があったことはすぐにわかるだろう。

　3つめの刺激は、単に利便的なものであった。軍隊は訓練で兵士を見ていた

が，その同じところで心理学者は被験者，それも追跡しやすい被験者を見ていたことになる。被験者の個人情報がすでにたくさん入手できていることは，特筆すべきことである。なぜなら，それがあれば，今日私たちが態度変容理論と呼んでいるものの研究方針を決めやすいからである。陸軍教養教育局司令官であるオズボーン少将は，「社会科学の近代的な手法が，このように大規模に，また，このように有能な専門家によって用いられたことはかつてなかった。この研究はもともと軍隊のために行なわれたものなので，その軍隊にとっての価値は大きいが，それと同じぐらい，社会学者にとってもとても価値あるものだ。」と熱く語った（Stouffer, Suchman, De Vinney, Star, & Williams, 1949, p.vii）。しかし，それに負けず劣らず社会科学者たちにとって重要なのは，この草分け的研究がその後20年間の社会科学研究の流れを決めたということである。

## カール・ホヴランドと実験部

陸軍の教養教育局には調査部門があった。その調査部門のなかに，心理学者のカール・ホヴランド率いる実験部があった。その第一の使命は「教養教育局のさまざまな計画やプログラムの有効性を実験にもとづいて評価することにあった」(Hovland, Lumsdaine, & Sheffield, 1949, p.v)。実験部は最初，ドキュメンタリー映画と，陸軍省のオリエンテーション用の映画シリーズでハリウッドの映画監督フランク・カプラが制作した『なぜ戦うのか』（*Why We Fight*）に研究の焦点を絞っていた。しかし，陸軍でもよくメディアを利用するようになったので，実験部は「性質がきわめて多様な……他のメディア」(p.vi)も研究することにした。研究者たち自身が書いている（p.vii）ように，「実験部が研究対象としたテーマは非常に多様であり，すべての研究を1つにまとめた報告書を出すことは不可能であった。しかし，映画，映写スライド，そしてラジオ番組の効果に関する研究群をまとめて，マスメディアの有効性に関して，系統立てて論述することはできそうだった」。彼らは，自分たちの報告書を「マス・コミュニケーションに関する実験」と呼んだ。そして，明らかにそれによって，研究グループのリーダーであったホヴランドの評判はあがった。

ホヴランドはもともと行動主義や学習理論の研究者であったため，**変動をコントロールする**という手続きを用いて態度変容の本質的諸要素を突き止めたり，

シンプルな実験を考案するということが得意であった。彼はいくつかの刺激物（たとえば映画）を取り上げ，重要だと思われる諸要素を系統的に分離して，単独の効果や組み合わせの効果を検討した。

実験部は，陸軍の当面の必要性に合わせて，評価研究，すなわち，『なぜ戦うのか』シリーズがその教化目標に適しているかどうかを調べる研究に着手した。プロパガンダの影響力に関する一般的な考えにもとづけば，映画を観れば態度は劇的に変わるだろう。大衆社会論のある説にもとづけば，すべての兵士は，その経歴やパーソナリティにかかわらず，映画のメッセージによって容易に操作されてしまうはずである。軍事訓練は典型的な大衆社会的経験を引き起こすはずであった。個々の兵士は自分の家族や仕事や社会集団から引き離されている。彼らは，それぞれが個人として孤立しており，プロパガンダに対しておそらく非常に無防備だっただろう。

それにもかかわらず，ホヴランドの研究グループは，軍隊のプロパガンダは予想されたほど影響力をもたない，という結果を出した。映画は知識を増やすことには成功していたが，（主たる目的の）態度や動機への影響という点においては，それほど効果的ではないということがわかった。最も効果が見られた映画でさえも，主として，既存の態度を強化したにすぎなかった。態度を変えたという事例はほとんど見られなかった。概して，その映画が特にねらいを定めた態度だけが変化を示した。戦争に関する楽観的態度，あるいは悲観的態度といった，より包括的な態度は変化しにくかった。

軍用映画によっても態度はほとんど変わらず，変わったとしても，それは兵士たちの個人差から説明できるという事実は，大衆社会論や，プロパガンダは強固な信念や態度でさえ根本的に変えることができるという仮説と直接矛盾するものであった。戦争に向けて大急ぎで訓練され隔絶された兵士たちが，最も巧妙に仕組まれたプロパガンダに影響を受けないのであれば，普通の人たちが非常に影響されやすいなどといえるだろうか。ラザースフェルドの研究によっても示されたように，これらの経験的事実は，これまでの理論的パラダイムとは矛盾しており，新しい概念化が必要であることを暗示していた。

最初の評価研究のなかの2つめの成果は，その後の態度変容理論の方向を決める重要なものであった。ホヴランドとその研究者たちは，3本のシリーズ映

■**変動をコントロールする**　実験における諸要素を系統的に分離したり処理すること。

画のうちの1本,『英国の戦闘』(The Battle of Britain) という50分映画を調べていくなかで,次のことを見出した。つまり,最初映画は,イギリスに対する態度を変化させることよりも事実情報を伝える点で効果的である。しかし時間が経つにつれて事実に関する知識を伝える効果は減少し,イギリスに対する態度が実際,より肯定的なものになるという効果がみられた。この研究者たちは,時間が態度変容における鍵となる変数であることを発見した。もしかすると,プロパガンダの効果は大衆社会論や行動主義者の見解ほど即時的なものではなかったのかもしれない。ホヴランドの研究グループは,これらのゆっくりとした態度変化に関してさまざまな説明をまとめ上げた。しかし,なぜ,時が経つと,最初にメディアが促した方向への態度変容が強まるのか,という問いに科学的に答える正確な方法は存在しなかったため,ホヴランドと彼の研究チームは,「一般化の可能性がより高い結果を得るために,新しいタイプの研究——変動をコントロールした実験——を考案した。ここで用いられたのは,他の要因をコントロールしておいて,ある特定の要因を系統的に変えるという方法である。この方法によって,特定の要因の影響を見きわめることが可能になるのである」(Hovland, Lumsdaine, & Sheffield, 1949, p.179)。

　研究者たちが検討した変数のなかで最も重要な変数の1つは,説得における一面提示と両面提示である。2通りの編集をしたラジオ番組を用いて,主張を一面的に論じる番組(戦争は長引くだろう)と,主張を否定する内容も含んで両面的に論じる番組(戦争は長引くだろう,しかしそれとは異なる見方も示す)を聞かせた。もちろん,どちらかの実験のラジオ放送を聴いた人は,放送をまったく聴かなかった人よりも態度に大きな変化が見られたが,2通りの番組を聴いたグループ間に違いは見られなかった。ホヴランドはこれを予想していた。この結果を受けて,彼は人がもともともっている視点の重要性を検討した。彼の研究は,一面提示は,すでにそのメッセージに対して好意的な態度をもっている人の場合により効果的であり,両面提示は,多様な視点をもっている人の場合により効果的であるということを明らかにした。さらに,ホヴランドは教育程度に注目し,両面を提示するやり方は,より学歴の高い人に効果的であるということを発見した。

　このように,この心理学者たちのグループは,態度変容というのは非常に複雑で,扱いにくいものであると結論づけた。メッセージ自体がもつ特徴が,そのメッセージを受け取る人々がもつ特徴と影響しあうことはありうるし,実際

に影響しあうケースもよくあったとしている。突如，たくさんの重要な研究課題が湧いてくるような状態だったのだろう。たとえば，最初ある立場に反対していた人に両面的な考えを提示した場合，その人の学歴が低かったら何が起きるのだろうか。こうした課題がその後数十年にわたり，説得研究を刺激し，2世代にわたって研究者たちに議論を挑んだのである。

## コミュニケーション研究プログラム

　態度変容の概念は非常に複雑なものだったので，ホヴランドは系統立った研究計画を提案し，それを実行した。戦後，ホヴランドとその仲間はそれに没頭することになった。ロックフェラー財団から資金を得て，ホヴランドはエール大学にコミュニケーション研究プログラムを創設した。研究は，ホヴランドが態度変容に中心的役割を果たすと考えたいくつかの変数，すなわち，メッセージの発信者（communicator），コミュニケーション内容，そして受信者（audience）に関して集中的に実施された［原著では発信する側をコミュニケーター，受信する側をオーディエンスと表現しているが，ここでは日本語としてのわかり易さを考慮し，コミュニケーターを発信者，オーディエンスを受信者と訳している］。

　この研究は，態度と態度変容に関する科学論文や重要な書籍を多数生み出したが，そのなかでも最も重要なものは1953年に出版された『コミュニケーションと説得』であった。原本を忠実に読むことが，そこに書いてある研究結果のすべてを理解する最善の方法ではあるが，この発展性をもつ研究を包括的に概観すれば，説得と態度変容の複雑性について何らかの指針を得ることができるだろう。

　発信者について検討するため，ホヴランドと彼の研究グループは情報源の信憑性（source credibility）が説得効果に及ぼす影響を研究した。ここでは発信者の信憑性を真実性（trustworthiness）と専門性（expertness）の2つに分けている。予想されるように，信憑性の高い発信者は態度変容に大きな影響を与えるが，低い者が態度変容に与える影響は小さかった。

　コミュニケーション内容について考察するため，ホヴランドとその研究グループはその内容について，一般的な2つの側面を検討した。すなわち，説得的

アピールそれ自体の特性と，その説得的なアピールがどのように構成されているのかについて検討したのである。

エール大学の研究グループは，特に「恐怖アピール」に焦点を絞り，強く恐怖を引き起こすような提示ほど，態度変容も大きくなっていく，という論理的に導かれる仮説を検証した。この関係はある程度成立することがわかったが，その恐怖がどのぐらい鮮明に示されているか，また，受信者がどの程度の不安状態にいたのか，発信者をどのように評価していたのか，そしてその問題についての知識を事前にどれぐらいもっていたのかといった変数が，態度変容を弱めた場合も，あるいは強めた場合もあった。

ホヴランドの研究グループは，説得内容の構成に関しては話はいくらか単純だと考えていた。発信者は議論の結論を明言すべきなのか，それとも暗示にとどめるべきなのか。一般的には，議論の結論を明示的に述べるほうがより効果的であるが，常にそうだとは限らない。発信者の信頼性，受信者の知的レベル，考慮中の問題の性質と受信者にとってのその問題の重要性，そして受信者と発信者の間にある最初の同意のレベル，それらすべてがメッセージの説得効果を左右していた。

いかにうまく説得メッセージが伝えられたとしても，すべての人が同じように説得されるわけではない。そこで，エール大学の研究グループは受信者の先有傾向を調査することにした。この調査研究は，受信者の説得されやすさに影響を及ぼしそうだと考えられる要素，つまり，受信者が帰属集団や，個々のパーソナリティの相違をどの程度重要だと考えているかを中心に実施された。

いわゆる「反規範的コミュニケーション」が説得効果に及ぼす影響力を検討した結果，ホヴランドの研究グループは，集団の一員であることに高い価値をおいている人ほど所属する集団成員のもっている態度と自分の態度をぴったりと一致させており，したがって態度を変えることに非常に抵抗を示すことを証明した。もしあなたがビッグ・テン［アメリカの大学競技連盟。オハイオ州立大学，インディアナ大学，イリノイ大学，パデュー大学，アイオワ大学，ミネソタ大学，ウィスコンシン大学，ミシガン州立大学，ノースウェスタン大学，ミシガン大学の10大学からなる］の大学に通っていて，大学のスポーツ・チームに深い関心をもっていたとしたら，誰かがあなたを，大西洋岸リーグ（The Atlantic Coast Conference; ACC）のほうがより優れた選手たちでチームを編成している，と説得できるとはとても考えられない。しかし，もしあなたが同じ

ビッグ・テンの大学に通っていたとしても，大学スポーツにほとんど関心がなかったら，態度変容の標的となりやすいだろう。特に，あなたの大学のチームがACCのチームにひどく負けるようならなおさらである。

説得されやすさの個人差の問題は，ある特定のことがらについてある人が進んで説得されるかどうかの問題ではない。説得研究では，個人差とは一般的に影響されやすい人のもつパーソナリティ特性のことを指す。知性はよい例である。より聡明な人のほうが説得的主張の影響を受けにくいだろうと思いがちであるが，これは事実ではない。より聡明な人は，受け取ったメッセージが根拠のしっかりしたもので論理的な主張であるならば，他の人に比べて説得されやすい傾向がある。エール大学の研究グループは，自尊心，積極性，そして引きこもりなどの個人特性を検証してみた。しかし，知性でもそうだったように，これらのパーソナリティ特性は，当然示されるだろうと思われたほど単純ではっきりとした関係を示すことはなかった。なぜだろう。それは，人がもつすべてのパーソナリティ特性は，説得的コミュニケーションの発信者に対する評価，そのメッセージ内容への評価，ある態度をとるかとらないかで与えられる社会的報酬や制裁について理解しているか，などと切り離して作用することはないからである。わたしたちがこれから見ていくように，個人差からは説得の効果を予測できないというこの見解は，その後数十年間，私たちのメディア効果についての理解を偏ったものにしたのである。

## メディア効果に着目する研究の出現

1950年代から1990年代にかけて，説得研究はメディア研究に影響を与えた。ラザースフェルドらの研究はもちろん，初期の説得研究によって生み出された諸モデルをたどってみると，実証的なメディア研究はメディア効果の研究にばかり集中していた。メルヴィン・デフレー（Melvin DeFleur, 1970, p.118）は「マスメディア研究における学術調査や現代理論の発展を支配してきた熱烈な問いは，単純な表現，すなわち，『何がマスメディアの効果だったのか』に集約できる。それは，私たちを説得するという観点から見て，私たち個々人にマスメディアがどのように影響を及ぼしてきたのか，という問いである」と書いている。

効果研究の個々の発見は非常に多彩であり，互いに矛盾してさえいるが，互いに関連した2つの経験的一般化が浮かび上がってきた。これらの一般化は，先に概説した限定効果論のパースペクティブとも一貫しており，それを強化するのに役立った。この一般化の主張は，マスメディアの影響はほとんどいつも（a）個人差と（b）集団の成員であること，あるいはその人間関係に媒介されているために，直接的に働くことはほとんどないというものである。これら2つの要因は，メディアの影響を効果的に遮るものとしてよく用いられるものである。次々と行なわれた研究がこれら2つの要因の存在を確証し，これらの要因がどのように働くのかに関する，私たちの理解を広げてくれた。デフレー（1970）は，「マス・コミュニケーションの効果に関し，現代の思索を集約する具体的公式化」を提案し，この一連の研究群をまとめ上げた。

　これら2つの公式は，明らかに説得と態度変容の理論から導かれたものである。

1 **個人差**理論は，人はそれぞれ心理的性質が大きく異なり，各々見方が異なるので，メディアによる影響は人によって異なる，と主張した。より明確にいえば，「メディアのメッセージには特定の刺激特性があり，オーディエンス個々人のパーソナリティ特性によってそれぞれ相互作用が異なる」（DeFleur, 1970, p.122）のである。

2 **社会カテゴリー**理論は，「ある刺激に直面したときの行動が多かれ少なかれ均一的である都市工業化社会には，多様な共同体，集合体，あるいは社会的カテゴリーが存在することを前提とする」（DeFleur, 1970, p.122-123）。さらに，社会的に同じような背景（たとえば，年齢，ジェンダー，年収，宗教）をもった人々は，同じようなパターンでメディアに接触し，そのメディア接触に対して同じような反応を示すであろう。これらの一般化の一部はラザースフェルドの研究に由来するものであるが，調査と，態度変容の研究者たちが行なった実験はともに，社会カテゴリー理論の妥当性を立証してきたので

---

■**個人差**　個々人の心理的性質の相違。これがメディアの影響を人によって異なるものにする。
■**社会カテゴリー**　ある集団あるいは集合体の成員は，メディア刺激に多かれ少なかれ同じように反応するという考え。

ある。

## 選択的過程

　態度変容理論における1つの中心的な見解は，**認知的一貫性**という考えであり，ラザースフェルドからクラッパー，デフレーまで，大きな影響力をもつマス・コミュニケーション理論家たちによって採用された（採用のされ方はさまざまで，呼び方もさまざまだが）。前に言及したように，ラザースフェルドは，人は自分の価値観や信念と合うメディア・メッセージを身の回りから探し出しているようだ，という結果を見出した。この研究結果は，人々は現在自分がもっている意見に異議を唱えるようなメッセージを避けることによって，自分たちの意見を維持しようとすることを示すものであった。説得研究が進むにつれ，研究者たちはより直接的な証拠を求めるようになった。認知的一貫性とは「認知的にバランスのとれた状態を維持する，あるいはその状態へ戻ろうとする（個々人の）傾向であり，そして……この均衡状態を保とうとする傾向が，人が受け入れるであろう説得的コミュニケーションの種類を決める」と定義される（Rosnow & Robinson, 1967, p.299）。この著者らは，「一貫性仮説は，数々の理論公式……すべての認知的一貫性に関わる公式のなかでも基礎となるものであるが，多くの関心を集め，論争を巻き起こしたのはレオン・フェスティンガーの**認知的不協和**理論である」とも書いている（1967, p.299-300）。

　フェスティンガーは，不協和理論の基本的な前提とは，人がすでにもっている価値や信念と一致しない情報は，心理的な不快（不協和）を生み出し，その不快は取り除かれなくてはならないのだと説明した。すなわち，一般的に人は自分の自己認識や世界認識を多少なりとも一貫性のあるものとして保とうとするのである。より厳密にいうと，フェスティンガーがいうように，「心理学的に，相互に矛盾するさまざまなことがらに出会うと，人はさまざまなやり方でそれらをより矛盾のないものにしようとする」（1962, p.93）。これらの「やり

---

■**認知的一貫性**　意識的，無意識的にかかわらず，人は自分の現在の見方を維持しようとする，という考え。
■**認知的不協和**　人がもっている既存の態度と矛盾する情報は，心理的不快ないし心理的不協和を引き起こす。

方」は，ひとまとめにして**選択的過程**として知られるようになった。ある心理学者たちは選択的過程を，脅威になりそうな情報から自分（そして自我）を守るために，私たちが日常的に用いている防御メカニズムであると考えている。別の心理学者たちは，それらは単に，絶えず私たちに降り注ぐ膨大な量の感覚情報を処理するための，習慣化した手続きにすぎないと主張している。いずれにしても選択的過程は，感覚データから最も有用なパターンをすばやく見分け，それに神経を集中させると同時に，この感覚データから不用なものをふるい落とすという複雑で高度に洗練された濾過装置として機能しているのである。

「（マス）コミュニケーションそれ自体だけが，その効果を生み出す原因だとはとても思えない」と論じるなかで，クラッパー（Klapper, 1960, pp.18-19）は「補強は先有傾向や選択的接触［多くのなかから何を選び出して接するのか］，選択的知覚［何を知覚するか］，そして選択的記憶［何を記憶するか］に関連する過程によって促進されている，あるいは促進されている可能性がある」と彼の結論を述べている。これらの選択的過程が，メディア内容の消費者をどのようにしてメディアの影響から守るのかということに関する彼の説明は，フェスティンガー自身の主張を的確に反映している。クラッパー（1960, p.19）は「概して人は，自分の現在の態度や興味と一致するマス・コミュニケーションを利用する傾向がある。意識する，しないにかかわらず，人は自分とは反対の傾向をもつコミュニケーションを避ける。それでも万一賛成できないものに接してしまったら，人はよくそれを見なかったかのように振る舞ったり，あるいは自分がそのときもっている見方と一致するようにそれを作り直して解釈したり，あるいは，自分と同じ意見のものよりもずっと簡単に忘れ去ってしまうようである。」と書いた。

態度変容の研究者たちは，3種類の選択性について研究を行なった。すなわち，接触，記憶，そして知覚の選択性である。これらの概念はその後，ずっと広く批判され続けているので，非常に注意して解釈すべきだと心に留めておかなければならない。それぞれを論じながら，それらの主な限界をいくつか指摘していこう。

**選択的接触**とは，人はすでにもっている態度や関心に一致すると感じるメディア・メッセージに接触したり注意を向けたりする，という傾向であり，また

---

■**選択的過程**　接触（注目）し，知覚し，そして記憶するという，不協和を低減する心理過程。

同時に，不協和を生み出すようなメディア・メッセージを避ける傾向のことである。民主党員は自分たちの党の全国党大会をテレビで見るだろうが，共和党の催し物が放送されるときにはボーリングに出かけてしまう。ラザースフェルド，ベレルソンとゴーデット（1944, p.89）は，彼らがエリー郡で行なった選挙投票研究において「忠実な党員（共和党員と民主党員）の約3分の2は，自分たちと反対の立場をとる党よりも自分たちの支持する党の主張をより多く見たり聞いたりしようとしていた……しかし——これが重要なのだが——人は党派心が強くなるほど，自分自身を反対の視点から隔離しようとする傾向が強まる」ことを発見した。

振り返ってみると，1940年代には，通常，人々のメディア利用のパターンは，自分の社会階級や所属集団と強く結びついていたことに気づく。新聞はまだ政党と強い関係をもっていた。最も顕著なのは共和党員であった。たとえば，共和党員は共和党のバイアスが強くかかった新聞を読み，民主党員は民主党寄りの新聞を読むか，あるいは共和党びいきの内容を意図的に排除する方法を身につけていた。ラジオ局は政治的な内容を避けようと努力していたが，しかし主要な政治スピーチはときおり放送した。話し手の政治的立場が好きではないとわかっていたら，簡単にその放送を避けることができた。この60年の間にメディアが変化してくるにつれ，新聞が党に偏ることははるかに少なくなり，新聞読者の人口統計的データは変化してきた。今日，主要な放送局と印刷メディアは，政治的に偏った内容を掲載することを避けたり，注意深くバランスをとって政治ニュース記事を作っている。人々が支持政党の意見を選別することは難しくなってしまった。大統領候補は，自分の党の支持者たちの結びつきを軽視し，党の政策を超えて万人に奉仕できる能力があることを強調することによって，ますます無所属の有権者をターゲットとした選挙キャンペーンを行なうようになっている。調査研究は，政治情報への選択的接触が一様に減少していると報告しているが，これは驚くにはあたらない。かつて視聴者たちがメッセージを避けたりふるい落とすことを可能にしていた，内容についての明確な手がかりはすでに失われてしまったのだ。

**選択的記憶**とは，人が以前からもっている態度や関心と一致する情報を最も

---

■**選択的接触** 人は自分が以前からもっている態度や信念と矛盾しないメッセージに接触する傾向がある。

よく，そして最も長く覚えている傾向を示すようになる過程のことである。あなたが「A」の評価をとった講義をすべてあげてみよう。「C」の評価をとった講義をすべてあげてみよう。おそらくAの評価をもらった講義のほうをよく覚えているだろう。しかし，心を乱すような，あるいは脅威となるような情報を覚えていることはよくあることである。あなたが危うく単位を落としそうになった最近の講義をあげてみよう。あなたはその講義や講師をなんとか忘れようとしたことはないだろうか。あるいは，あなたが忘れることができたらいいのにと思っていることのなかにそれらが深く刻まれているのではないだろうか。もし，選択的記憶が常に，覚えていたくないと思っていることから私たちを守ってくれるように働くのなら，自分の抱えている問題を忘れることに何の困難もなかっただろう。これが簡単にできる人もいるようだが，心を乱す情報にこだわる傾向をもつ人もいる。選択的記憶に関する現代の捉え方は，思い出された現象が各人にとってどれくらい重要なのかというレベルとその記憶とを結びつけているのである。

　これらの過程はバラバラに生じるわけではないことを心に留めておくなら，(やったことがないことを記憶しておくことはできない)，**選択的知覚**とは，メッセージの意味を当人の信念や態度と一致させるために，精神的，あるいは心理的にメッセージを作り直すことである。クラッパーは選択的知覚がどのように働くかの一例として，オルポートとポストマンの噂の研究を紹介している（Allport & Postman, 1945）。これら2人の心理学者は，何人かの人々が電車に乗ってけんかをしている絵を提示した。けんかをしているのはカミソリを握った白人男性と素手の黒人男性であった。この場面を見た人々はその後，別の人に，その人はまた次の人へと順番に，場面を説明するようにいわれた。1945年のアメリカでは，必然的にナイフが黒人男性の手に握られていることになった。オルポートとポストマン（1945, p.81）は「外界にあったものが心のなかにあったものになる。客観的なものが主観的なものになる」と結んでいる。

　選択的過程の働きを立証した態度研究者たちは優秀な科学者であった。しかし，彼らの発見は，私たちが今日知っているものとはまったく違うメディアと，

---

■**選択的記憶**　人は自分にとって最も意味のあるメッセージを最もよく，最も長く覚えている傾向がある。
■**選択的知覚**　受け取った人が，メッセージのもつ意味を変えてしまうために，メッセージは既存の態度や信念と矛盾しないものとなる。

## インスタント・アクセス

### 態度変容理論

【有効性】
1 メッセージが効果をもたらしうる過程と効果をもたらしえない過程とに深く注意を払っている。
2 メディアの影響が形成されるときの、個人差および所属集団の影響を洞察している。
3 どのように人が情報処理しているのかを明らかにする手助けとして、選択的過程に注目した。

【限界】
1 実験において諸変数を操作することにより、それら諸変数の影響力を過大評価し、メディア効果を過小評価する。
2 メディア・メッセージの情報に焦点を当て、今日のより象徴的なメディアそのものには焦点を当てていない。
3 態度変容を唯一の効果尺度として用いており、既存態度の補強やよりとらえにくいかたちのメディアの影響は無視している。

---

まったく違う様式をもつメディア内容の利用を前提としていた。1940年代と1950年代には、映画が主たる娯楽メディアであった。ラジオはかなりの量のニュースを伝えてはいたが、それは一般に政党の意見を流すこともなく、短くて非常に説明的なレポートであった。新聞が主要なニューメディアであり、テレビは存在していなかった。テレビはすべてのメディアを、情報を伝達するものからイメージやシンボルを伝えるものへと変化させた。現代の多くの映画は、わくわくしておもしろい映像を作るために、話の筋や登場人物の性格づけを犠牲にしている。あなたの1番好きなラジオ局（2番め、3番めを加えてもいい）は、伝えるとしても、たぶん必要最低限のニュースを伝えるだけだろう。新聞記事はだんだん短くなり、図はよりカラフルでおもしろくなり、テレビ画像から取ってきた写真を定期的に紙面に掲載するような新聞も国内各地で多く見られるようになった。今日、私たちが、1940年代の祖父母たちがしてきたのとはまったく違う方法で情報を処理しているのは、驚くことではない。

　選択的過程は、態度を研究する理論家によって分類され、マス・コミュニケーション理論家たちにすぐに利用されたが、今日、メディアの影響を理解する

うえで，なぜオルポートとポストマンの時代ほど有益ではないと考えられるのだろうか。それを説明するために，彼らの実験を私たちの時代へともってきてみよう。

もし，話し手がテレビに現れ，図表や「事実」を揃えて，ある民族集団やある人種は本質的に危険であり，暴力的犯罪を起こしがちであるとか，あるいは彼ら以外のほとんどの人より劣っていると主張したら，選択的過程が理論上スタートするはずだ。確かに，何人かの人種差別主義者たちはその番組にチャンネルを合わせ，それを好んで見るだろう。しかし，ほとんどの人は見ないだろう。その番組をたまたま見てしまった人は，その話し手を，愚かで，異常で，軽蔑するにも値しない人として選択的に知覚するのは間違いないだろう。3週間後，この人はそれをまったく覚えていないわけではないにしても，曖昧な記憶しかもっていない状態だろう。

しかし，テレビ・ニュースが——ホワイト・カラー層が起こした犯罪より暴力犯罪のほうがむしろ取材しやすいし，また暴力犯罪，特にテレビスタジオ近くの繁華街で起こった暴力犯罪のほうが銀行業界のスキャンダルよりもずっと魅力的な映像を提供するからという理由で——他の犯罪をほとんど除外してスラム地区の犯罪を報道したらどうなるだろうか。娯楽番組制作者が，時間や番組構成やほかにも制約があるために（Gerbner, 1990），それらの犯罪者をたとえば暗くて，不可思議で，変わった人物として頻繁に描き出したとしたらどうなるだろうか。選択的過程は今までどおり作動するだろうか。私たちが日常的に依存している，いたるところにあるマスメディアが，均質的なメッセージや偏ったメッセージを繰り返し供給するなら，私たちの心理的救命維持装置を活性化させる不協和情報をどこで手に入れるのだろうか。

オルポートとポストマンの研究から50年以上たった今日でもなお，ナイフは白人男性の手から黒人男性の手へと移動するのだろうか。なぜ私たちの国（警察や官僚，メディア，私たち）は，チャールズ・スチュアートが語った，ボストンで出産を控えた夫婦らが両親学級から帰るとき，ある黒人男性が妊娠中の妻を撃ったという話や，1994年にアメリカ中の大部分の人々を確信させた，アフリカ系アメリカ人の車窃盗犯が彼女の2人の幼い息子を溺死させたというスーザン・スミスの話（ボックス6 a 参照）をそんなにやすやすと受け入れてしまうのだろうか。これらの問題は，マス・コミュニケーションを，情報という観点からではなく，もっと記号的な意味で影響力をもつものと見なす理論を取

## チャールズ・スチュアートとスーザン・スミス
### ──オルポートとポストマンの研究を振り返る

ボックス6a-1

アメリカにおける人種関連の2つの恥ずべき事件は，マクロレベル，あるいは文化的レベルにおいて選択的知覚が作用した好例である。1990年10月23日の晩，近い将来父親になるはずだったチャールズ・スチュアートが，自分の車からボストンの911緊急サービスへ電話をかけてきた。「妻が撃たれた，私も撃たれた」と彼はあえぎながら言った。「ああ痛い。妻はハァハァという息づかいもしなくなってしまった，息をしていないんだ。」彼の半狂乱で死に物狂いの電話のテープは，ラジオやテレビの地方局そして全国放送で流された。この嘆願に応じる緊急チームとたまたま共に行動していたニュース・クルーが身の毛のよだつようなシーンを映像に捉えていた──30歳の妊婦が死亡しており，彼女の頭部は襲撃者の弾丸によって粉砕されている。そして，この若い夫婦の車は血の海である。

しかし，幸運にもスチュアートはこの残虐行為を犯した獣がどんなヤツだったか説明することができた。犯人はいらだった声の黒人で，ジョギング・スーツを着ており，スナップドノーズ38口径を振り回していた。襲撃はボストンの多様な人種が住むミッション・ヒル地区の暗い通りで起こった。市長のレイモンド・フラインは，手の空いている刑事全員にこの事件にあたるよう命じた。警察と主な役人がキャロル・スチュアートの葬式に出席し，重症を負ったチャールズを病院に見舞った。フライン市長は彼を英雄と呼んだ。

まもなく，警察は手当たり次第に1日200人もの男性を呼び止め，職務質問と身体検査を行なった。その男性たちの何が疑わしかったのだろうか。彼らは若い黒人であった。

ボストンの全米黒人向上協会の会長であるルイス・エリサは，町の雰囲気を「リンチ集団」のようだと語った。有名な黒人コミュニティのリーダーであるチャールズ・スミス牧師は，「最悪の黒人像」をその報道のなかで示し続けたメディアの「やりすぎ」を非難した。結局，警察は長い犯罪歴をもつ無職の黒人男性，ウィリアム・ベネットを逮捕した。正義は貫かれた。

が，そうではなかった。3ヶ月後，まさに警察がその正体をあばこうとしていたそのとき，チャールズ・スチュアートが凍ったミスティック川に身を投じて自殺した。彼は保険金を受け取って愛人と新しい生活を始めるために，妻を殺害し自分自身をも銃で撃っていたのだった。

どうしてこのようなことが起こったのだろうか。連邦政府の犯罪統計が，合衆国で殺害された全女性の3分の1は夫によって殺されたことを示しているにもかかわらず，この極悪非道な男は，なぜ警察，メディア，そして市民を，こんなに

第6章　限定効果論の登場

ボックス6a-2

も劇的に，こんなにも長い間，騙すことができたのだろうか。いったいどうして1人の男が，潔白な人々を恐怖に陥れるようなことを警察にさせることができたのだろうか。オルポートとポストマンは1945年の段階で，その答えがわかっていた。

『タイム』誌（Carlson, p.10）は1990年に答えを出している。殺人者を黒人男性と特定したことで，スチュアートは「ドラマの幕を開けた。そのドラマのなかでは，CBSがこうした事件について作り出しそうなテレビ・ドラマの台本を皆で演じているがごとく，報道陣や警察，検察官，政治家，そして市民がそれぞれ自分の役を演じた。スチュアートは，疑いをかけられるどころか同情を集めた。メディアは，スチュアート夫妻を都市の残忍者に命を奪われたキャメロットからきた夢見る恋人たちとして神格化した。」

少なくとも国中がその教訓を学んだ。しかし，再びそうとはいえないような事件が起こった。スチュアートのときと同じように，スーザン・スミスの冒険物語もある女性からの911への電話通報から始まった。「うちの玄関に女性がやってきたんですが，その人はこう言うんです。彼女の2人の子どもが乗っていた車に突然男が飛び乗ってきて子どもを連れて走り去ってしまったっていうんです」とその電話の主は，1994年10月25日に，サウスカロライナ州の警察通信指令員に話した（Gibbs,1994,p.44）。3歳と14ヶ月の2人の男の子の母親は，取り乱しながらも，少なくとも，誘拐犯がどんな人だったか説明することができた。すなわち，肌の色は黒く，20歳代で，ジーンズと格子縞のシャツ，ニット帽を身につけていたという。ただちに，何千という警察官，FBI，州警察，そしてボランティアの人たちが探索を始めた。スーザンは泣きながらTV番組『トゥデイ』に現れ，誘拐犯に赤ちゃんを返すように哀願した。その若い母親が彼女の大切な息子たちのビデオテープを見せたので，アメリカ中の人が彼女と一緒に涙した。しかし，誘拐事件の2週間後，スミスは，まさにその子どもたちを車のシートに縛りつけ，彼女の車である1990年型のマツダを湖へと走らせ，2人を溺死させたことを自白した。スチュアートと同じように，スミスもまた恋人と新生活をスタートさせたいと思っていた――そして，子どもたちは邪魔になるだけだと考えたのだった。

疑い深い警察が事件を解く鍵をつかんだのだ。誘拐された子どもが家族の誰かに連れ去られている確率は，見知らぬ人に連れ去られている場合より100倍も高いことがわかっているので，警察はスミスを容疑者リストから決して外さず，その犯罪の詳細について問い，圧力をかけていた。しかし，残りの人たちはどうだろうか。捜索に加わった人たちはどうだろうか。NBC『トゥデイ』のプロデューサーは？　スミスはどのようにしてそんなにも多くの人をそんなにも長い間騙すことに成功したのだろうか。これについても，オルポートとポストマンが1945年

> **ボックス6a-3**
>
> の段階で，答えを出している。1994年にリチャード・ラカヨは彼の答えを『タイム』に書いて示した。「スーザン・スミスは，誘拐犯の風貌がどのようなものであるべきか知っていた。誘拐犯は拳銃をもった無慈悲な見知らぬ人であろう。しかし，その犯人像の不可欠な部分——隣人たちにまず同情心を起こさせ，いかなる疑惑をも断ち切ってくれることを彼女が期待していたに違いないその特質は，犯人の人種であった。容疑者は黒人である必要があった。さらに，ニット帽をかぶり，人によっては海賊の眼帯と同じように威嚇されてしまいそうな，どちらかといえばヒップ・ホップ系の洋服を着ている黒人ならなお良い。それはすべての人に非常になじみのある凶悪犯のイメージではなかっただろうか」(Lacayo, p.46)。

り上げる後の章で取り扱うことにする。

## ホヴランド‐ラザースフェルドの遺産

　説得研究によって集積された実証研究から得られた知識という財産と，さらに重要なのだが，それが生み出した，ときには矛盾し，決定的ではなく，状況によって変化する研究課題は，数十年にわたって多くのコミュニケーション研究者たちの関心を集めてきた。ラザースフェルドによって生み出された調査研究の数々の発見とともに，これらのデータは大衆社会という観念に異議を唱え，結果としてそれを衰退させた。次章では，このデータすべてにもとづいていると主張する，新しくて非常に影響力をもつあるパラダイムがどのように出現したのかについて論じよう。ミラーとバーグーン (Miller and Burgoon, 1978, p.29) は，ホヴランドの研究に関してコメントするなかで，「『エール大学グループ』の古典的な著書は……ユダヤ・キリスト教信仰の熱心な信者によって『創世記』で協議されるのに匹敵するほど独創的だと認められた。」と，新しいパラダイムがその初期に強力な影響力をもっていたことを認めた。

　この研究はその存在を認める価値はあるが，崇敬するにはあたらない。それは徹底的で，洗練されていて，開拓的ではあった——しかし，それは真理ではなかった。ラザースフェルドの調査研究とともに，ホヴランドの研究は，まさに何千という研究成果と，そしてコミュニケーションの過程に関して何十もの

知的精錬をもたらした。しかし，半世紀以上を経た現在，私たちはこの研究全体を視野に入れ，その多くの功績だけでなく，その限界をも理解し始めたばかりである。新しいパラダイムはコミュニケーション過程に重要な光を放ったが，その過程のすべての面を照らすことはできなかった。光線が当たった範囲は狭く，些細な特性をいくつか明るく照らしはしたものの，コミュニケーション過程について重要な特徴をいくつか覆い隠してしまった。このように，新しいパラダイムが，社会全体におけるマスメディアの役割について私たちの総合的理解にもたらしたものは，良く言っても紛らわしいものであり，悪く言えば誤ったものであった。

## 実験による説得研究の限界

　ラザースフェルドが発展させた調査研究アプローチと同様，エール大学グループのアプローチにも重要な限界があった。ここではそれらを一覧し，ラザースフェルドの調査研究に関して書かれた限界と比較する。

1　**実験に関係のない変数をコントロールし，独立変数を操作するため，実験は実験室や他の人工的な環境のなかで行なわれた**。しかし，これらの実験結果を実際の世の中の状況に関連づけようとすると困難なことが多かった。実験室の結果を一般化しようとして深刻な間違いがたくさん起きた。また，ほとんどの実験は比較的短時間の間に行なわれる。すぐに生じない効果は発見されないのである。ホヴランドが長期間後の効果を発見したのは，単に，彼が研究していた軍事訓練生を比較的長期間利用できたからという理由にすぎなかった。ほとんどの研究者はこのような贅沢はできない。研究者によっては学生や囚人のような「とらわれの」，しかし一般性のない集団を研究対象にするしかなかった。

2　**研究者が特定のメディア・メッセージの即時的効果を研究する場合，実験は調査と正反対の問題を抱える**。本章で前述したように，調査を用いて特定のメッセージの効果を研究するのは不可能ではないかもしれないが厄介である。調査とは対照的に，実験は，小規模な，あるいは同質的な集団の人々に

及ぼす特定のメディア内容の即時的効果を研究するには非常に適している。しかし，大規模で異質な人々のメディア利用パターンについて，その累積的影響を研究することには適さない。

　実験研究のこの限界は，蓄積されてきた研究結果に深刻な偏りを生んだ。個々のメディアの影響に関して研究し比較することは難しいため，実験研究は多くの場合，（映画のような）マスメディアを通じて伝えられたメッセージを研究した結果と，（たとえば，大人がボーイスカウトのグループに森の中で行動する技術がいかに大切かについて話すような）話し手によって伝えられたメッセージを研究した結果，あるいは印刷物による意見表明を研究した結果とを区別してこなかった。その結果，説得研究はメディアの影響力それ自体から注意をそらし，メッセージ内容に注意を集中するようになった。たとえば，1972年頃になってもアラン・エルムスは次のように書いている。「ある芸術作品や娯楽作品では，まさにメディア自体が大きなメッセージであるといえるかもしれないが，説得力があるように企図されたコミュニケーションでは（いかに適切に考えられた説得コミュニケーションであっても）メディア自体がメッセージ性をもつことはほとんどない」（p.184）。しかし，若いアメリカ人の兵士にイギリス兵を信頼するように賞揚するまじめな講義が説得効果を上げるなら，なぜ陸軍は映画『英国の戦闘』（*The Battle of Britain*）を発注したのだろうか。もしあなたが，世界貿易センタービルがテロリストに襲撃されたことを人から聞いたのだとしたら，この話をただちにしかも全面的に信じただろうか，それとも情報を求めてニュース・メディアを調べただろうか。あなたが平均的なアメリカ人だったら，その情報を確認しようとテレビをつけただろうし，番組制作者たちは放送番組をコマーシャルで中断されない24時間ニュース・チャンネルに変えて協力してくれただろう。説得ということを考えれば，メディアは，広義にはメッセージであるといえるのは明らかである。ほどなく，この主張は真剣に取り上げられることになった。

3　ラザースフェルドのアプローチと同様に，ホヴランドの研究もメディアの**影響を評価することにおいては本質的に慎重であるが，それはまったく別の理由にもとづくものである**。ラザースフェルドはメディアの影響力を，他の社会的変数や人口統計学的変数と比較して論じた。これらのメディア以外の

変数のほうがたいてい，より大きな影響力をもっていた。実験では，いろいろな変数が，調査データを分析するときのように統計学的にコントロールされることはない。実験室から目的以外の変数を除外し，被験者を実験群と統制群にランダムに割り当てることによって変数がコントロールされる。しかしながら，研究者たちは多くの場合，目的と無関係な変数をコントロールするときに，メディアの影響力を強化したり拡大する重要な変数として今日私たちが認識している変数を除去してしまっていたのである。たとえば，テレビを見ている間や直後に他の人々と交わされる会話は，メディア効果を広範囲にわたって強める傾向があるということを今日私たちは知っている。研究者が実験室から会話を除去した場合，個人的な会話が自由に交わされるような状況でのメディアの影響力を，研究者は意図的に過小評価することになってしまうだろう。

4　**調査研究と同様，実験は時系列的なメディアの影響を調べるにはあまりに粗雑な手法である。**おそらく研究者は実験グループを作って，数週間から数ヶ月経ってからその実験グループを実験室に連れてくるだろう。こうした継続的な実験方法はその結果に容易に影響を与えたり，結果を偏ったものにする可能性がある。実験に参加して，数ヶ月にわたって数日ごとに実験室を訪れるようあなたが頼まれたと想像してみよう。そうしたらその数ヶ月の間にあなたは女性が暴行をうけたり，レイプされたり，殺害される映画を見ることもあるだろう。これらの映画に対するあなたの反応は，長期間でどのように変化するだろうか。もしあなたがそうした映画が好きで，日頃からそうしたものを探しているとしたら，反応は変わらないだろうか。このような研究では，男性の被験者は女性とは対照的に，暴力に対して鈍感になるという結果が見出されてきた。男性被験者たちは，かなりの確率でこの犯罪を起こしたレイプ犯よりもレイプされた被害者を非難する傾向がある。この研究は何を証明するのだろうか。研究者が拷問や傷害行為の場面を終わりまでしっかり見せることができたなら，その根気強い研究者は平均的な男性を鈍感な動物にしてしまうことができるのだろうか。それとも，隔週で暴力映画視聴実験へ参加している大学生はやがては退屈になり，すべての暴力的エピソードに刺激を受けることはなくなるということを証明しているのだろうか。あなたは男性被験者として，どちらかといえば現実のレイプ被害者を非難する傾

向があるだろうか，それともどちらかといえば単に実験室のビデオテープで見た被害者を非難する傾向があるだろうか。一般的なメディア内容の長期的効果を確証することはきわめて困難であり，非常に熟練した研究者たちによる論理的議論を刺激してきたのである。

5 **調査と同様に，実験でも探究することのできない変数が数多くある。**たとえば，現実の世の中のいくつかの状況はあまりにも複雑すぎて，実験室でそれを再現し実験することはできない。また，ある独立変数を操作することには倫理的に問題があったり，非合法な場合さえあるだろう。

## まとめ

1938年の『宇宙戦争』は限定効果パラダイムの到来を告げた。このパラダイム・シフトはポール・ラザースフェルドとカール・ホヴランドによってもたらされた。実験研究法が洗練され，大衆社会論者が自分たちの見解に証拠を見出せず，新しい研究方法が商業的利益につながり，政府とビジネス界両者から資金援助を得，そして非常に多様な学問分野へとこれらの方法が普及するという恩恵を受けた。

ラザースフェルドは理論構築のため帰納的アプローチを支持し，メディアの影響の2段階の流れという概念を発展させるために，1940年の有権者研究やそのほかの研究で機能的アプローチを用いた。その当時のほかの諸研究と共に，2段階の流れモデルは限定効果パラダイムの輪郭を発展させる助けとなった。限定効果パラダイムとは，メディアが直接影響を及ぼすことはまれであり，メディアの影響はオピニオン・リーダーを通じてメディアからフォロワーへと伝わる，また，集団に帰属していることで人々はメディアの影響を受けにくくなるし，メディア効果が生じた場合でも，それはささやかで一時的なものであるというものである。

ホヴランドと他の心理学者たちはこの限定効果論を支持した。これらの科学者は変動をコントロールすることによって，個人差や多様な集団に帰属することが，態度変容に及ぼすメディアの影響力を限定的なものにしていると証明した。これが必然的に不協和理論の発展を導いた。不協和理論とは，人々は意識

的にせよ無意識にせよ，あらかじめもっている態度や信念に反するメッセージの影響を制限するようにふるまうというものである。この不協和は，選択的接触（注目），選択的記憶，選択的知覚によって低減された。

### さらに深く検討しよう！

**1** オーソン・ウェルズの『宇宙戦争』は初期の限定効果研究者にとって重要であった。同様に，フランク・カプラのドキュメンタリー映画シリーズ『なぜわれわれは戦うのか』も重要であった。マス・コミュニケーション理論の変容を促進したこれらの創造の天才とその作品について，ウェブ上でもっと学ぶことができる。これらのサイトから調べ始め，そしてそこで提供されているリンクをたどってみよう。

オーソン・ウェルズ　　http://www.fansites.com/orson_welles.html

フランク・カプラ　　　http://www.imsa.edu/~mitch/director/capra.html

**2** インフォ・トラック学生版を使って，できるだけたくさんの心理学の学術誌を見つけ，その目次を調べよう。説得や態度変容に焦点を絞った論文をいくつか見つけられただろうか。見つけられたら，おもしろそうなものをいくつか読んで，それらがエール大学の研究グループや同時期の研究者たちが行なった初期の態度変容研究にいかに依存しているかを確認してみよう。

**3** インフォ・トラック学生版を使って，政治学か社会学の学術誌の目次をいくつか調べてみよう。2段階の流れ仮説や投票行動研究の参考図書を見つけられただろうか。見つけられたら，おもしろそうなものをいくつか読んで，いかにそれらがラザースフェルドやキャントリルのような研究者たちの初期の投票行動研究に依存しているかを確認してみよう。

### 批判的思考のための問い

**1** 世界貿易センタービル攻撃がもつ意味を理解しようと，あなたは個人

的にどの程度オピニオン・リーダーに頼っただろうか。その解説を聞くためにどの程度メディアを利用しただろうか。オピニオン・リーダー以外の人に頼ったのなら、その人たちはテロ攻撃の理由についてどこからその情報を手に入れたと考えられるだろうか。

**2** テロリストの攻撃を受けて、ほとんどのアメリカ人は国旗や国家のような合衆国のシンボルを強く信奉した。大統領支持率は90％を上回った。政府への信頼は、ベトナム戦争以前の1960年代、ウォーターゲート事件、そしてモニカ‐ゲート事件以来見たことのないレベルにまで回復した。これはメディアの圧倒的な報道によって引き起こされたメディア効果だったのだろうか。それとも、それは外国の敵による攻撃に対する「自然な」反応だったのだろうか。

**3** 2001年9月11日に起こったニューヨークとワシントンのテロリストの攻撃以前に、あなたはイスラム教について何を知っていただろうか。イスラム世界については？　タリバンは？　サウジアラビアやロシア‐アフガニスタン戦争へのアメリカの関与についてはどうだろうか。あなたが知っていたことのうち、どのぐらいがマスメディアから得た情報だっただろうか。あなたはとくにどのメディアから、知識を得ただろうか。これらの事象についてあなたはどういう態度をとっただろうか。どうしてそういう態度をとったのだろうか。メディアの影響でないとしたら、何に影響されたのだろうか。アメリカの生活と歴史にやがて大きく浮かび上がるこれらのことがらについて、あなたがほとんど知らなかったり、何の意見や態度ももっていなかったとしたら、それは誰の責任だろうか――メディアの責任だろうか、それともあなたの責任だろうか。

**4** あなたは、不確実な時代に自分の将来をどのように描こうとしているだろうか。さまざまな職業のなかから見込みのありそうな仕事だと判断するとき、あなたはどの程度メディアに依存しているだろうか。どんなライフスタイルがあなたに合っているかや、他の人々との関係をどのように築いたらいいかについて結論を出すとき、メディアは助けになっているだろうか。

**5** どう投票するのかを決めるのに，多くの人々が他者に依存している政治システムは何か間違っているのだろうか。すべての選挙ですべての候補者について熟知する責任があるということを，すべての人が前提としなければならないのだろうか。あるいは，どう投票するかを決めるために他者や政党をあてにすることは容認できることだろうか。もし，ほとんどの人が政治に無関心だったら，民主主義は危機に瀕するのだろうか。

**6** メディアの効果に関していえば，あなた自身は個人的に多かれ少なかれメディアに影響される傾向があると思っているだろうか。あなたはテロリスト攻撃について，友人からの情報よりもニュースに影響されただろうか。なぜ影響されたのか，または，なぜ影響されなかったのだろうか。広告についてはどうだろうか。最近の広告キャンペーンであなたに必ず商品を買おうと思わせた広告があっただろうか。広告の何がそんなに説得力をもっていたのだろうか。

### 重要な人物と文献

Allport, Gordon W. (1967). "Attitudes." In M. Fishbein, ed., *Readings in Attitude Theory and Measurement*. New York: Wiley.

Cantril, Hadley, Helen Gaudet, and Herta Herzog (1940). *Invasion from Mars*. Princeton, NJ: Princeton University Press. (キャントリル『火星からの侵入――パニック状況における人間心理』斎藤耕二・菊池章夫訳，川島書店，1971)

Hovland, Carl I., Irving L. Janis, and Harold H. Kelley (1953). *Communication and Persuasion*. New Haven, CT: Yale University Press. (ホヴランドほか『コミュニケーションと説得』辻正三・今井省吾訳，誠信書房，1960)

Kuhn, Thomas (1970). *The Structure of Scientific Revolutions*, 2nd edition. Chicago: University of Chicago Press. (クーン『科学革命の構造』中山茂訳，みすず書房，1971)

Lazarsfeld, Paul F., Bernard Berelson, and Helen Gaudet (1944). *The People's Choice: How the Voter Makes Up His Mind in a Presidential Campaign*. New York: Duell, Sloan & Pearce. (ラザースフェルド，ベレルソン，ゴーデット『ピープルズ・チョイス――アメリカ人と大統領選挙』時野谷浩ほか訳，芦書房，1987)

# 7 中範囲理論による限定効果パラダイムの統合

　アメリカではテレビの黄金期は1950年代に始まり，1960年代いっぱいまで続いた。毎日のように新しいテレビ局が開設された。テレビは飛ぶように売れ，屋根のアンテナはステータス・シンボルとなった。1960年代に瞬く間に普及したカラーテレビは，この新しいメディアの人気を不動のものにした。人々は進んで大枚をはたき，不安定で不明瞭な映像しか映らなかったテレビをなんとかしながら見ていた。

　この20年の間に，アメリカの日常生活は劇的な変化を遂げた。多くのアメリカ人，特に子どもたちがテレビを見るために家で過ごすようになり，それに伴って友人や親戚を訪ねる時間が著しく減少した。人気番組が放映されている間は，近隣の道路や公園では人けがなくなった。

　新しいメディアはアメリカにどのような影響を及ぼしたのだろうか。私たちの知能や道徳心を徐々に蝕んでいくようなマイナスの効果があったのだろうか。一部の社会的エリートの間では，大衆社会論がこれまでとは違ったスタイルで再び議論されるようになった。次々と出版される書物は，私たちが気づかないうちにテレビによってまき散らされる大衆文化がもたらす影響について，さまざまな推測を書き連ねた。ある者は，テレビは人生における大切なことから注意をそらし，私たちを受け身のカウチポテト族にしていると警告した。人々を啓蒙するハイ・カルチャーの影響力は，テレビの愚かな娯楽番組によって弱まっている。情報をテレビに依存するようになったら，私たちはどのようにして善良な市民となりうるのだろうか。専門家のなかには，数年のうちに人々の読み書き能力はまったくなくなってしまうだろう，テレビが読み書き能力を退化させてしまうだろう，と主張する者もいた。読み書き能力のない人々による国家が自治を実現できるだろうか。そのような国がどうやって科学者や医者や教

師を輩出し続けることができるだろうか。

　特に，テレビが子どもに与える影響は大きな注目を集めた。1世代の間にきわめて大きな社会問題が生じるほど，テレビは子どもたちの経験を根本的に変えてしまうのだろうか。ローレンス・フリードマンによると，「精神科医は，長期的にテレビを見続けると，人格的・身体的・知的能力を失い，病理学的な面で影響が出るという深刻な問題を提起した。彼らは，テレビ視聴がもつ受動性が，自閉症へと導き，性格を依存的・分裂的・内向的なものにする傾向があると考えている」(1961, p.190)。テレビで暴力シーンが放映されることで，未成年者の非行が蔓延するのではないかという懸念の声もあがっていた。

　これらの不安が数多くの研究プロジェクトの発足へとつながったことは驚くことではない。ウィルバー・シュラム，ジャック・ライル，そしてエドウィン・パーカー (1961) が指揮をとった研究は，特に意欲的なものだった。1950年代末，シュラムは実証的なメディア研究者の間で脚光をあびる存在になりつつあった。彼はイリノイ大学にコミュニケーション科学研究のための最初のリサーチ・センターの1つを設立し，そして，同じようなリサーチ・センターを設立するためにスタンフォード大学に勤めることになった。教育テレビ・ラジオ・センター (the National Educational Television and Radio Center) から莫大な助成金を受けて，彼とスタンフォード大学の研究グループは，社会科学的研究手法を用いた研究は，アメリカの子どもたちの生活にテレビが果たす役割に関して重要な識見を提供しうる，ということを示すために研究を始めた。

　1958年から1960年にかけて，スタンフォードの研究チームは10都市で11の調査を行なった。6000人の子どもと2000人の親に対して面接調査が行なわれた。シュラムと彼の研究チームは1961年に，研究者だけでなく親も読めるようなかたちで調査結果を発表した（調査デザインとデータ分析はすべて方法論の補足として挿入された）。彼らの著書は限定効果パラダイムの強みと限界の両方をあわせもつ典型的な例となった。限定効果パラダイムは，シュラムと彼の同僚らが研究に着手するまでに約20年かけて開発されてきたものである。彼らは，テレビが子どもに与える影響についての問題に幅広く取り組むために，面接調査を中心とする新たに洗練された実証的研究方法を用いた。コンピュータを用いたデータ分析のおかげで，研究者たちは文字通り何千という変数間の関係を検討し，統計的に有意な関係をもつ変数だけを取り出すことができた。

　しかし，スタンフォードの研究チームは，明瞭な理論的枠組みを1つも用い

ることなく，この研究を行なっていた。その代わりに限定効果パラダイムに沿って初期の研究から明らかになった選択性や個人差に関する考え方などを含む，経験的一般化の寄せ集めに依拠しつつ研究した。これらはフロイト心理学や行動主義など多様な研究領域から得た知見と組み合わされた。シュラムと彼のチームはこれらの見解に沿って研究を進めたが，限定効果パラダイムのほとんどの研究者たちと同様，彼らはよく練られた理論的枠組みによって自分たちの研究が「偏った」ものにされることを嫌っていた。彼らの最終的な目的は，むしろ系統だった経験的観察にもとづく理論を構築することにあった。この目的のために，彼らはデータの整合性を確認し，次にそれらを要約して解釈する，というように帰納的に研究を行なった。彼らの得た結論とはどのようなものであったのだろうか。彼らは次のように書いている。

> どのような識者であれ，テレビが子どもにとって良いとか悪いとか単純に言い切ることはできない。……ある子どもたちにとって，ある条件下において，あるテレビ番組は有害である。同じ条件下でも別の子どもたちには，あるいは同じ子どもたちでも別の条件下においては，テレビは有益だろう。たいていの条件下において，ほとんどの子どもにとって，ほとんどのテレビ番組は，おそらく特に有害でも有益でもない（Schramm, Lyle, and Parker, 1961, p.1）。

　自分の関心に対する答えとして，これにまったく満足できない読者がいるだろうということは研究チームはわかっていた。親は，テレビがほとんどの子どもにどのような影響を及ぼすか知りたかったわけではない——自分の子どもにどういう影響を及ぼすのかを知りたかったのである。スタンフォード研究チームのアプローチは，メディアが個々の子どもに与える影響については説明することができなかったが，メディアによる破壊という過度に単純化された大衆社会論の概念は排除した。研究者たちによれば，テレビのもたらす効果は「テレビの特性と視聴者の特性との間の相互作用」と見なすのが最も有益だろう。
　残念ながら，1960年にはこの相互作用がもつ本質について，ほとんど何もわかっていなかった。したがって，それを明らかにする解決策は，これらの変数間の相互作用を探るためにさらに研究することだった。研究者たちは自分たちの研究がもつ潜在的な力については楽観的だった。彼らは，近代的なデータ分析技法を用いれば因果関係を効果的に調べることが可能になり，その結果，テ

レビ利用と影響に関して最終的な結論が導かれると期待していた。信頼性のある経験的事実にもとづき，テレビ効果に関して有益な理論を構築できると信じていたのである。とりあえず，テレビが私たちに何らかの影響を及ぼしているとしても，ほとんどの状況下で，ほとんどの人は，それほど影響を受けないのだと安心することはできたのである。

　シュラム，ライルとパーカーの研究を分析するなかで，シェロン・ロワリーとメルヴィン・デフレー（1995）は次のように指摘している。シュラムとその研究チームは彼らの著書のいたるところで，悩める親たちの恐怖感をやわらげ，慰めとなるように，伝統的な子育てについて自明のことがらも含んだ暗黙の理論を提示していた。事例が分析されるなかで，経験的事実がこれらの賢明な教訓を裏づけるものとして次々と解釈された。すべてはきわめて単純だった。「良い」親は，家族や友人が正しいと言うことに従いさえすればよく，新しいメディアを恐れることはまったくない。この見解によると，幼年時代とは，子どもが手に負えない感情に悩まされ，奇妙な空想へ引き寄せられる不安定な時期であると見なされた。したがってこうした感情や空想を刺激するテレビに惹きつけられるのは驚くことではない。子どもというものは，まだ自制することや規則に従うことを習得していない。子どもは自分たちにとって何がよいものなのかわからないのだ。親は子どもがこうした危機を乗り越えるのに必要なしつけと手引きを与えなければならない。そうすれば彼らは分別のある責任をもった大人へと成熟することができる。このように，シュラムたちの研究グループはテレビの出現が子育てを劇的に変えたわけではないと主張した。それは単に古くからの問題（たとえば，漫画を読むこと）のいくつかを取り除き，新しい問題へと置き換えたにすぎなかった。テレビは子育て上の問題をいくつか悪化させるかもしれないが，親にさらにほんの少しの配慮と理解があれば対処できるのだと研究者たちはアドバイスした。ロワリーとデフレーの言葉によれば，

> 端的に言って，テレビを見ることによって「地獄に落とされた」子どもたちもいるだろう……「テレビから守られた」のは，WASP［アメリカの支配的特権階級を形成するとされるアングロ・サクソン系新教徒白人］世界の愛情や信頼，そして中流階級の価値観を享受していた子どもたちである。これらはテレビが潜在的に抱える難問に対するいたって単純な解答だった。(1995, p.263)

研究者によって集められ分析されたデータは，間接的また表面的な証拠しか示していなかったにもかかわらず，こうした解答が示された。ロワリーとデフレー（1995）が述べたように，研究はすべて横断的（ある特定の時期に実施された）であったが，シュラムの研究チームは時間を経て生じる子どもたちの発達上の変化についても確固とした結論を引き出そうとした。そのために，彼らはテレビというメディアそのものがさまざまに変貌していくなか，育った都市も年齢も異なる子どもたちを比較せざるをえなかった。この状況証拠にもとづいて，研究者は中流家庭の子育て習慣を評価し，テレビによっていかなる脅威がもたらされようとも，その子育ての習慣がその脅威を効果的に中和するであろうという——悩める親には励ましのメッセージだが，社会科学にとっては評価できない——結論に達した。テレビ業界やアメリカ政府もこのメッセージがもっともらしく，しかも自分たちを利するものであることに気づいた。というのは，このメッセージは，両者が自分たちの利益を脅かしたり，政治的論争になるような行動をとることから免責したからである。

歴史上の皮肉として興味深いのは，これとまさに同じ時期に，シュラムとまさに同じスタンフォード大学のキャンパスで，心理学者のアルバート・バンデューラ（Albert Bandura）が，子どもがメディアから攻撃性を学習する能力について，かなり説得力がある（そして潜在的に非難する）初期研究を行なっていたことである（たとえば，Bandura, Ross, & Ross, 1963；第8章を参照）。このことは，マス・コミュニケーション科学者が結果を解釈する際に，支配的な限定効果パラダイムがどんなに影響しているかについて何らかのヒントを与えるに違いない。

## 本章の流れ

1960年代から1970年代にかけて，限定効果パラダイムはアメリカのマス・コミュニケーション研究を支配していた。理論の新しいパラダイムが優位になっていくのは，その新しいパラダイムを中心になって支持する者にとっても普通は予期できないものである。政治的イデオロギーとは異なり，社会理論は通常公共の場で議論されることはない。新車や歯磨き粉のブランドとは異なり，そ

れらが国中の視聴者を前にテレビカメラの前にさらされることもない。前章で述べたように，新しいパラダイムというものは，ポール・ラザースフェルドやカール・ホヴランドのような鍵となる人のひらめきで，ゆるやかに編成された研究コミュニティによって生み出される。一握りの大学でコミュニティが形成され，彼らの影響力は次第に外へと広がっていく。コミュニティのメンバーは，共同研究や大学院教育を通じてパースペクティブを共有するようになる。若手研究者は特定の理論や研究手法を用いるよう訓練される。

　研究コミュニティの発展とともに，彼らの基盤となるパラダイムも徐々に成熟していく。ある特定のコミュニティが大きくなり，広く受け入れられるような研究を生み出すようになってくると，ある時点で歴史に残る，シュラム・チームの研究のような画期的な研究が発表される。こうした研究が，対立するパースペクティブに対して，そのパラダイムの優越性を堅固にするのである。

　本章では，限定効果パースペクティブの重要性と有用性が増してゆく先駆けとなった，「古典的」研究のいくつかを論じる。シュラムのスタンフォード研究チームが行なった研究のように，これらの研究はパラダイムがもつ力を明らかにし，即時的で実用的な価値をもつ結果を生み出すことができるのだということを示した。これらの結果は，メディアの役割について重要で困難な問題を指摘した。しかしながら研究者たちは，非常に不十分でまとはずれな証拠にもとづいて，一般化しすぎたり大胆な主張や提言を行なうことが多すぎた。メディアが限定的な効果しかもたないという見方は，財団や企業，政府といったスポンサーもまた安心するような考え方だった。最も成功する研究者は，自分のアプローチや研究成果をこれらのスポンサーに売り込む優秀な事業家であった。これらの理論——機能分析，情報の流れ理論，情報普及理論，現象論的アプローチ，大衆娯楽理論，多元的エリート論——を歴史のなかに位置づけ，それらがコミュニケーション研究に絶えず及ぼしている影響を正しく判断していこう。

## パラダイムの構築

　科学のパラダイムの発展を議論するなかで，トーマス・クーン（1970）は次のように論じている。偉大な人物はパラダイム・シフトを引き起こすが，その

革新的なパースペクティブを確固たるものにするのに必要な下働きは技術者が行なう。——それは個々の研究プロジェクトをてきぱきと実行する人たちである。各プロジェクトは，パラダイム構築のために次々とブロックを積み上げる。ラザースフェルドやホヴランドのような優れた研究者は，高層ビルを設計する建築家のようなものである。つまり，何千という研究者たち一人一人の仕事がなければ，彼らの青写真は役に立たないのである。

　建築のように，いったん構築されたら，パラダイムは自分の道を歩むことになる——それらは建築家の夢を具現化していくのだ。残念なことに，現実が，夢見る人たちの甘い希望と一致することはほとんどない。1960年までは，限定効果パラダイムは，まだ半分しか建設されていない高層ビルのようなものだった。トップの建築家たちが考案した計画に従って，何千もの調査や実験が実施された。高層ビルの鉄骨の枠組みにあたる構造は組まれていたが，細部の多くはまだ詰められていなかった。私たちがずっと論じてきた研究がこの構造を概説している。メディアはある状況である人々に対しては影響を及ぼすが，ほとんどの状況で，ほとんどの人に対しては影響を及ぼさない。しかし，どのメディアが，どの人に対して，どのような状況のもとで，影響を及ぼすのか。この問いに答えるためにはパラダイムをさらに練り上げる必要があり，そのためには多くの研究活動が必要だった。

　物理的な建築物と異なり，パラダイムは目に見えない。実際に役立つようにするには，限定効果パラダイムを描き出す必要があった——すべての研究を見渡し，それらの整合性を確認する地道な努力が必要とされたのである。その後にこれらの整合性を説明する新しい理論が作られなければならなかった。1950年代末まで，社会研究者たちは，競合する無数の概念化と発見に悩まされた。限定効果パラダイムがいったん確立すると，それはこれまでの研究結果の大部分を集約することができたので，実証的な方法をとる研究者たちの間で，急速に受け入れられていった。このパラダイムにうまく適合しないものは，不明瞭な結果だと退けられた。

　支配的な影響力をもつまでに，パラダイムはきわめて困難な発展期をくぐり抜けてきている。シュラムのような人々に導かれた新世代の研究者たちは，先行研究を再検討し，その上にパラダイムを築いた。新しい研究が行なわれ，パラダイムに一致するような新しい理論が展開された。この２世代めの研究者のほとんどは，先駆的な実証主義研究者たちに教育されていたか，または彼らの

著作から強く影響を受けていた。

　個々の実証的研究の寄せ集めのなかから意味を見出す試みは，失敗に終わっていた可能性もある。優れた研究素材があったとしても，研究者たちは自信を失ったり，結果を誤って解釈したり，誤った結果をもとに理論を構築したかもしれない。実証的研究を実施するための資金を考えれば，この段階における企業や財団，政府による資金提供はきわめて重要だった。さらにロックフェラー財団，コロンビア放送局［現CBS］，国立科学財団などの大手のエリート資金機関による資金提供は，この研究にお金を出すだけでなく，パラダイムを正当化することになった（Gary, 1996）。

　1950年代後半には，すべての人々，あるいはほとんどの社会研究者たちにとってさえ，限定効果パラダイムの有効性は明確なものではなかった。多くの人たちは，帰納法に依存し，推論を用いないことに困惑していた。そのパラダイムを唱える研究者たちへ強硬な反発もあった。多くの場合，これらの反論は不適当だと考えられていた――それは新しいパラダイムを誤って解釈していたり，量的調査に対する偏見にもとづいた反論にすぎなかった。しかし，ときには，このパラダイムの強みも限界も熟知している人が批判を展開した。ハーバード大学の社会学者C・ライト・ミルズの批判が，おそらく最も鋭く致命的なものだった。ミルズはラザースフェルドから個人的に指導を受けており，1943年に行なわれたディケーター市の主婦の調査では現場を指揮した。1950年代初頭，彼は実証的社会研究を見限り，やがてそれを「曖昧な経験主義」と呼ぶようになった。彼は，実証的社会研究が「社会学的な想像力」（Mills, 1959）を窒息させ，社会秩序への大きく誤った洞察を生むと論じた。彼は特に，新しいパラダイムが現体制を正当化する結果を出す傾向があると危惧していた。ミルズはアメリカの社会秩序には抜本的な改革が必要だと信じており，新しいパラダイムはあまりにも保守的で抑制的すぎると考えたのである。彼の批判の根拠とその挑戦の結果については，本章の後半でまた論じよう。

## ロバート・マートン――パラダイム構築の達人

　パラダイム構築家の弟子の多くはその師に追従したが，限定効果パラダイムを発展させることはほとんどなかった。彼らは単に実証的研究を実施し次々に

わき出てくる多くの研究課題に取り組むことだけで満足していた。それでもなかには意欲的な研究者や思慮深い熱心な研究者も何人かいて，それまでになされてきたことを吟味しようとした。彼らは個々の研究成果すべてをどうまとめ上げ，照合できるのか知りたかったのである。そのためには新しい理論が必要だった。新しい理論が作られていくなかでパラダイムの枠組みがより明確になっていった。

　幸いなことに，1人の優れた理論家がこれらの研究者の研究を導き刺激した。ロバート・マートンはまさに，エミール・デュルケムやカール・マルクスの伝統をひく大社会学理論（grand sociological theory）の世界と，ラザースフェルドやホヴランド，シュラムが行なった微視的社会学的観察（microscopic sociological observation）の世界の橋渡しをした人物といえる。実証的研究は最終的に一連の抽象的理論の構築にたどりついて初めて成功する，とマートンは確信していた。1940年代末に，多くの実証的研究者が助成金を申請し，フィールド調査を行ない，実験をし，データを報告することに満足していたなかで，マートンは研究への実証的アプローチを支えるパラダイム構築の必要性について執筆を始めていた（Merton, 1949）。

　社会学者としてのマートンの名声を高めた著書は，『社会理論と社会構造』（1949）であった。彼のパラダイム構築技法に関する業績は，1950年代から1960年代にかけて続き，『理論社会学について』（1967）の出版でその評価は頂点に達した。20年以上もの間，マートンは思慮深く内省的な多くの実証的研究者を指導してきた。その研究者に自分たちの研究を理解するパースペクティブを与え，帰納と演繹を融合する必要性を説いた。他の誰でもない，マートン自身が新しいパラダイムの構想上の基盤を提供したのだった。

　マートンは，彼が言う「中範囲理論」を熱心に唱えた。社会的行為のすべてのあり方を説明しようとする社会学の大理論（すなわち大衆社会論）とは異なり，中範囲理論は，実証的研究を用いて探究されてきた，あるいは探究されうる行為のなかで，限られた領域や限定された範囲のみを説明するように作られた。マートンによると，

> 一部の社会学者たちは，一般的な社会理論公式というものが，社会的行動や組織，そして社会変動について正確で詳細なさまざまな観察を包含するほど適用範囲が広く，また，研究者の注意を実証的研究の諸問題に向けさせるほ

ど実りが多く，すぐにでも理論構築が期待できるかのように書いている。しかし，これは私に言わせれば早計であり，予言的信仰にすぎない。まだ準備は整っていない。予備的研究もまだ十分になされていないのだ。(1967, p.45)

マートンは，中範囲理論を次のように説明した。

1 中範囲理論は限られた仮定の組み合わせから成り，その仮定から特定の仮説が実証的調査によって論理的に導き出され，確認される。
2 中範囲理論は各理論が別々のままではなく，より大きな理論のネットワークに統合される。
3 中範囲理論は十分に抽象的なので，さまざまな社会的行動や社会構造の領域を取り扱うことができ，純然たる記述や経験的一般化の枠を超えている。
4 この種の理論はミクロ社会学的な諸問題間の相違を超越する。
5 中範囲理論は知らないことを明確化しようとする態度を内包している。実際には知らないことを知っていると偽らず，なおいっそうの知識を得て基礎を固めるためにまだ何をしなければならないかを明確に認識するということである。 (1967, p.68)

　メディア研究者たちをはじめ，ほとんどの実証的研究者たちがそれまでに行なっていたことに対して，中範囲理論は理論上有益な根拠をもたらした(Merton, 1967, p.56)。多くの研究者は，自分たちが理論上無益な障害だと考えたことは無視して，実証的な研究法の発展と適用に焦点を当てようと判断した。彼らは経験的一般化を行ない，それらを照合することにこそ社会科学の未来があると考えた。ラザースフェルドとホヴランドによる一連の研究例にならって，研究者たちは果てしなく調査と実験を行ない，個々の一般化を支持したり棄却するようなデータを集め，さらに実証的研究を必要とする新しい研究課題を絶えず見出していた。こうした研究活動のすべては，まず，中範囲理論を次々と生み出し，次に自然科学理論のような影響力と適用範囲をもつ包括的理論を構築していき，やがてまとめられるものである，とマートンは論じた。さらに，最終的にこの理論が完成した場合，それは，それまでの実証的根拠をもたない古い型の社会理論よりもはるかに優れた理論になるだろうと論じた。
　このように，中範囲理論は限定効果研究に，理想的な理論的根拠をもたらし

た。それは，いずれ個々の限定効果研究が総括され，メディアの役割について広いパースペクティブが構築されることを示唆していた。しかし中範囲理論には，すぐには顕在化しなかった重大な欠点があった。数え切れないほどの経験的一般化が検討されたが，それをより網羅的な理論へとまとめ上げる作業は，予想されていたよりもずっと厄介だったのである。多くの，興味深く有益な中範囲理論が作られた。しかし，中範囲という考えにもとづく網羅的な理論には決定的な限界があった。限定効果パラダイムの一部として発展した，影響力をもつ中範囲理論をいくつか議論していくなかで，いくつかの欠点に触れていく。

## 機能分析アプローチ

『社会理論と社会構造』のなかで，マートンは，彼が「機能分析のためのパラダイム」と呼んだパラダイムを提唱した。それは（マスメディアの利用のような）社会的な人工物に関する研究で用いられた帰納的方法が，最終的にどのようにして，これらのものごとの「機能」を説明する理論構築へ導いていくかを概説したものであった。マートンは，人類学と社会学の研究を丹念に吟味することにより，機能分析での彼のパースペクティブを得た。**機能分析**では，社会を実質的に「均衡状態にあるシステム」と見なすことができると仮定する。つまり，社会はお互いに支えあい，相互に関連しあう複雑な諸活動から成り立っている。どんな形態の社会活動も，全体としてのシステムを維持するために何らかの役割を担っていると仮定するのである。

マートンと，マートンを支持する者を惹きつけた機能分析の特徴の1つは，その明白な価値中立性であった。従来の社会理論は，社会のさまざまな構成要素を「善」か「悪」かに二極分化して捉えてきた。たとえば大衆社会論は，メディアを，混乱を起こす破壊的なものであり，なんとかして統制下におかなければならない負の影響力をもつものとして捉えていた。機能主義者はこうした考え方を否定し，代わりに実証的研究はメディアの順機能と逆機能の両側面を

---

■**機能分析**　「システムが均衡状態にある」社会において，メディアがどのように貢献しているかという研究。通常，価値中立的である。

研究するべきだと主張した。そうすれば，メディアの全般的な影響力について体系的に評価することができるというのである。機能主義者は，社会科学にはメディアに関する価値判断をする基盤も必要性もないと考えた。むしろ，特定のメディアが社会に対して一定の機能を果たしているかどうかを判断するために，実証的調査が必要であるとした。

　原始的な部族社会を機能分析することによって，この考え方をさらに詳しく説明できる。機能主義者によれば，部族のすべての活動や慣習は相互に関連していると仮定できる。それゆえ，部族はある特定の自然環境で生き延び，適応していくことができるのである。部族の維持に貢献するすべての慣習は，善というより順機能的であるということができる。混乱を起こす有害な慣習は，すべて悪なのではなく逆機能的であると定義される。個々の習慣は，ある観点からは順機能的だと見なされ，他の観点からは逆機能的だと見なされることもあるだろう。部族のメンバーは，ある状況下で，助けられることもあれば被害を受けることもあるだろう。順機能的な慣習が優位を占め，逆機能的な慣習が最小限に留められている間は，その部族は栄えるだろう――この状態は，順機能的な慣習が逆機能的な慣習を相殺するので「釣り合っている」といえる。マートンはさらに，**顕在的機能**――それらがもたらす結果が意図されたものであり，かつ容易に観察できる――と**潜在的機能**――それらがもたらす結果が意図されなかったものであり，かつ観察されにくい――を区別した。

　1950年代から1960年代にかけて，この機能分析は多くのマス・コミュニケーション研究の理論的根拠として広く受け入れられた。研究者たちは，特定のメディアあるいはメディア内容の形態が順機能的か逆機能的か判断しようとした。メディアの顕在的機能と潜在的機能が研究された。わかったことは，機能分析が非常に複雑なものであるということである。さまざまな形態のメディア内容が，社会全体にとって，特定の個人にとって，社会のなかのさまざまな下位集団にとって，あるいはその文化にとって，順機能的にも逆機能的にもなりうる。すなわち，汚職政治家のことを社会に警告する報道はその社会にとって順機能的であるが，その政治家にとっては逆機能的なのである。仮にその政治家があるエスニック・グループ――たとえばアイルランド系やイタリア系といった

---

■**顕在的機能**　意図され認知されているメディア利用の結果。
■**潜在的機能**　意図されず認知されていないメディア利用の結果。

> **インスタント・アクセス**
>
> ## 機能分析
>
> 【有効性】
> 1. メディアとメディアの影響を，より大きな社会システムのなかに位置づけている。
> 2. 社会におけるメディアの役割についてバランスのとれた考え方を提供する。
> 3. 実証的研究にもとづくものであり，実証的研究を先導するものである。
>
> 【限界】
> 1. 現状を過度に受容している。
> 2. 逆機能は，順機能によってあまりにも簡単に「釣り合いがとれた」とされてしまう。
> 3. 負の潜在的機能は，正の顕在的機能によってあまりにも容易に「釣り合いがとれた」とされてしまう。
> 4. 社会におけるメディアの役割に関して，決定的な結論をなかなか認めない。

——の一員だったとしたら，その人種に対して人々の間に敵意が芽生えるかもしれない。すると，その報道はこの人種集団にとって逆機能的となるだろう。このように，社会にとっての順機能が，個人や特定のマイノリティ集団にとっての逆機能によって相殺されてしまう可能性がある。個人的には逆機能的であることでも，それが社会全体にとって順機能的である限り，個々人は我慢しなければならないこともあるだろう。

　この例は機能分析の，ある重要な問題点を描き出している。それは，メディアの全般的な順機能あるいは逆機能については，いかなる最終的結論をも得がたい，ということである。一般的に，機能分析は概して現状を正当化したり合理的に説明するような結論をもたらす。研究者や理論家たちは，逆機能は順機能によって釣り合いを保っていると言及するだけで，論争の的になる結論を出すことを容易に避けることができる。たとえば，既存のメディア内容の形態とそれを生産するメディア産業は順機能的であると見なすことができる。結局，もし社会全体が破綻をきたしていなければ，それは釣り合いがとれているに違いないことになる。そしてもし均衡状態にあるならば，メディアのような要因が全体に及ぼす影響は，プラスに働くか，もしくはほんの少しマイナスに働く程度のものであると推論できる。明らかにマイナスに働く影響であっても，プ

ラスに働く影響によって相殺される結果になるかもしれない。マイナスに働く影響を除去すると，それらと均衡を保っていたプラスに働く影響も除去することになるかもしれない。私たちはそのような犠牲を払ってもかまわないと思っているだろうか。研究者たちはもっぱらこうした均衡状態にあるさまざまな影響の存在を指摘し，それらについてできること，するべきことはほとんどないと結論づけることで満足してしまっていた。

　機能分析と限定効果パラダイムは相性がよい。もしメディアの影響力が些細なものであるならば，メディアはそれほど逆機能的になることはない。すでに見たように，たとえば1961年のシュラム，ライルとパーカーは，ある形態の暴力的なテレビ番組の視聴がある子どもたちをより攻撃的にしたが，多くの子どもたちにはほとんど，あるいはまったく影響が見られなかったことから，この悪影響は十二分に相殺されたのだと結論づけた。なかには攻撃的な仲間からの暴力を未然に防ぎ，うまくやっていく方法を学ぶものさえいるかもしれない。このように，シュラム，ライルとパーカーは，暴力的なテレビ番組は数人の子どもたち（つまりテレビ暴力によって操られている「悪い」親によって「地獄に落とされた」子どもたち）にとっては逆機能的であるかもしれないが，社会システム全体として見ればさしたる影響力をもたない，と結論づけた。これとは対照的に，まさに同時期に機能分析にも限定効果パラダイムにも縛られない心理学の分野からきた研究者たちが，メディア暴力の有害な効果について重要で説得力のある議論を行なっていた（第8章）。

## 情報の流れ理論

　1950年代，メディアから一般大衆への情報の流れを調べるために，調査やフィールドワークが数多く行なわれた。情報の流れ研究にはいろいろなタイプがあるが，実施されたのは，ある特定のニュース報道を人々がどれだけ早く知ったかという研究であった（Funkhouser & McCombs, 1971）。この研究全体の目的は，一般大衆への情報伝達におけるメディアの有効性を評価することであった。この研究は説得研究にならったものであったが，態度変化を測定するのではなく，情報が知られていたかどうかを調査するものであった。データを収集するために統制実験ではなく調査研究が用いられた。

情報の流れ研究が取り組んだ研究課題は，きわめて重要であると考えられていた。アメリカの民主主義が冷戦という難関を切り抜けようとするのであれば，国民は多様な問題について十分に情報を与えられていることが重要である，と多くの研究者たちは考えていた。たとえば，万一核兵器の攻撃を受けた場合に何をすべきなのかをアメリカ人は知る必要があった。また，自分たちのリーダーが外国の脅威に対処するために何をしているのか知る必要もあった。民主主義の古典的理論は，人々がよい政治決断をすることができるように国民は十分に情報を与えられていなければならないとしている。アメリカが共産主義の脅威に立ち向かおうとするのであれば，エリートから公衆への情報伝達は不可欠であると考えられていた。

　説得研究は多くの説得阻害要因を特定してきた。ニュース伝播研究では，それに類似する阻害要因が，メディアから標準的な視聴者への情報の流れを妨げているのかどうかを判断することに焦点を当てていた。研究された阻害要因のなかには，教育レベル，ニュースに関するメディアの利用頻度，ニュースへの関心，そしてニュースについての他者との会話が含まれていた。研究者たちは「ハードな」ニュースと「ソフトな」ニュースを区別した。ハードなニュースとは一般的に，政治，科学，世界の出来事，コミュニティ組織などを含み，ソフトなニュースとは，スポーツ記事，人気芸能人のゴシップ，普通の人々の興味をそそる記事といったものであった。

　アメリカの市民のほとんどは十分な教育を受けておらず，ハードなニュースを見るためにメディアを利用することもほとんどなく，ハードなニュースに対する関心も低く，そしてハードなニュースについて他の人々に話すこともなかったので，アメリカの市民はニュース・メディアからハードなニュースを知ることはほとんどないということをニュース伝播研究は明らかにした（Davis, 1990）。アイゼンハワー大統領の心臓発作やジョン・F・ケネディ大統領の暗殺のような大事件を除いて，ほとんどの人は国内ニュースについて知らなかったり，あまり関心を示さなかった。一般的には，ソフトなニュースのほうがハードなニュースよりも知られているようであったが，ソフトなニュースの伝播でさえも期待していたようなものではなかった。ニュース伝播を加速したり促したりする最も重要な要因は，そのニュース項目について他の人とどれだけ話をしたかということであった。ケネディ大統領の暗殺がまたたく間に世間に知れわたったのは，人々が日常生活を中断してまで他の人々にその事件を伝えよ

うとしたからだった（Greenberg & Parker, 1965）。他者との会話が生じないようなケースでは，ハードなニュースのほとんどは人口の10％から20％程度にしか届かず，しかも，そのニュースを知った人も数日から数週間の間にニュースを忘れ去ってしまっていた。

　民間防衛情報の伝播に関する研究も，同じような阻害要因を確認している（DeFleur & Larsen, 1958）。ほとんどの場合，人々は日常の民間防衛情報については政治ほど関心をもっていなかった。一連のフィールド実験で，何十万枚ものビラがワシントン州の小さな孤立した町に撒かれた。研究者たちは，侵入してくるソビエト爆撃機について人々に警告するのにビラがどれほど効果的かを判断したいと考えていた。たとえば，あるビラには民間防衛実験が行なわれていると書かれていた。ビラを見つけた人はみんなその内容を誰か他の人に伝え，その後でビラをポストに投函するように指示されていた。

　研究者たちは，ビラを読んだり投函した人が，比較的少なかったことに落胆した。そのビラを一番真剣に受け止めたのは子どもたちだったようだ。実際に役立つよう効果的にするには，町中の一軒一軒に8枚ずつビラを投げ入れなければならなかった。人々がこのビラに無関心だったのは，それが単なる架空の攻撃について警告したことが原因なのではないかと推測し，研究者たちは新ブランドのコーヒーのキャッチコピーを近所の人々に伝えるという別のフィールド実験を計画した。調査チームは小さな町の家々を訪ね，コーヒーのキャッチコピーを近所の人に教えれば1ポンド［約450グラム］のコーヒーが無料でもらえると人々に話してまわった。調査チームが次の週に戻ってきたときに近所の人々がキャッチコピーを知っていることがわかったら，教えたほうの家庭も，教わったほうの家庭も，コーヒーを無料でもらえると約束した。この実験の結果には，さまざまな問題が混在していた。一方で，近隣の家庭のほとんどがコーヒーのキャッチコピーを耳にし，またそれを他人へ伝えようとした。しかし残念なことに，多くが間違えたキャッチコピーを伝えていた。研究者たちはキャッチコピーの興味深い歪曲例を報告している。それは，多くの人が元のキャッチコピーを短縮したり，似たようなキャッチコピーと混同したり，2，3のキーワードを含んでいるものの誤った言い回しをしていた。情報を広めるよう人々を動機づけることが重要だということがこの研究によって確認されたわけだが，無料のプレゼントがあっても正確な情報伝播を保証するには不十分だということもわかった。口コミが情報伝播の重要な鍵を握っている場合には，情

> **インスタント・アクセス**

## 情報の流れ理論

【有効性】
1. 現実世界のマス・コミュニケーション過程を検討する。
2. 大衆に情報を伝える活動でよい結果が得られた際の理論的根拠となる。
3. 情報の流れを阻害する要因を明らかにする。
4. 危機の際の情報の流れを理解する助けとなる。

【限界】
1. 単純化されており，直線的で，情報源を優位とする理論である。
2. 大衆は無知で無関心であると決めてかかっている。
3. オーディエンスにとっての情報の有用性や価値を考察していない。
4. 現状を過度に受容している。

報の歪みや誤解が生じる可能性が高かった。メディアが正確な情報を伝えたとしても，そのニュースがほとんどの人に届く頃には内容は誤ったものになっているかもしれないのだ。

**情報の流れ理論**の最も重要な限界は，それが，過度に単純化されており，直線的で，**情報源優位理論**であることである。情報は権威のある，エリートな情報源（たとえば，既存のメディアや政府など）から発信され，そして「無知な」個人へと外に向かって流れる。情報伝播の阻害要因は特定化され，克服されるべきもので，情報が，一般的なオーディエンスにとってどのような価値がありどのように役立つものなのかを考えてみることにはほとんど努力が払われていない。メッセージに対するオーディエンスの反応は，情報伝播の阻害要因とならない限り無視される。ということは，オーディエンスの反応は，克服すべき阻害要因としてのみ研究対象となるのである。ほとんどの限定効果論と同様に，情報の流れ理論は現状を容認する立場をとっている。エリートや権力が，ある種の情報を広めようとすることには正当性があり，一般の人はただその情報を

---

■**情報の流れ理論** ある意図した効果を得るために，メディアからオーディエンスへ情報がどのように伝わるかについて検討する理論（今日では情報普及理論として知られている）。
■**情報源優位理論** あるエリートが情報源になっているという視点から，情報が伝わる過程を検討する理論。

受け取り，知るだけで豊かになる。阻害要因は悪であり，可能な限り取り除かれるべきものだと考えられているのである。

## 情報普及理論

　1962年，エベレット・ロジャーズは情報の流れ研究の成果を，情報の流れや他人からの影響（パーソナル・インフルエンス）に関する研究に結びつけた。これらの研究は，人類学や社会学，そして農村農業拡張事業などのいくつかの分野で実施された研究を含んでいた。ロジャーズは普及理論と名づけた理論を発展させた。普及理論は，ラザースフェルドの2段階の流れ仮説をもとに発展させたものだと見ることができる。情報の流れ研究を普及理論と統合しようというロジャーズの試みは大成功し，情報の流れ理論は**情報普及理論**として知られるようになった。ロジャーズは実証的研究を多数行なってデータを収集し，新しい技術イノベーション［人々が新しいと知覚したアイデアや技術］が導入されるときには，広く普及する前に一連の段階を経るということを示した。まず，ほとんどの人が，たいていの場合マスメディアからの情報によって，イノベーションを知ることになる。次に，イノベーションは革新的採用者や**初期採用者**という非常に少数の人々に採用される。第3段階では，オピニオン・リーダーが初期採用者から学び，実際にそのイノベーションを試してみる。第4段階では，オピニオン・リーダーはそのイノベーションが役立つことがわかり，自分の友人——フォロワー——に薦める。最終段階では，ほとんどの人がそのイノベーションを採用した後で，後期採用者や採用遅滞者が態度を変える。この過程は，アメリカの農業のイノベーションのほとんどに適用できることがわかっている。

　情報普及理論は，中範囲理論の力と限界を示す優れた例である。それは膨大な量の実証的研究をうまく統合している。ロジャーズは何千という研究をレビューした。情報普及理論は，このロジャーズの研究の方向性を示し，その解釈

---

■**情報普及理論**　イノベーションが多様なコミュニティにどのように紹介され，採用されるかを説明する理論。
■**初期採用者**　情報普及論の用語。十分な情報を得る前でも，早い段階でイノベーションを採用する人々。

を容易にしたが，その利用を限定する暗黙の前提がいくつもあった。情報の流れ理論と同様に，普及理論は，イノベーションを普及しようと決定を下したエリートの視点からコミュニケーション過程を捉える情報源優位の理論である。イノベーション普及の阻害要因を克服するために，より多くのよりよい戦略を提示したという点においては，この理論は情報の流れ理論を「改良した」ものである。

　情報普及理論では，マスメディアの役割は非常に限られたものである。メディアは，主に新しいイノベーションの存在を知らせるだけである。初期採用者だけがメディア内容から直接影響を受ける。それ以外の人々は，他の人々から影響を受けて初めてイノベーションを採用するようになる。ロジャーズは普及作業を**チェンジ・エージェント**によって進めるよう推奨している。チェンジ・エージェントというのは，農村のコミュニティまで出かけていって，直接，初期採用者やオピニオン・リーダーに影響を及ぼす人である。メディアは，イノベーションに人々の注意を惹きつけ，チェンジ・エージェントが先頭に立って集団討論を行なうための足固めとして用いられる。この戦略は，アメリカ中西部での農業拡張事業のエージェントの成功例にならったものだった。このように，情報普及理論は他のさまざまな限定効果的な考え方と一致していた。

　ロジャーズの理論は非常に大きな影響を及ぼした。アメリカ国際開発庁（The United States Agency for International Development; USAID）は第三世界に農業イノベーションを広めるためにこの戦略を利用した。1950年代から1960年代にかけての冷戦時代には，アメリカは発展途上国への影響力をめぐってソビエト連邦と争っていた。緑の革命を指導し，発展途上国の人たちが自分たち自身で食糧を手に入れられるよう援助することによって，アメリカが，貧困から脱しようとしているこれらの国々の支持を得られると期待していた。しかし，彼らが貧困から脱出するのを助けるには，アメリカは，かなり多くの新しい農業イノベーションをできるだけすみやかに採用するよう，小作農や農村民たちを説得しなければならなかった。ロジャーズの情報普及理論は，こうした試みの指導の手引きとなった。ロジャーズ本人からこの理論を学ぶべく，世界中からチェンジ・エージェントがミシガン州立大学に集められた。彼らの多くは，

---

■**チェンジ・エージェント**　情報普及理論の用語。初期採用者やオピニオン・リーダーに直接影響を及ぼす人々。

## インスタント・アクセス

### 情報普及理論

【有効性】
1 多数の実証的研究の結果を有用な理論にまとめ上げている。
2 アメリカ国内や海外で情報を伝える活動にとって実践的なガイドとなる。

【限界】
1 直線的で，情報源優位の理論である。
2 メディア，特に現代のメディアの影響力を過小評価している。
3 イノベーションを理解していない集団や，望んでいない集団にもその技術の採用を促してしまう。

自国で大学の研究者となった。そして他の多くのアメリカ生まれの理論とは異なり，情報普及理論は，発展途上国の大学を通じて広まり，同時に農業イノベーションが彼らの国の田畑に広がっていった。世界の多くの地域で，ロジャーズの理論はコミュニケーション理論の代名詞となった。

情報普及理論は，初期の限定効果論からの重要な進歩を象徴していた。1960年初頭に行なわれたほかの古典的研究と同様に，この理論は既存の経験的一般化をもとに，理路整然とした洞察力に富むパースペクティブへとまとめ上げられた。情報普及理論は，効果についての調査研究や説得に関する実験研究から得られた結果の多くと合致するだけではなく，何より非常に実践的であった。第三世界の発展を導いただけでなく，多数の販売促進コミュニケーションやマーケティング理論，そして今日でもキャンペーンを支える基盤となったのである。

しかしまた，情報普及理論の限界も深刻であった。情報普及理論には，理論の適用上生じる特有の欠点があった。たとえば，ときには採用者があまり理解していないのに，あるいは採用者が望んでもいないのに，イノベーションの採用を促すことがあった。たとえば，ジョージア州の農場の主婦たちに缶詰の野菜を買わせるキャンペーンは，彼女らのほとんどがその野菜を使っていないということがわかるまで，当初は大成功だとして評価されていた。彼女らはステータス・シンボルとしてガラス瓶をリビングの壁に掛けていた。ほとんどが缶詰野菜の料理法を1つも知らなかった——そして，缶詰の野菜をなんとか使お

うとした人も，家族がその味が好きでないと気づいた。世界中でこれと同じような経験が繰り返された。すなわち，メキシコではとうもろこしが作られ，東南アジアでは米が栽培されたが，誰もそれを食べようとしなかった。インドの農夫は化学肥料を使いすぎて収穫をダメにしてしまった。複雑な新しい機械を採用した農夫は，すぐに故障させてしまい，チェンジ・エージェントが去った後は放置したままにしていた。イノベーションをただ普及させるだけでは，長期間の成功を保証することはできなかったのである。

## クラッパーの現象論的理論

　1960年，ジョセフ・クラッパーはついにある原稿を出版した。それはもともと1949年にクラッパーがCBSの研究員として働きながら，コロンビア大学で博士号の取得要件を満たしたときに発展させ始めたものだった。『マス・コミュニケーションの効果』は，1950年代半ばに生み出された，重要なメディア効果研究すべての成果を集大成したものであり，研究者と知識層の両方を対象として書かれたものであった。クラッパーは一般の人がメディアの影響力を過大視しているのではないかと危惧していた。知識のある学者たち（すなわち実証的研究者たち）は大衆社会論を否定していたが，多くの人はまだメディアが非常に大きな力をもつと信じていた。メディアが人々に及ぼす影響力は実際にはきわめて限定的であると示すことによって，彼は人々の不安を静めたいと願っていた。

　クラッパーは自ら**現象論的理論**と名づけたアプローチを提唱した。社会的地位，集団帰属，明確な態度，教育，などの社会学的・心理学的要因に比べれば，メディアはほとんど直接的な効果をもたないし，影響力も相対的に小さいと主張した。クラッパーによれば，

1　マス・コミュニケーションは，通常，オーディエンスに及ぼす効果の必要かつ十分な原因として作用するわけではない。そうではなく，マス・コミュ

---

■**現象論的理論**　メディアが効果の唯一の原因であることはまれで，他の社会的要因に比べてもメディアの影響力は比較的小さいとする理論。

> *インスタント・アクセス*
>
> ## 現象論的理論
>
> 【有効性】
> 1. 多くの研究を組み合わせて確固たる理論に統合している。
> 2. マス・コミュニケーション過程における媒介変数の役割を強調している。
> 3. 長く続いている大衆社会的な考えを説得力をもって論駁する。
>
> 【限界】
> 1. 媒介要因の影響を誇張する。
> 2. 現状を過度に容認している。
> 3. 重要なメディア効果である補強効果を軽んじている。
> 4. 現象論的理論が提示された，時代（1960年代以前）やメディア環境（テレビがまだ登場していない）が特殊すぎる。

ニケーションは媒介要因と影響との関係のなかで，そしてその関係を通じて機能する。

2 現状を補強する過程において，これらの媒介要因にとってマス・コミュニケーションは，1つの寄与的な作用因なのであり，唯一の原因ではない。(1960, p.8)。

これらの主張は特にオリジナルなものではなかったが，クラッパーはそれらを力を込めて論じ，その主張を裏づける何百という研究成果を引用した。彼の著書は——特に，メディア研究を専門外とする人たちによって——メディア効果についての最終的な発言と見なされるようになっていった。

クラッパーの理論は現在では**補強効果論**と呼ばれることも多い。メディアの影響の本質は既存の態度や行動を（変化させるのではなく）補強する点にある，ということが主な主張だったからである。メディアは社会を混乱させて予期せぬ社会変化をもたらすのではなく，通常は現状を保つ要因として働き，人々がすでに抱いている信念や行なっている行為を続けるためにさらなる理由づけを

---

■**補強効果論** 現象論的理論のより一般的な呼び方。メディアの最も一般的な効果は補強効果であるという現象論的理論の見方を強調している。

提供するものである。非常に特殊な環境下にある場合を除いては，メディアが社会に劇的な変化をもたらすには，あまりにも多くの阻害要因がありすぎるのだとクラッパーは主張した。

　現象論的アプローチには，たいていの場合，正式の名称とはいえない補強効果論という呼び方が用いられるが，発表されてから40年経った今日でも，メディアの影響力を疑っている人々に取り上げられている。しかし，この理論の欠点は今振り返って見れば明らかであろう。クラッパーの結論が示されたのは著書が出版された1960年であり，その理論がもとにした多くの研究（ラザースフェルドやホヴランドなどが行なった研究）は，テレビや再編成された新聞，ラジオ，そしてテレビに呼応して生まれた映画産業といったマスメディアを含まないメディア環境の研究であった。もちろんインターネットやデジタル・メディアの世界などは想像もしていなかった。クラッパーが引用した研究のほとんどは選択的過程について検討していたが，テレビの出現によって，メディアは情報を伝えることよりもそれがもつ象徴的な作用に重点を移しており，潜在的に誤った結論を導き出しうる状態になった。さらに，第二次世界大戦後，アメリカは大きく変化し，それ以前のアメリカとは大きく異なる。後の章で述べるように，クラッパーがいう「媒介要因の連鎖」，すなわち教会，家族，そして学校は，人が社会化するときに強い影響力をもたなくなりつつあった（したがってメディア効果も限定されるようになった）。最後に，クラッパーは補強と無効果を同等視するという過ちを犯していた可能性もある。メディアができることは現状の態度や信念を補強することにすぎないという指摘が正しかったとしても，それはメディアがまったく効果をもたないということと同じではない。第4章の現代のプロパガンダ理論（contemporary propaganda theory）に関する議論からもわかるように，現代の批判的研究者たちの多くが，これをメディアがもつ最もマイナスの影響力と見なしているということは，第9章にも述べられている。ボックス7aにはクラッパー自身による彼の理論の解説があるが，これを最近の重要な事件に照らし合わせて評価してみてほしい。

## 大衆娯楽の擁護

　メディア研究の成果についてのもう1つ重要な編纂物は，1966年にハロル

ボックス7a-1

# クラッパーの現象論的理論

　ジョセフ・クラッパー自身が，補強効果論もしくは現象論的理論について示した要約を見れば，彼の考えが限定効果パラダイムに非常に精通したものであることは明白である。以下は，1960年に出版された，歴史に残る彼の研究『マス・コミュニケーションの効果』(p.8)から直接引用したものである。

■理論的命題

1　通常，マス・コミュニケーションは，オーディエンス効果の必要かつ十分な原因として働くのではなく，むしろ数ある媒介要因や影響の関連のなかで，あるいはその関連を通じて機能するものである。
2　既存の状態を補強する過程において，これらの媒介要因はマス・コミュニケーションを有力な作用因とするが，マス・コミュニケーションが単独で機能するのではない。
3　マス・コミュニケーションが変化を引き起こすよう機能する場合には，次の2つの条件のうち1つが必要と考えられる。
　　a 媒介要因がまったく作用しておらず，メディアの効果が直接的となるような場合。
　　b 通常は補強するように機能する媒介要因の数々が，それ自体，変化を余儀なくされるような場合。
4　マス・コミュニケーションが直接に影響を生み出すような，あるいは直接，単独で心理的・物理的機能を果たすような，いくつかの例外的状況はある。
5　マス・コミュニケーションの有効性は，その有効性の一助となる場合でも，あるいは直接その有効性を引き起こす場合でも，メディアやコミュニケーションそれ自体がもつさまざまな側面，あるいはコミュニケーション状況のさまざまな局面から影響を受ける。

■次はあなたが考えてみよう

　クラッパーの理論が，当時支配的だったパラダイムとどのように関わりがあるのか，ということについてのクラッパーの概説から，何か示唆が得られただろうか。なぜ広告宣伝がうまく機能するのかということについて，彼が巧みに説明しているのがわかるだろうか。彼が，立派な科学者でありCBSの主任研究員でもあるために指摘する必要のあった重要な点である。現象論的アプローチについての彼の要約を読んだ後，あなたはなぜその説明が今日なおメディアの限定効果について，最も明快で，最もよく利用される意見なのかを説明できるだろうか。クラッパー

> **ボックス 7a-2**
>
> の要約の第3番めの指摘にもとづいて，あなたは2001年9月11日のメディアの影響力について説明を展開していくことができるだろうか。通常はメディアの影響力を媒介する要因が「作動しなかった」のだろうか。それとも，これらの要因は「それ自体変化を余儀なくされて」いたのだろうか。普段の日にメディアの影響力を媒介している要因をいくつか書いてみよう。媒介要因には，友達や家族との個人的な関係，オピニオン・リーダーとの関係，先生やクラスメイトとの接触，あるいは教会の仲間や宗教的リーダーとの接触が含まれるだろう。クラッパーはおそらく9月11日にメディアによって示された影響力は例外的なもの——メディアの影響力は絶えず「媒介要因と影響の連鎖」によって抑制されているという規則に反するまれな例外——だというだろう。あなたは同意するだろうか。クラッパーがその理論を発展させた1940年代と比べて，メディアはさらに影響力を増した，とあなたは論じるだろうか。そうだとしたら，9月11日にこの影響力はどのように示されたであろうか。

ド・メンデルゾーンによって出版された。まだ研究者として若手だった頃，彼はラザースフェルドから学び，1940年のエリー郡研究の現地指揮をとっていた。『大衆娯楽』（*Mass Entertainment*）は，アメリカ社会におけるテレビ娯楽の役割についての学術的考察を目的としていた。クラッパーと同様，メンデルゾーンはメディアの影響力が広く誤解されていることに関心をもっていた。大衆娯楽に対する誤解を助長し続けているという理由で，メンデルゾーンはエリートのメディア批評家（主に大衆社会論を唱える人たち）を非難した。彼は，これらの批評家は自分たちの利害を守り，実証的研究結果を無視していると非難した。彼の著作は大衆娯楽について大衆社会論から出されるさまざまな批判を再検討し，それらすべてを否定した。彼はほとんどの批判を，実証的データと矛盾した先入観にもとづいた憶測であるとして退けた。メンデルゾーンによると，大衆社会論を唱える批評家はあまりに家父長主義的で，エリート主義的だという。批評家たちは，テレビ娯楽が人々を惹きつけ，彼らが奨励した教育，政治，あるいは宗教は退屈だとして人々が遠ざけたため，憤慨していたのだ。メンデルゾーンは，一般の人々はテレビ娯楽が提供するような息抜きや無害な現実逃避を必要とするのだと主張した。もしテレビ娯楽が利用できないのなら，人々は日々の緊張から逃れるために別の逃げ場を見つけ出すだろう。テレビは

> インスタント・アクセス

## 大衆娯楽理論

【有効性】
1 メディアの向社会的影響を強調する。
2 人々がテレビに娯楽を求める理由に関して、説得力のある説明を示す。

【限界】
1 現状を過度に容認している。
2 一般の人と、一般の人のメディア利用を否定的に描写する。

単に他の選択肢よりも簡単で、効果的に、そして効率的にこれらのニーズを満たしてくれるにすぎないのである。

　メンデルゾーンは、批評家たちはテレビを糾弾するよりも、テレビが非常によく、しかも非常に低コストでその機能を果たしていることを認めるべきだと主張した。批評家たちがテレビ娯楽の重要性と長期的影響をあまりにも誇張しすぎていることを憂慮し、彼はテレビ娯楽が非常に限定的で、結局のところその社会的役割はきわめて小さいと主張した。テレビ娯楽はハイ・カルチャーを混乱させたり、いやしめたりしているのではなく、ただ、オペラや交響曲のコンサートに代わるものとして、一般の人々に魅力的な選択肢を提供しているにすぎない。それは、宗教、政治、あるいは家庭生活といった重要な活動から人々を引き離しているのではない。むしろ、これらの活動に新たな関心やエネルギーをもって再び専念できるよう、くつろぐのに役立っているのだ。

　メンデルゾーンは、**大衆娯楽理論**を裏づけるために多くの心理学的研究を引用した。彼は、少数の人がテレビ娯楽に病みつきになって苦しむかもしれないことを認めた。しかし、これらの人々は、テレビがなかったとしたら、何か他のことに病みつきになっていたに違いない。慢性的なカウチポテト族は、代わりにぶらぶらする遊び人になるか、恋愛小説ファンになるだけだろう。これらの選択肢と比べても、テレビ中毒は比較的良性のものであると彼は考えていた。すなわち、他の人を傷つけるわけではないし、少しでも教育的であったからで

■**大衆娯楽理論**　一般の人々をリラックスさせたり、あるいは楽しませたりするという理由で、テレビや他のマスメディアは重要な社会的機能を果たしていると主張する理論。

ある。

　メンデルゾーンの著書は，限定効果研究とその成果がいかに現状を正当化しうるかについて恰好の例を示してくれた。有害な効果は，それをはるかに上回る数の正の効果によって帳消しにされる。いったい誰が現状を変えることを正当化するほどの被害がもたらされていると，判断するのだろうか。議会だろうか。裁判所だろうか。一般の人々だろうか。白黒がはっきりしないときは，とるべき最善の道は何もしないことのように思われるのである。

## 多元的エリート論

　**多元的エリート論**の展開と比較すれば，それ以前に行なわれたすべてのパラダイム構築の試みは視野が限られていた。この考え方は，部分的にはラザースフェルドが始めた投票行動研究がどのような意味をもつのか理解しようとする試みから生み出された。1948年の選挙キャンペーンに関する調査報告（Berelson, Lazarsfeld, & McPhee, 1954）のなかで，ラザースフェルドとその研究仲間は，標準的な有権者について，実証的な観察結果と古典的民主主義の理論が立てた仮説との間の重要な矛盾に注目した。ラザースフェルドのデータが正しいとしたら，古典的民主主義の理論が誤っていることになる。もしそうなら，これは私たちの社会的秩序や政治的秩序の長期存続について何を意味していたのだろうか。アメリカの政治システムは，害のない支配階級のための見せかけのものだったのだろうか。ほとんどの国民が政治に無関心で無知だったとしても，民主主義の政治システムは繁栄し続けることができたのであろうか。

　特有のやり方で，ラザースフェルドの研究グループは慎重にではあるが，楽観的な判断を示した。ラザースフェルドと彼の研究仲間は，古典的民主主義の理論は実証的研究の結果にもとづいた最新のパースペクティブに置き換えられるべきであると主張したのである。古典的民主主義の理論では誰もが十分な情報を与えられ，政治に積極的であるに違いないと考えていた。新しいパースペ

---

■**多元的エリート論**　メディアからの政治情報は，すでに政治についてよく知っていたり，政治活動に関わっているほんの一握りの人々に情報を伝えることを除けば，ほとんど役立っていないとする理論。この理論では，そうした一握りの人々が，その聡明さをもって他のすべての人々を代表して政治に関わるだろうと考える。

クティブでは実証的なデータに基づき，平均的な人は政治のことをあまり知らず関心をもっていないことを示した。投票の意思決定は，さまざまな候補者について合理的に考えた結果，決定されるのではなく，他の人々からの影響（パーソナル・インフルエンス）にもとづいて決定される傾向があった。人々は政治理論家がやってほしいようなやり方で投票するのではなく，友達や家族，同僚たちの言うとおりに投票するのである。

　ラザースフェルドの研究グループは，有権者の無関心や無知は，政治システム全体としては必ずしも問題ではないと主張した。これらの政治参加が偏見にもとづいていたり，家族や友人との感情的な結びつきによってほとんど決められていたとしても，ほとんどの人が長年の政治参加や政治的協力関係にもとづいて投票している政治システムというのは，安定したシステムであるといえるだろう。ラザースフェルドの研究グループは，重要な要素は投票意思決定の質ではなく，それらの安定性であると考えていた。アメリカの政治システムは，段階的に転向して時間をかけてゆっくりと変化しているときは，うまくいっているのである。メディアからの情報を利用し，みんなが合理的に，十分に情報をもったうえで意思決定したとしたら生じるだろう急激な変化など誰も望んでいない。たとえば，メディアからの悪質で偏った情報にもとづいて多くの人が投票意思決定を行なったとしたら，悲劇的な結末が待ち受けているだろう。また，みんなが政治に強い関心を示したときに生じる高レベルの政治的な積極的行動に対して，アメリカの政治システムは対処することができないだろう。

　これらの議論は，自由意志論の否定を意味する（第5章参照）。有権者が情報を伝えられることを必要としていないなら，あるいは有権者に情報を伝えることが実際には政治的な混乱を導くかもしれないというのであれば，情報を伝達するコミュニケーション・メディアの必要性はまったくない。調査研究の結果は，無検閲の独立したメディアは概して政治情報を多くの人に行き渡らせることができなかったことを証明した。だとしたら，いったいメディアにはどのような政治的役割を期待するべきなのだろうか。危機のときを除いて，現状を補強することだろうか。自由意志論者が唱えたように，メディアは公開討論の場としてその役割を果たす必要性が本当にあるのだろうか。もし必要だとしたら，それが効果的に機能するためにはこの公開討論はどのように運営され，どのような情報源が必要なのだろうか。限定効果研究のさまざまな発見によると，そうした国民全体のための公開討論は，すでに政治について十分な知識をもち，

政治的活動に参加している一握りの人々を除けば，ほとんど役に立たないということが示唆されていた。これらの結論は，研究者をマスメディア研究やメディア政策の策定研究から遠ざけ，政党，政治的社会化，そして立法府などの政府，大統領などの政治執行者，法体系といった制度の研究へと向かわせた。そして，これらのテーマはほどなく政治学において支配的な研究課題となった。

　これらの議論に内包される政治的パースペクティブは，多元的エリート論として知られるようになった。1960年代，多元的エリート論は政治学の分野で広く討議され，伝統的な民主主義論に強く異議を唱えた。多元的エリート論者は，古典的民主主義の理論に比べると実証的データにもとづいているという理由で，多元的エリート論は科学的であると主張した。V・O・キーは『世論とアメリカ民主主義』（1961）のなかで非常に優れたある論述をした。ラザースフェルドと同様，明らかに期待に反する有権者データしか得られなかったにもかかわらず，キーは楽観的であった。彼の著書はたとえ古典的民主主義の水準にまでは及ばないとしても，アメリカの政治システムの強みと永続的価値を強調した。

　いくつかの点で，多元的エリート論はその名称を作り上げている2つの語と同じくらい矛盾している。「エリート（Elite）」は，結局は影響力をもった人々からなる小集団，すなわち政治エリートの手に権力が握られている政治システムを意味している。「多元論（Pluralism）」は，文化的，社会的，そして政治的多様性のことを指す。それは，いくつもの多様な集団が平等な地位とその代表権を与えられている政治システムを意味している。これらの原理の両方にもとづく政治システム――少数の手に権力が集中しているが，すべてのマイノリティ集団の権利と地位が認められている進歩的なシステム――はありうるのだろうか。V・O・キーはこれら2つの原理が結合されることは可能であると論じただけではなく，アメリカの政治システムがすでにこれを実現していることを証明しているのだと，彼が解釈した研究を次々と引用した。

　他の限定効果論の例と同様に，多元的エリート論は，メディアには人々に直接影響を及ぼす力はほとんどないと考える。したがって，メディアが単独で政治を根本的に変えることはない。多元的エリート論は，自由論者の考えを否定し，メディアは，安定という名のもとに，政党への忠誠心を補強し，政党が大きな投票者連合を発展させ維持するのを助けると論じている。メディアには世論をリードすることを期待するべきではなく，むしろ世論を強化することを期

待すべきである．もし変化が生じるのだとすれば，それは多元的な集団から始まり，そしてそのリーダーたちによって協議され制定されなければならない．

キーが，アメリカ社会についてのパースペクティブを構築するにあたって，他の多くの限定効果研究者と同様，データによって示された小さな識見をはるかに越えて主張を展開していることを認識することが重要である．彼が提起した考えは，彼が利用できたデータと矛盾するものではなかったが，それ以外の結果も同じように妥当性をもっていたのである．しかし，キーが本を書いた当時はこのことがよく理解されていなかった．彼の考え方はデータの最終的な解釈として広く支持され，また，彼の物書きとしての才能も彼の理論に力を貸すことになったのである．

## C・ライト・ミルズとパワー・エリート

多元的エリート論に対して，政治的立場を超えて反発が生じた．多くの古典的民主主義の理論家は，多元的エリート論に対して腹を立て軽蔑した．彼らは，現在の政治システムが「真の」民主主義ではないとしても，「真の」民主主義となるよう体制をもっていくべきであると主張した．建国の始祖たちによって描かれた民主主義の本質を取り戻すべきなのだろうか，それとも，現在のエリートの力をうち砕く方向へ歩を進めるべきなのか．反対派にとっては，多元的エリート論は現状の正当化であり，将来の発展への方向性をまったく示さないものであった．しかし，規範的で壮大な社会理論を尊重しなくなった時代において，古典的民主主義の理論家たちが，多元的エリート論のような「科学的」理論に反する自らの考え方を擁護することは困難であった．

多元的エリート論に対する政治的左派からの反論は，ミルズが先頭に立って展開していた．彼は以前に紹介したように，ハーバード大学の社会学者であり，ラザースフェルドに謀反を起こした弟子である．ミルズは，他の政治学理論よりも多元的エリート論のほうが科学的であるという主張を否定した．彼は，調査研究に関する自らの知識に照らし合わせてみると，多元的エリート論を裏づけるために整理されたデータは，はなはだ疑わしいと感じていた．アメリカ社会では，政治権力は多元的な集団に幅広く分散されているわけではない，と論じた．むしろ権力は，彼がパワー・エリート（1957）と呼んだ少数の産軍複合

> インスタント・アクセス
>
> ## 多元的エリート論
>
> 【有効性】
> 1 アメリカの社会と政治システムが安定していることを説明する。
> 2 豊富な実証的データにもとづいている。
> 3 十分に練り上げた、説得力のある理論である。
>
> 【限界】
> 1 アメリカ政治の非民主主義的なパースペクティブを正当化する。
> 2 実証的な証拠が示すこと以上に考察を進めている。
> 3 現状を過度に容認している。
> 4 一般の人と、彼らのメディア利用を否定的に描写する。

体のリーダーらに集中していると考えた。このエリート層は多元的な集団を代表するものではない。むしろ多元的な集団から離れ、概してその利益に反するように振る舞っていた。

10年近くの間、ミルズの支持者とキーの支持者は対立する立場にあった。この論争で、キーと彼の味方には決定的に有利な点がたくさんあった。彼らの研究は、ミルズらよりも、政府機関や私立財団からの多額で安定した資金調達を確保していた。それで、多元的エリート論者たちは、研究をより科学的に行なうという自らの主張を守った。最終的にミルズはキューバのフィデル・カストロ（Fidel Castro）の革命を支持することによって、自らの説を問い直した。そして、1962年にミルズは痛ましいバイク事故で命を落とした。その後、国民全体がその関心をベトナムの共産主義の脅威へと転じるにつれ、多元的エリート論に対する批判は聞かれなくなっていった。

『パワー・エリート』や他の著作のなかで、ミルズはアメリカの政治について憂慮すべき問題をいくつか提起した。もし多元的エリート論が有効に機能しているのだとしたら、なぜこんなにも多くのマイノリティ・グループが、ほとんど援助を受けられずにいたのだろうか。なぜ、一般の人はこんなにも無関心で無力を感じていたのだろうか。なぜ、人々は政治について無知でいることを選んだのだろうか。自由な社会制度といわれながら、同じ人が何度も何度もリーダーを務めたのはなぜだろうか。なぜ、一般の人々を犠牲にして、いつも一

握りの人の利益が追求されたのだろうか。なぜ政党や他の社会機関は、市民の利益について教育をほどこしたり、彼らの利益に役立つ行動を起こすよう促す試みを、まったく行なわなかったのだろうか。マスメディアはなぜ、人種や社会階級による差別に対して人々に行動を起こすよう促すのではなく、単に現状を補強する傾向をもっていたのだろうか。ミルズの問題提起は予言的であったことがわかった。なぜなら、これらと同じ問題が10年後にアメリカの社会科学とアメリカの政治体系について、包括的な課題の一部として浮上してきたからである。これは本書第9章の焦点ともなっている。

## 限定効果パラダイムの仮定

　メディアの影響に関して本章で述べたいくつかの視点は、すべて限定効果パラダイムのものである。メディアがもっている力と影響力に関するこのパースペクティブはいくつかの仮定の上に成り立っており、すでに論じてきたように限界も多い。限定効果パラダイムが仮定しているのは以下のことである。

1　**実証的社会研究法を用いれば、帰納的研究過程を通じて理論を形成することが可能である**。探求的で記述的な研究は経験的一般化を生み出す。後でそれらは結合され、中範囲理論が構成できると考えられている。いつかは中範囲の概念も統合され、しっかりと経験的事実にもとづいた、広い適用範囲をもつ、影響力のある社会理論を作り上げることができる。

2　**社会におけるメディアの役割は限定的なものである。メディアは基本的に既存の社会的傾向を補強するものであり、ごくまれに社会変動を起こすにすぎない**。普段とは大きく異なる状況が生じることによって、メディアからの影響を阻害する要因が取り除かれた場合にだけ、メディアは社会変動を引き起こすであろう。本章で論じた実証的なマス・コミュニケーション研究は、この仮説を支持している。次々となされたどの研究においても、メディアの影響力は強力であるという証拠はほとんど見出されなかった。多くの場合、補強に関する証拠すらも見出されなかった。

3　個人が生活するなかでマスメディアが担う役割は限られているが，ある特定の人々にとってそれは逆機能的に働く。メディアは，便利で安価な娯楽と情報を提供してくれる。しかしたいていの場合，マスメディアを利用しても，日常生活に長期的に影響を及ぼすことも，重要な影響力をもつこともほとんどない。ほとんどすべての情報は無視されるか，すぐに忘れ去られてしまう。基本的に娯楽とは，労働からの一時的な気晴らしであり，人々はそれによってリラックスしたり楽しんだりして，新鮮な気持ちで仕事に戻ることができる。メディアから悪影響を受ける人というのは，パーソナリティに問題があるか，社会に順応できないという問題を抱えている傾向がある。彼らはメディアがなかったとしても，別の問題を抱えているだろう。

4　アメリカの政治システムと社会システムは安定し公正である。古典的な意味での民主主義ではないが，それでもアメリカのシステムは発展しうる人道的なシステムであり，社会秩序を維持しながら文化的多元性を尊重し育んでいる。急激な変革はまったく必要ない。メディアは，より大きな社会で，限定的だが有益で機能的な役割を担っている。潜在的な悪影響が現れたとしても，見つけ出し防ぐことができるだろう。

## 限定効果パラダイムの欠点

本章では限定効果のパースペクティブがもつ多くの限界について論じてきたが，ここでは，それらを簡潔に整理し，同時にいくつかの新しい懸念について触れよう。

1　**調査研究，実験のいずれにも方法論上，重大な限界があり，それらは十分に認識されていないか，あるいは知られていない。**実証的な手法をとる研究者たちは，自分たちのアプローチを広めたいと切望するあまり，やれることを誇張してしまうことがあった。実証的研究界の外にいる，知識もなく無警戒な人々は，この種の研究の力と有効性について誤って推測した。1960年代末，実証的方法をとる研究者たちが直接批判されたときには，自分たちの研究の限界になかなか気づかず，批判に対しては守勢で反応した。

2 初期の実証的社会研究がもつ方法論的限界によって，社会への，そして個人へのマスメディアの影響は，体系的に過小評価された。ラザースフェルドやホヴランドのような研究者たちは，もともと慎重だった。彼らは，ないかもしれない効果——**疑似効果**（ spurious effects）——の存在を想定したくなかった。研究者たちは疑似効果を防ぐ研究技法を設計し構築してきたが，その結果，有意なメディア効果の論拠であると判断できた証拠を，あえて見過ごしたり，捨て去ってしまった。彼らは論文の結論を書くときに，測定する方法がないために，さまざまなメディア効果を見過ごしているかもしれない，ということをもっと強調するべきだった。

3 初期の実証的社会研究の焦点は，メディアは，即時的で，強力で，直接的な効果をもっているのだろうかということだった。すなわち，他のタイプの影響は無視されていたということである。この焦点は，2つの理由によって正当化されていた。第一に，支配的だった大衆社会パラダイムが，そうした効果が存在し，簡単に観察されるはずだと主張していたからである。大衆社会パラダイムは評価を求めており，それを初期の限定効果研究が行なったのである。第2に，初期の研究法は即時的・直接的効果を研究するのに最も適していた——すなわち，研究者が効果を「見る」ことができなければ，効果は存在しないと考えればよかったのである。後になってようやく，後章で見るように，研究者たちは他のタイプの効果を実証的に評価することができるような技法を開発した。

## 限定効果パラダイムの貢献

1 限定効果パラダイムは，マスメディアについて支配的なパースペクティブであった大衆社会論に事実上取って代わった。このように限定効果パラダイムは，メディア効果が大規模で制御不能なものである，という根拠のない不

---

■**疑似効果** その研究のなかでだけ見られる現象についての研究結果。研究によって作り出されたもの。

安を減少させた。これによって，放送事業者が恩恵を受けることになった。もっとも重要なのは，政府が直接メディアを検閲する必要があるという圧力をやわらげ，放送事業者が有益なかたちで自主検閲を可能にしたことである。

2　このパラダイムは実証的な観察を重んじ，純理論的な理論構築の価値を下げた。実証的研究の実用性とその効用が証明され，それに触発されて，データ分析の新しい技法だけでなく，データ収集についても革新的なさまざまな技術が開発された。これらの実証的技法は特定の目的に対しては力を発揮し，有益であることが示された。もしこのパラダイムが支配的にならなかったら，科学者たちはこうした技法の開発に必要な時間と労力を捧げることはなかったであろう。

3　限定効果のパラダイムは結局多くの名だたる社会科学者をメディア研究から遠ざけてしまったが，1950年代から60年代にかけて大学で行なわれた研究に有益な枠組みを提供した。後から考えると，このパラダイムは少なくともある程度，自己成就的な予言であったと考えることができる。このパラダイムではメディアは社会的に重要な効果をもたないと主張された。この確信は未熟なデータ収集法とデータ分析法から得られた研究結果にもとづいたものであった。これらの手法がメディアの影響力をひどく過小評価してきたのだと今では考えることができる。残念なことに，研究技法が発達してさらに洗練された頃には，社会学，心理学，そして政治学といった確立された学問領域の社会研究者たちは，重要なメディア効果について探究しなくなっていた。1960年代から70年代にかけては，マス・コミュニケーション研究者たちの研究は，かなり疑いの目をもって見られていた。私たちがまだ知らないメディアの役割があったのだろうか。かなりたくさんあるのである。これから見ていくことにしよう。

## まとめ

研究の数が増え始めると，それらを統合して1つの適した理論にするために統一的な枠組みが必要となった。マートンの中範囲理論はその必要を満たして

いた。バラバラで，関連性がない多数の「より小さな」理論を説得力のある総覧的なパラダイムに統合するという有用性を正当化していたからである。マス・コミュニケーション論者はこの考え方に飛びつき，中範囲理論をいくつか作り出し，その理論が限定効果パラダイムを確固たるものにするのに貢献した。

機能分析では，メディアはより大きな社会システムが均衡のとれた状態で稼働できるよう一定の機能を果たしているものと見なした。情報の流れ理論は，情報をマス・オーディエンスに伝達するときのメディアの有効性について研究した。そしてその発展型である情報普及理論は，イノベーションを普及させるためにコミュニケーションを利用することについて説明し，指針を提供した。クラッパーの現象論的アプローチ，もしくは補強効果論は，メディアは現状を補強するものであり，強力な効果はもちえないということについて説得力のある論拠を示した。メンデルゾーンの大衆娯楽理論は同様の主張をし，生産的な毎日を過ごすために，一般の人々はメディアが提供する気晴らしを必要とするのだとさえ断言した。

キーが強く主張し，ミルズが同じくらい強力に批判した多元的エリート論も，メディアの影響について有害でないというパースペクティブを提供した。多くの人々は，意味ある政治態度を形成するためにメディアを利用するほどの関心も理解力ももっていないが，このメディアの無力さは，国に安定をもたらすという点で，実際のところ，アメリカの社会システムに貢献している。より関与の高い人やより政治談議が得意な人が必要な情報を得られる限り，すべてのアメリカ人に奉仕しているといえる。

全体として，これらの中範囲理論は限定効果パラダイムの輪郭を明確にし，次のような仮定を共有するようになった。実証的研究によって有用な理論を導き出すことができる。社会におけるメディアの役割は限定的なものである。ときには，メディアはあるタイプの人々にとって逆機能的に働くこともある。そして，アメリカの社会システムと政治システムは安定しており公正である。

限定効果パラダイムには次のような欠点がある。調査にも実験にも方法論上の重大な限界がある。この限界により，研究結果は一貫して，メディアの影響を過小評価してきた。そして，「効果」は即時的で観察可能なものにのみ限定され，おそらくそれよりも重要なその他の効果は無視されたのである。

> さらに深く検討しよう！

**1** 多元的エリート論の提唱者たちは，政治情報や政治活動については，伝統的で確立された情報源に信頼をおいている。この理論は，市民中心の政治活動形態よりも，主流政党の安定を重んじている。以下の政党のウェブ・サイトを訪れ，そこで表現されていることが，多元的エリート論に見られるキーの信念に呼応したテーマであるか，それともそれを批判したミルズの信念に呼応したテーマであるかを確認しよう。

民主党全国委員会（Democratic National Committee）
http://www.democrats.org/

共和党全国委員会（Republican National Committee）
http://www.rnc.org/

緑の党（Green Parties of North America）
http://www.greens.org/

改革党（The Reform Party of the United States）
http://www.reformparty.org/

**2** 情報普及理論は，アメリカが発展途上国に対して行なった数々の海外援助の基礎となった。事実，アメリカ国際開発庁（the U.S. Agency for International Development）は明らかに普及理論を採用していた。下の2つの援助機関のウェブサイトを訪れ，これらの機関が，まだ普及理論のメディア観に依存しているのかどうか判断してみよう。

ユネスコ（UNESCO）　http://www.unesco.org/

アメリカ国際開発庁　http://www.info.usaid.gov/

**3** インフォ・トラック学生版を用いて，いくつかの政治学の学会誌の目次を調べなさい。『アメリカ政治学評論』（*American Political Science*

Review）と『季刊政治学』（*Political Science Quarterly*）の２つから始めるのがいいだろう。多元的エリート論の議論について異なる立場をとる論文を見つけなさい。この論争の現状を，あなたはどのように特徴づけるだろうか。

**4** インフォ・トラック学生版を用いて，『キャンペーンと選挙』（*Campaigns & Election*）の目次を調べなさい。１つあるいは複数のキャンペーンについて論じており，情報の流れ理論もしくは情報普及理論のいずれかを適用していると考えられる論文を最低でも１つ選びなさい。なぜそれを選んだのか説明しよう。

### 批判的思考のための問い

**1** 私たちが論じてきた中範囲理論の多くは，アメリカのシステムは発展しうる人道的なシステムであり，社会秩序を維持しながら文化多元性を尊重し育んでいると仮定している。1980年代から90年代にかけて，社会秩序にとって明らかに脅威だったのは国内犯罪だけだった。そのため，文化多元主義を認識し受け入れることは，アメリカの政治議論の場では重要な論点だった。しかし，９月11日以降，国家の安全と外国からの脅威に対する関心がますます高まってきている。アメリカでは政治論争におけるバランスが変わったのだろうか。この論争においてメディアはどのような役割を果たすべきなのだろうか。

**2** さしあたって，メディアの本質的な力は現状を補強することであると考えよう。これはマス・コミュニケーションは効果をもたないということだろうか。なぜそう思うのだろうか，または，なぜそう思わないのだろうか。

**3** ミルズは，カストロとキューバ共産党を支持したことから，多元的エリート論に関する論争のなかでその地位の多くを失った。あなたはある政治思想をもつことで，その科学者の考えは無効にされるべきだと思うか。科学者は，根本的に非客観的であると見なされるような立場をとることができると思うか。宗教の信仰についてはどうか。たとえば，メディアや，

民主主義においてメディアが果たす役割について，有益なパースペクティブを作り出す作業を，敬虔なイスラム教徒に任せることができるだろうか。

**4** 多元的エリート論に対する強力な反論は次のようなものである。もし多元的エリート論がそれほど有効に機能しているのならば，なぜアメリカでは，たとえばマイノリティや政治的に極端な立場をとる人々など，不満を抱いている集団がこんなにたくさんあるのだろうか。どんなに健全な民主主義においても，こういった問題は常に存在したし，今後も常に存在するということなのだろうか。多元的エリート論に対して投げかけられたもう1つの問いは，「なぜこんなにも多くの人々が無力感を覚え，無関心でいるのか」ということである。理想的な民主主義においても，やはり，このような問題が存在するのだろうか。9月11日以降，メディアは国内のマイノリティの窮状にほとんど注目していない。わたしたちは多元的エリートの「エリート」側を重要視しつつあるのだろうか。この重要視は私たちが直面する国外からの脅威によって正当化されるのだろうか。

**5** 6章と7章では，一見科学的に裏づけられているかのような，限定効果パラダイムの主張を示した。あなたは説得されただろうか。9月11日の事件は，社会的世界の見方にメディアが与える影響力に関して，あなたの考えをどの程度変えただろうか。あなたは，自分の人生の重大事にメディアはほとんど影響していない，あるいは限定的にしか影響を与えていないと思っているだろうか。メディアを通じて絶えず接している広告についてはどうだろうか。あなたが着ている洋服やあなたがもっているものは，頻繁に宣伝されているだろうか。次章を読む前に，あなたが生活のなかでメディアについて感じていることを吟味してみよう。次章以降で描き出すメディアの影響力は，これまでとはかなり異なるものである。強力なマスメディアについての主要な議論をいくつか予想することができるか考えてみよう。

### 重要な人物と文献

DeFleur, Melvin L., and Otto N. Larsen (1958). *The Flow of Information*. New York: Harper.

Key, V.O. (1961). *Public Opinion and American Democracy*. New York: Knopf.

Klapper, Joseph (1960). *The Effects of Mass Communication*. New York: Free Press. (クラッパー『マス・コミュニケーションの効果』NHK放送学研究室訳, 日本放送出版協会, 1966)

Mendelsohn, Harold (1966). *Mass Entertainment*. New Haven, CT: College and University Press.

Merton, Robert K. (1949). *Social Theory and Social Structure*. Glencoe, IL: Free Press. (マートン『社会理論と社会構造』森東吾ほか訳, みすず書房, 1961)

—— (1967). *On Theoretical Sociology*. New York: Free Press.

Mills, C. Wright (1957). *The Power Elite*. New York: Oxford University Press. (ミルズ『パワー・エリート』鵜飼信成・綿貫譲治訳, UP選書, 上・下, 東京大学出版会, 1969)

—— (1959). *The Sociological Imagination*. New York: Oxford University Press. (ミルズ『社会学的想像力』鈴木広訳, 新装版, 紀伊國屋書店, 1995)

Rogers, Everett M. (1983). *Diffusion of Innovations*. New York: Free Press. (ロジャーズ『イノベーション普及学』青池愼一・宇野善康監訳, 産能大学出版部, 1990)

Schramm, Wilbur, Jack Lyle, and Edwin Parker (1961). *Television in the Lives of Our Children*. Stanford, CA: Stanford University Press.

Wright, Charles R. (1986). M*ass Communication: A Sociological Perspective*, 3rd edition. New York: Random House (updated version of his 1949 book.) (ライト『マス・コミュニケーションの理論』小林栄一訳, 緑風社, 1960)

# 支配的なパラダイム への挑戦 8

子ども，システム，効果

　1960年代のアメリカは明らかに全世界のテクノロジーをリードする存在だった。それにもかかわらず，アメリカの社会構造はその後の10年間でほころび始めた。これは，マス・コミュニケーション理論を作り直す要因ともなった。

　アメリカがもつ技術的なノウハウは第二次世界大戦を勝利に導き，アメリカ国民にこれまでにはなかった快適で効率のよい生活をもたらした。そして，この技術に関する体系的なアプローチはコミュニケーション研究にも適用できるのではないかと考える人たちがいた。その結果現れた**システム理論**は，マスメディアの限定効果論を支持していなかった研究者たちに希望を与えた。彼らは世の中が変化していくのを目撃していた。メディア，特にテレビの普及率は，1960年にアメリカの全世帯の90パーセントに達し，テレビはこうした変化の真っただ中にあった。おそらく，メディアの力は，マクロなレベルで見たほうがより正確に捉えられるだろう，と考えたのである。すなわち，メディアが社会システムにどのような影響を与えているのか，という視点である。

　それと同時に，限定効果論が主流であった当時のマス・コミュニケーション理論から比較的自由であった心理学者たちは，社会変動の一部を個人的レベル，つまりミクロな視点で説明できると考えた。心理学者は，人がマスメディアから学習するメカニズム，特に子どもがテレビから学習するメカニズムに注目していた。後にこれらの研究は**社会的認知理論**として知られるようになり，この理論が早い時期から子どもに焦点を当てていたので，コミュニケーションの理

---

■**システム理論**　マス・コミュニケーション過程を検討する理論。マス・コミュニケーション過程は，ある目的を達成するために相互に関連し共に作用する部分から構成されているとする。
■**社会的認知理論**　環境との相互作用を通した学習に関する理論。ここでいう環境には，行動，個人的要因，環境における出来事の相互因果関係が含まれる。

論家は，さらにメディアの限定効果論から離れていった。

## 本章の流れ

　この章では，マス・コミュニケーション理論で支配的だったパラダイムを再考するきっかけとなった，第二次世界大戦後のアメリカ社会のさまざまな変化を検討する。まず第1に，現実社会で暴力が増加したこと，そして，それにはテレビが影響している可能性があるのではないかということに注目が集まったことである。カタルシス効果，社会的学習，社会的認知理論，攻撃の手がかり，プライミング効果など，いくつか異なる見解が議論された。このうちカタルシス効果以外の4つの見解では，実際に暴力を引き起こす可能性を高める傾向がある要因としてメディアを捉えたが，1番めのカタルシス効果ではそれとは逆の効果をもつ要因としてメディアを捉えた。そして媒介された暴力の文脈，すなわち暴力や攻撃性がメディアでどのように描かれているかが提示され，特にテレビ視聴の能動的理論と発達論的視点のように，子どもがメディアとどのように相互作用しているかについては，見解が異なる。

　社会でメディアが担う役割に関して第2の研究課題は，システム理論から出てきたものである。したがって，この章では，システムという概念を定義し，システム理論が台頭してきた過程について述べる。さらに，システム・モデルの構成要素を示し，それらがコミュニケーションとマス・コミュニケーション研究にどのように適用されているのか検討する。

## 子どもと暴力に注目する

　1945年8月6日，アメリカが広島に投下した原爆によって，第二次世界大戦は事実上，終わりを迎えた。あの4年間の世界的規模の戦争は，アメリカの経済，産業，人口，家族，技術に大変動をもたらした。そしてその影響が最も強く実感されたのは1960年代に入ってからであった。

　1960年代を大きく変えたマスメディアは，1939年にニューヨークで開かれた万国博覧会で新商品として紹介されたが，それは幸先の悪いものだった。その

画面の小ささ，音の質の悪さ，そして価格の高さに，大衆向けのメディアとしてのその将来を疑う人もいた。その後の3年間に，実験的にテレビ局がいくつか設置され，ほんのわずかな視聴者を対象に番組を放送したが，数も少なく内容も貧弱だった。その後アメリカが戦争に突入したため，テレビを改良し生産するために必要な技術や物資が戦争に動員され，すでに一部で広がっていたテレビの普及も止まってしまった。しかし，戦争の間も技術研究は続けられた。そのため，戦争が終わり，物資が再び消費財の製造に使えるようになるとすぐに，技術面で十分改良されたテレビが手に入るようになった。こうした事情だけでなく，アメリカ社会は劇的な変化を見せ，新しいメディアは成功するだろうという期待から，全国規模の民放ラジオ・ネットワークは，積極的にヒット番組とスターをテレビに送り込んだ。

　こうした技術発展とアメリカ社会の変動は同時に起きた。戦争によってアメリカは，農業中心の経済基盤をもつ農村社会から産業中心の経済基盤をもつ都市型国家へと変貌を遂げた。戦後は日の出から日没まで働く農夫より，規則的な仕事に就く人が多くなり，自由時間も増えた。（季節労働でお金を土地に返していく農夫としてではなく）定期的に収入を得る人が増え，余暇を楽しむためにお金を使うことができるようになった。戦争のおかげで発達した製造技術があったので，人々がお金で買えるものを大量生産することも可能になった。市場では多くの消費財間で競争が繰り広げられていたため，広告の必要性が高くなり，これがテレビという新しいメディアの経済的な基盤となった。白人以外のアメリカ人も戦争で戦い，国の工場で働いていたため，彼らもアメリカンドリームを実現させる権利があると要求し始めた。女性も，男性が戦場に出ていた間は働き手となっていたので，父親も母親も共に家の外で仕事をするということが以前よりは一般的になった。人々は今まで住みつづけてきた町や家族の土地を離れるようになり，伝統的にコミュニティの中心となっていた教会と学校は，第二次世界大戦後のベビーブーム世代で1960年代に10代になる子どもたちの社会的な発達を担う機関としての力を失い始めていた。

　社会にこのような新しい光景が立ち現れたのは，新しいマスメディアが出現したのとちょうど同じ時期であった。どの変動期にもあるように，深刻な社会問題が発生した。10代人口の急速な増加とともに，少年犯罪も急増した。学校は責任ある市民として子どもを教育するという責務を果たしていないと非難された。犯罪の波は各都市を次々と襲った。こうしたなかで一連の社会運動，特

に公民権運動とベトナム反戦運動が国中の注目を集めた。ケネディ大統領，マーチン・ルーサー・キング，ロバート・ケネディの暗殺で，政治的不安は最高潮に達した。若い世代の行動は今までとは大きく変わっていた。多くの若者は，新しい聞き慣れない音楽は聴いても，「時代遅れで的外れな」親たちの話は聞かなくなった。社会学者たちは，保守的な中産階級の親世代と，自由奔放で過激でさえある子どもとの「ジェネレーション・ギャップ（世代差）」の存在を指摘した。

こうした変化のなかでメディアが果たすべき役割が活発に討論された。社会研究者とメディア関係者は，概して限定効果の視点で論じていたのに対し，メディアを批判する新しい世代は，メディアは子どもに悪影響を及ぼし子どもたちの生活を崩壊させていると批判した。家族，学校，教会が子どもにとって重要な存在でなくなったことを示す数々の証拠が出された。ユリー・ブロンフェンブレンナー（1970）は，裏庭がどんどん小さくなり，学校の運動場がどんどん大きくなっていると語った。すなわち，若い人は家庭や教室から離れたところで社会化されているというのである。彼の調査によれば，戦前に思春期を迎えたアメリカ人にとっては，両親と教会が最も重要な社会化機関だったが，1960年代半ばに思春期を迎えたアメリカ人にとっては，メディアと仲間がその重要な機能を分担するようになった。

このようにメディア，特にテレビがますます批判の対象になり，悪影響があると考えられたときにそれが科学的研究の対象となったことは驚くことではない。しかし，マスメディアのマイナスの影響を調査するというこの新たな試みが出てきたのは，限定効果論がその支配を固めている時期であった。限定効果論に確信をもっていた社会研究者たちと，一貫した研究結果が出ているにもかかわらず，限定効果論の結論に懐疑的な研究者たちの間で激しい論争が繰り広げられた（第7章を参照）。限定効果論を強く主張する人たちはメディア産業の卑屈な追従者だと非難され，一方テレビに対して過度の批判をする人たちは複雑な問題を単純化しすぎて別の原因を無視していると非難された。

メディアが社会不安を助長し，暴力をあおる役割を果たしているという論争は，1960年代末にピークに達した。ロサンゼルス郊外にあるワッツや，他にもクリーブランド，ニューアーク，デトロイトなどの都市で起こった破壊的暴動をきっかけに，リンドン・ジョンソン大統領は1968年に「暴力の原因究明とその防止のための国家委員会」（National Commission on the Causes and

Prevention of Violence）を設立した。同委員会はメディアを強く批判し，ニュース報道と娯楽番組の内容を大幅に改善するよう勧告した。委員会の報告書『暴力とメディア』の序文で，編集者ポール・ブライアンドは次のように問いかけている。「もしメディアが主張しているように，メディアの暴力描写と人々の暴力行為の間に客観的な相関がないとすれば，つまりメディアが人々の暴力行為に影響しないとすれば，どうして，メディアは商品の選択と消費に影響を及ぼすことができるなどと，明らかに商品への視聴者の態度や行動にメディアが影響しているかのように主張できるのだろうか。あるものには影響を及ぼすことができるが，他のものには影響を与えることができないということなのか」(Baker & Ball, 1969, 序文)。この問題提起には，限定効果論に対して一般の人々やエリートが強く感じている疑問がよく表れている。

アメリカ連邦政府はこの問題について新しい解決策を考え出すために，1969年，「公衆衛生局長官直属テレビと社会的行動に関する科学諮問委員会」(The Surgeon General's Scientific Advisory Committee on Television and Social Behavior) を設立した。委員会の目的は，テレビが子どもの行動に重要な影響を与えているかどうかを確認できそうなテレビ効果に関して幅広い研究を助成することであった。

2年にわたって100万ドルを費やして行なわれたさまざまな研究から，どんな結論が出たのだろうか。公衆衛生局長官，ジェス・L・スタインフィールドは上院の委員会部会での報告で，「社会科学者に受け入れられるように，慎重に，言葉を選んで報告しなければならないが，テレビで描かれる暴力と反社会的行動との間には明らかな因果関係があり，ただちに適切な対応策を考える必要があると思われる。テレビと暴力や攻撃的行動との関係のような社会現象に関するデータは，決して，すべての社会科学者が因果関係を示す簡潔な言明の公式化に同意できるほど明白な結果を示すことはないだろう。しかし，行動を正当化するのに十分なデータが揃うときがある。今がそのときである」(Ninety-Second Congress, 1972, p.26)。スタインフィールド博士の断固たる態度は，ボックス8aで紹介されているとおり，影響力をもったもう1人の上院委員によって繰り返されている。

それでもなお，この報告でテレビによる影響をめぐる論争を終わらせることはできなかった。マスコミ産業の幹部やロビイストたちは，アメリカ連邦通信委員会（FCC）による子ども番組についての新しい規制への取り組みと履行を

**ボックス8a-1**

## テレビと社会的行動についての公衆衛生局長官報告に関するアメリカ上院公聴会

　1972年の公衆衛生局長官の報告書の発表とそれをめぐるマスコミの解釈は，多くの論争を引き起こした（たとえば，1月11日付『ニューヨーク・タイムズ』の記事の見出しは，「テレビ暴力は若者に無害」，Gould, 1972）。そこで，ロードアイランド州のジョン・O・パストールは，アメリカ上院通信分科委員会を召集した。彼の目的は，スタインフィールド博士の科学諮問委員会（Scientific Advisory Committee）の研究結果をめぐる疑惑を取り除くということであった。前ページで述べたように，公衆衛生局長官は諮問委員会の研究結果に関する自分の理解に確信をもっていた。しかし，パストールは公衆に向けて，より決定的な発言をするよう望んだ。上院委員とCBSのジョセフ・クラッパーの質疑応答は，1972年3月21日，ワシントンで行なわれた。

　**クラッパー博士**：私は，反社会的な攻撃や暴力に関わらないスキルや能力を賛美し促進する番組を考えています。こうしたスキルと能力には，暴力に頼らず対人問題を解決するものも含まれます。これらはすべて，すでに指摘したとおり，テレビの向社会的可能性を最大限にするために，かなりの努力を伴って行なわれることを望みます。

　**パストール上院議員**：クラッパー博士，ちょっとよろしいでしょうか。親の責任に関するお話には私も同感です。社会に有益な番組を最大限増やそうというご意見もまったくおっしゃるとおりだと思います。しかし，どうしてここで行き過ぎたテレビ暴力を最小限にすることについて議論しないのですか。なぜそれが問題の一部になっていないのでしょうか。つまり，それこそが今私たちが検討しようとしている問題なのです。テレビをとおして私たちにできる有益なことがたくさんあること，そしてそれをテレビがやるべきであること，それがテレビの責任であることはよくわかります……しかし，ここで私たちの頭を悩ませているのは，テレビの過度な暴力の問題なのです。家族が子どものためにできることが多いということ，また子どもに対してそうしなければならないというのはよくわかりますが，私たちは事実をあるがままに認めなければならないのです。あなたはCBSの放送研究者ですよね……テレビには不必要な暴力が多いとは思いませんか。

　**クラッパー博士**：思います。

　**パストール上院議員**：それじゃ，どうしてそれを取り除かないんですか。それが，今私が話していることなんです。それこそが私たちがやらなければいけないことですし，そこから始めるべきなのです。そして，あなたが触れたほかのすべての研究ももちろんやらないといけないと思いますが……しかし，今問題なのは，ほ

> **ボックス8a-2**
>
> かにいろいろあるけれども，暴力的な放送内容は子どもの攻撃性と関係があるかどうかということです。そしてここで問題にしているのは，それに対して何かできることがあるのか，それこそが私たちが決定すべき問題です。もしあるなら，お願いですから，一緒にやろうではありませんか。
>
> あなたがCBSの社会研究部門の責任者だったら，パストール上院議員にどう答えただろうか。あなたが上院議員だったら，テレビ産業界の代表にどのような質問をしただろうか。

阻止しようとした。彼らは結論の出ていない研究を引用し，限定効果の議論を再び持ち出してきた。こうした放送産業界の動きに反対していた団体がある。それは，人々がテレビによる影響に一段と恐怖を感じるようになったことを背景に，1970年代にボストンを中心に急成長した「子どものテレビについて行動する会」（ACT, Action for Children's Television）という団体であった。結局，放送業界は，家族が視聴する時間帯に暴力行為を描く番組を編成するのは控える，3大ネットワークの番組基準を強化する，不必要な暴力を抑えるために番組制作者間で共に努力するということに同意することになった。

## テレビと暴力に関する諸理論

暴力に関する研究で最も重要な成果は，中範囲理論が徐々に発達してきたことであり，中範囲理論はそれまでの研究結果をまとめ，子どもの生活でメディアが担う役割について重要な知見を示した。総合すると，彼らはテレビ視聴と攻撃性との関係を強く指摘している。アリサ・ヒューストンと共同研究者たちは，この問題について数十年にわたり行なわれてきた科学的な研究をレビューしたうえで，次のように述べている。「これまで蓄積された研究は，明らかにテレビの暴力場面の視聴と攻撃性の間に関連性があることを示している。すなわち，テレビを長時間見る人はそうでない人に比べてより攻撃的に行動する……実験研究も縦断研究も暴力場面の視聴は攻撃性と因果的な関係にあるという仮説を支持している……就学前の子どもと青少年を対象としたフィールド実験

（自然な状況での実験という意味）からは，特定の条件下で，暴力的なテレビ番組や映画を見るグループに振り分けられた被験者は，非常に攻撃的になることがわかった」（1992, pp.54-55）。しかし，依然としてこの問題については論争が続いている。

## カタルシス

テレビにおける暴力をめぐる論争の1つにカタルシスがあるが，これについて公衆衛生局長官の報告書の研究結果はかなり明快で，重要な見解の一致を生み出した。CBSのジョセフ・クラッパーは証言で（Ninety-Second Congress, 1972, p.60），「私自身はテレビや他のメディアで暴力的な場面を見ることによってカタルシス効果が生じるという確かな証拠は知らない。カタルシス効果や浄化効果があると指摘した研究もいくつかあったが，反対の効果を明らかにしているもののほうがはるかに多い」と発言している。

それにもかかわらず**カタルシス**（**浄化**と呼ばれることもある）効果，すなわち暴力的な場面を見ることで視聴者の攻撃性を取り除く，あるいは少なくともその人の攻撃的な欲求を充足させ，その結果，攻撃的な行動が起こる可能性を減少させるという考えは，マス・コミュニケーション理論においてはあまり評価されなかったものの，かなり長く残っていた。

常識と私たち自身のメディア消費から考えてみると，カタルシス仮説にはいくつか問題点があることがよくわかる。たとえば，テレビでカップルの情事場面を見ると，性的欲求がなくなるだろうか。テレビで誘惑的なチョコレートケーキをがつがつ食べる家族を見て，空腹を満たすことができるのだろうか。メディアで情事場面を見ても性的欲求はなくならず，食事をする人々をテレビで見てもお腹は空いたままであるならば，なぜメディアで暴力場面を視聴することが攻撃的欲求を充足させてくれるなどと仮定しなければならないのだろうか。それに，『ブラックホーク・ダウン』，『コラテラル・ダメージ』，『ワイルド・スピード』（*The Fast and the Furious*），あるいは『ダイハード』や『ターミ

---

■**カタルシス（浄化）** 純化ともいう。媒介された暴力の視聴が，人間本来の攻撃的な性向を十分満足させる，あるいは低減させるという考え。

ネーター』シリーズのような映画を見たあとのことを思い出してみよう。映画館から穏やかに，平然と出られるだろうか。おそらくそうではないはずである。

しかし，この仮説が魅力的に見える理由を見つけるのはそう難しくない。まずカタルシスは，もともと哲学者アリストテレスがギリシャ悲劇に対するオーディエンスの反応を説明するため用いた概念である。したがって，カタルシスは観察によってではなく，伝統にもとづいてある種の知的妥当性をもつ概念として発達してきた。もう1つの理由は，カタルシス仮説がテレビの描く暴力は社会的有用性をもつとし，若者の鬱積した攻撃性や反抗心を発散する無害なはけ口を提供しているとした点にある。テレビが登場した初期の頃，多くの人はこの魅力的で新しいメディアを利用する理由を正当化するのに躍起だったのである。

初期の研究では，カタルシスが実際に働いていることを示した科学的証拠さえある。シムール・フェッシュバッハ（1961）は，彼がいうところのカタルシス効果を次のような実験で示した。男子大学生を「たくさんの，不当でかなり批判的な発言」で侮辱した後，彼らに攻撃的な映像（残忍なプロボクシングの試合）か，または中立的な映像（噂の伝播に関するもの）を見せた。その後，被験者にこの実験を評価するとともに，侮辱した実験者を評価するよう求めた。その結果，プロボクシングの試合を見た被験者の態度のほうが，噂の伝播に関する映像を見た人たちより攻撃的ではないことが明らかになった。

しかし，F・スコット・アンディソンは，1977年に，20年間の研究成果をレビューした結果，次のように述べている。「これまで蓄積されたデータにもとづくと，テレビは，今日見られるように，社会の人々の攻撃性をより強く刺激していると結論づけることができる。したがって，暫定的に『テレビで描かれる暴力が攻撃性を誘発している』という理論を受け入れ，『カタルシス理論』は棄却するのが妥当だと思われる」（Andison, 1977, p.323）。あるいは，当時，イギリスのレスター大学にあるマス・コミュニケーション研究センターの所長であったジェームズ・D・ハロラン（1964，1965）がもっと直接的に述べたように，カタルシスは「まやかしの議論」である。

しかし，1961年にフェッシュバッハは，攻撃的な映像を見た後，攻撃性が減少したことを実際に論証しており，1971年にはこれと同じ結果を，NBC［アメリカの民放テレビ局］の研究助成を受けて実施した研究（Feshbach & Singer）

でも得ている。この研究は，思春期前の少年を対象に代用収容施設（グループホーム）で行なわれた。6週間，少年たちの半分は暴力的でないテレビ番組を見るように制限され，残りの半分の少年たちは暴力的な内容を見ることが許された。少年たちの行動をさまざまな角度から測定した結果，暴力的な番組を見た少年たちは見なかった少年たちよりも，攻撃的ではなかった。だが，こうした結果はカタルシス効果によるものではない可能性もある。暴力的でない番組を見るよう指示された少年たちは，自分たちの好きな番組を見ることを禁止されたことで欲求不満になっていた可能性がある。高まった欲求不満が原因となり，彼らの攻撃性を増長させたとも考えられる。

　しかしながら，社会科学者が最終的に突き止めたのは，メディアで描かれる暴力や攻撃性のなかでも，ある種のものは，視聴後に視聴者の攻撃性を減らすことができるということである。しかし，カタルシス効果がその理由ではない。そうではなく，視聴者は暴力が特定の状況では適切でないということを学習しているのである。上述したフェッシュバッハの最初の研究を考えてみよう。他人に不必要な苦痛を与える残忍なプロボクシングの試合を見た被験者は，単に「暴力はよくないことだ」と自分に言い聞かせていたのかもしれない。攻撃的な欲求が取り除かれたのではなく，他人をそのように扱うのは不適切であるということを単純に学んだだけなのかもしれない。言い換えれば，攻撃性へと向かう傾向（彼らが事前に侮辱されていたのを思い出そう）が，メディアで示された情報によって抑えられたのである。このことが，私たちを社会的認知理論へと導く。この理論は，メディアで描かれる暴力が人々に与える影響について理解するうえで，最も有用であるとして一般的に受け入れられている。

## 社会的学習

　人間は観察によって学習する。しかし，人々がメディアからどういう行動をどれくらい学習するかをめぐってはいくつかの問題があった。この論争は，1つには，概念をどう定義するかという問題が現れていっそう激しくなった。人がメディアで見たものを模倣できるかどうかは誰も問題にしていない。**模倣**は

---

■**模倣**　観察した行動を直接的に再生すること。

行動をそのまま機械的に再生することである。あるテレビ視聴者が『複数犯罪』（Fuzz）という映画のなかで10代の非行少年グループが浮浪者に暴行を加え，浮浪者に火をつけるという内容を見る。その次の日，その視聴者が海辺で寝ていたホームレスの人を暴行し火をつける。あるいは10代の少年2人が『マネートレイン』（Money Train）という映画を見た後，ニューヨークの電車の切符売り場に火をつけ，駅員を殺害する。これらは実話である。両方とも模倣の例である。しかし，マス・コミュニケーション理論家にとって問題となるのは，このようなメディアの影響がドラマチックに出てくる疑う余地のない事例は比較的少ないということである。さらに，メディアの影響に関するこうした極端な事例は，マイナスの効果は攻撃的「傾向をもつ」人たち，つまりそもそも最初からまともでない人たちだけに生じるものだとする主張に裏づけを与えることになる。

　一方，**同一視**は，「特定の行為を超えて一般化されたモデルをそっくりまねようとする，模倣の特殊な形態で，より一般的な特性に関してモデルのようになりたいという願望や努力から生じる」（White, 1972, p.252）。前述したような映画で見た行動をまねしたのはたった1人か，少数のごく限られた人だけだろうが，映画の登場人物と自分を同一視した人はいったいどれくらいいただろうか。どれくらいの人が，偶然出会った人に対して，映画とは違ったかたちで暴力をふるう可能性があるのだろうか。映画で殺人者がやったこととまったく同じことをしたこともないのに，どれくらいの人が殺人という問題解決方法に共感するだろうか。メディアで描かれたことを模倣するのは，同一視よりは明らかにドラマチックで観察可能な行動である。しかし，メディアに登場するモデルたちとの同一視は，メディア効果としてはより持続的で重要な可能性がある。（こうした区別に関するさらに詳細な議論と，メディア理論におけるその重要性については，Baran & Meyer, 1974を参照されたい）。

　観察学習について初めて本格的な検討を行なったのは，心理学者ニール・ミラーとジョン・ドラード（1941）であった。彼らは模倣学習が行なわれるのは，観察者が学習しようと動機づけられたとき，学習すべき行動の手がかりや要素が存在するとき，観察者がある行動を演じたとき，観察者がその行動を模倣し

---

■**同一視**　模倣の特殊な形態。より一般的な性格や特質の面で，観察したモデルのようになりたいと願い，そうなろうと努力することから起きる。

たことにより肯定的に強化されたときであると論じた。すなわち，人々は目にした行動を模倣でき，そしてその行動が強化され，そして学習されるのである。

しかし，ミラーとドラードは，人々が（メディアに登場するモデルを含め）モデルからどのように学習するかを理解する方法を提示するのではなく，単に，効率的なかたちで伝統的な刺激‐反応学習を説明しているだけであった。個人はある様式で行動し，そして実際に受ける強化によって自分の行動を形成していくと仮定した。彼らは任意の試行錯誤行動に代わるものとして模倣を捉えた。模倣は単に個人が強化されるべき行動を選びやすくしただけだった。こうした実際の強化こそが確実に学習をもたらすと彼らは考えた。しかし，強化の働きに関するこうした固執は，人がマスメディアからどのように学習するのか理解するときに，彼らの理論を利用するのを制限してしまった。彼らの理論は，実際に強化を受けることではなく，観察をとおして新しい反応を学習していくという，人が保持していることが明らかな能力を説明できなかったために，メディア効果研究へのこの理論の適用は限定されてしまった。

しかし，20年後，ミラーとドラードが**社会的学習**と呼んだ考え方と，彼らの模倣についての考え方は十分検討され，メディア効果を理解するうえで重要な概念となった。ミラーとドラードは社会的学習を，刺激‐反応学習（観察者が強化を受けられるような正しい反応を示せるように，このモデルは情報を提供した）の効率的な形態と見なしていたが，（現在，社会的学習理論として知られている）**社会的認知理論**では，観察者は，行動が表現している象徴（シンボリックなイメージ）を獲得でき，こうした「イメージ」が彼らの次の行動の基盤となり重要な情報を提供するとする。メディアの登場人物（モデル）は，単に画面で描かれるだけでオーディエンスの行動に影響を及ぼすことができるのである。オーディエンスは，モデルの行動を実際に行なうことで強化されたり，何か報酬を得たりする必要はないのである。

---

■**社会的学習** 模倣と同一視両方を含む。人々が環境のなかで，他者を観察することからどのように学習するのかを説明する。
■**社会的認知理論** 観察者は行動の象徴的表現を獲得することができ，こうした「イメージ」は何にもとづいて次の行動をすればいいのかについて情報を与えてくれるとする理論。

## マスメディアを通じた社会的認知

　初期の行動主義者たちによって発展してきた古典的学習理論，または**オペラント学習理論**（第4章参照）では，人々は，（環境のなかにある）刺激が提示され，その刺激に何らかの反応をし，その反応が（報酬を得るといった）プラスの強化を受けた場合や，（罰せられるといった）マイナスの強化を受けた場合に新しい行動を学習すると主張する。こうして新しい行動を学習し，人々は，**行動のレパートリー**，すなわち特定の状況で個人が選択できる行動を増やしていくというのである。

　しかし，ここで2つのことが明白になる。まず，これは効率的な学習形態ではないということである。たとえば，私たちは火をどう扱えばいいのかよく知っている。もし，私たち一人一人が個別に火に関連する行動を学習しないといけないとしたら，病院は人であふれ返ってしまうだろう。オペラント学習理論によれば，私たちは刺激（火）があるとき，偶然ある行動をし（火のなかに手を入れる），やけどを負ってしまう。将来，焼けこげないように行動のレパートリーに，火には近づかないということが加えられる。最初にやけどした手は，その後ある行動をとる可能性（ここでは炎を避けるという行動）を高め，刺激（やけどした手）は**マイナスの強化**となる（Zimnbardo & Weber, 1997）。これでは非常に非効率的である。その代わりに私たちは，さまざまな状況（マスメディアを介した場合やそのほかの場合）で，その刺激の作用，反応，強化の連鎖を観察し，次に，日常生活で刺激に直面したときに利用できる行動のレパートリーのなかに回避を加えるのである。要するに，私たちは実際に経験（この場合は痛み）する代わりに，実際の経験が描かれたものでその経験をすませたのである。

　第2点として明らかなことは，私たちはオペラント学習理論で指摘している

---

■**オペラント学習理論**　特定の行動をし，それに対する強化があった場合にのみ学習するという理論。
■**行動のレパートリー**　特定の状況において個人が用いることができる学習された反応の数。
■**マイナスの強化**　徐々にある行動をする可能性を高くする特定の刺激を除去，減少，防止すること。

ような方法だけから学ぶのではないということである。私たちはみんな，刺激，反応，強化の連鎖を目にしなくても，すなわち，自分もしくは自分の代わりになる人が強化されなくても，観察することによって学習を経験したことがある。行動を観察するだけでも人がその行動を学習するには十分なのである。たとえば，弓で矢を放ったことのない人でも，それがどうやって行なわれるかは知っているのである。

したがって，マスメディアを通じての**モデリング**は，もしメディアでのモデリングを使わなかったら，学習にとても時間がかかったりあるいはまったく学習できなかったり，実際に学習するとしたらかなり費用がかかってしまうような，さまざまな行動や問題解決方法を学習するには効率がよい。

このように環境を観察することで学習すること，すなわち社会的認知が社会的認知理論の基盤となっている。アルバート・バンデューラによれば，「社会的認知理論は，3者の相互因果関係から心理社会的機能を説明する。相互決定モデルにもとづくこの理論では，行動／認知的・生物学的要因とそのほかの個人的要因／環境要因のすべてが，お互いに双方向に影響しあう相互決定要因として作用する」(1994, p.61)。すなわち，身の回りの環境（たとえばマスメディア）で経験されることが人の行動に影響を及ぼすのであるが，こうした影響にはさらにその人固有のさまざまな要因が影響してくるということである。

メディアで描写されるものを利用することで社会的認知は，次のうち1つあるいは3つすべてにおいて機能するのである（さらに優れて詳しい内容については，Bandura, 1971, 1994を参照）。

1 **観察学習** メディアで描かれるものを消費する人たちは，単にメディアが描くものを見るだけで新しい行動パターンが得られる。私たちは実際に撃ったこともないし，撃つ行為が強化されてもいないのに，銃の撃ち方を知っている。多くの人はおそらくコンビニ強盗だってできると思うだろう。私たちは強盗されている場面を目撃しているのである。
2 **抑制効果** ある描写のなかである行動をすることでモデルが罰せられるの

---

■**モデリング** 観察を通した行動の獲得。
■**観察学習** 行動の学習には，その行動の観察だけで十分だとするもの。
■**抑制効果** モデルとなる人がある行動をしたことで罰せられるのを見ただけで，その行動をする可能性が低減する効果。

を目にすると，観察者がその行動を起こす可能性は低くなる。これは視聴者自身が実際に罰を受けたようなものなのである。私たちは，悪人が悪い行為をして落ちぶれるのをよく目にする。私たちは，ヘルガが『ヘイ・アーノルド！』(Hey Arnold)［TVアニメ番組］のなかで，二枚舌で自己中心的なために子どもに嫌われているのを見る。すると，これと同じ方法で現実のさまざまな刺激に反応しようとする可能性は低くなる。さまざまな行動を起こしたことで人々が罰せられるという内容の映像やビデオを用いて実施された実験研究は，こうした描写によって，それを見た人たちの攻撃的な行動や探索行動，仲間に対する反社会的交流を抑制できることを示している。

3 **非抑制効果** 身の安全を脅かす行動や禁止されている行動に対して報酬が与えられるようなことがメディアで描写されれば，それは多くの場合，それを見た人がそのように行動する可能性を高めるのに十分な効果をもつ。ある若者が，NBCの『チャレンジ！ 絶叫体験』(Fear Factor)［アメリカのバラエティ番組で，登場者が過酷な内容のスタントに挑戦する］で，しばらくの間ヘビがいる囲いのなかに入れられても何ごともなく出てくる人を見たり，カブトムシを食べたりミミズが入っているマティーニを飲んでも平気な人を見たとすると，この若者が実際のさまざまな状況で似たような反応をする可能性は高くなる。身の安全を脅かす，あるいは，禁止されていることに出くわすようなさまざまな映画やテレビ映像を使用した一連の実証研究では，それらの映像が，歯科医やイヌやヘビに対する恐怖感を減らし，そして，映像で見た行動に対する視聴者の抑制を減じて攻撃性を増加させた，と報告されている。

**代理強化**は，マスメディアを通じて行なわれる社会的認知の中心的な概念である。観察学習は，代理であれ当人であれ，強化があってもなくても行なわれるが，観察者が実際に学習した行動をするかどうかは，観察者がその行動と関連づけて考える**強化の随伴条件**（プラスなのかマイナスなのか）による。

たとえば，テレビである登場人物がある行動をして褒められている，または

---
■**非抑制効果** モデルとなる人が，禁止されたあるいは脅威的な行動に対して報酬を得るのを見ることで，観察者がその行動をする可能性を増加させること。
■**代理強化** 直接経験するのではなく，観察された強化。
■**強化の随伴条件** ある強化方法と関連する，プラスまたはマイナスの価値。

罰せられているのを見た場合，まるで自分自身が褒められたり罰せられたりしているように感じる。この代理強化は，観察することによって学習した行動を，行動の階層構造（ある行動を選択する可能性）のなかのどこに位置づければいいのかを私たちに教えてくれる。私たちはある刺激を与えられた場合，順位が高い行動を選ぶ傾向がある。罰せられる行動は階層のなかでも順位は低くつけられるだろう。私たちが実際に，褒められたり制裁を受けたりする経験をもつ必要はない。メディアで描かれるのを見ることによってすでに間接的にそれを経験しているのである。

　明らかに私たちはマイナスの代理強化を無視して，悪い結果が出てしまうことがわかっていながら行動してしまうこともある。たとえば燃えさかる家のなかに走り込んでいくような場合である。このような場合には，そうした行動を，行動の階層構造のなかの多くの選択肢のなかから選択する順位にまで引き上げていくだけの十分な動機づけ（たとえば子どもを炎のなかから救うことができる）が，実際の状況のなかに存在しているのである。

　今ではテレビによる攻撃的行動のモデリングに関する古典的実験と見なされているが，バンデューラ（1965）は，メディア効果をめぐる論争のいくつかの側面に直接関係する実験を行なっている。この実験では，ロッキーという登場人物が，同じ攻撃的な行動に対して，報酬が与えられたり（キャンディやソフトドリンクが与えられる，「強いチャンピオンだ」と呼ばれる），あるいは罰せられたり（「弱いものいじめだ」と叱られる，雑誌を丸めて叩かれる）するテレビ番組を幼稚園児に見せた。その結果，攻撃的行動に報酬が与えられるものを見た子どもたちは，「自由遊び」時間により攻撃的な行動を見せ（非抑制），罰せられるのを見た子どもたちはあまり攻撃的行動を見せなかった（抑制）。この結果を聞くと，メディアが視聴者の攻撃性に何の影響も及ぼさないと信じている人たちが「ほら，悪いヤツが懲らしめられている，だからメディアの暴力描写は実際に攻撃性を減少させるのだ」と誇らしげに言うのが聞こえるかのようである。しかしバンデューラはさらに検討を加えている。彼は抑制グループの子どもたちがロッキーと同じ攻撃的な行動をしたときには「ステッカー」を渡した。その結果，男児も女児も同じように「禁止された」行動を再現したのである。この環境下では，これまで抑制されていた観察学習行動を行なうのに十分な報酬が提供されたからである。したがって「テレビでの暴力描写擁護論者」に対する答えは簡単である。悪い人はたいてい良い人から「必要以上に

攻撃され」，その結果，良い人はよりすばらしい攻撃を見せたことで報酬が与えられる。それにそのこと自体も問題にならないかもしれない。このような行動は観察することで学習され，後に，視聴者の状況がその行動（または類似した行動）を呼び起こしたときに現れるだろうからである。

## 攻撃の手がかり

社会的認知理論から直接出てきた概念として，メディアの暴力描写に含まれる**攻撃の手がかり**というものがある。メディアで暴力を見た人は，より攻撃的になるとされる。問題は，いつ誰に対して攻撃的になるのかということである。答えは，メディアの暴力描写はほとんどの場合，ドラマチックな文脈で行なわれており，こうした文脈が視聴者に，どんなときに誰に対して暴力が容認されるのかについての情報，つまり手がかりを与えているということである。

レオナルド・バーコビッツ（1965）が行なったある研究がその代表的なものである。男子大学生に，残忍なボクシング場面がある映画（『チャンピオン』という映画シリーズの最終回）を見せた。そのうちの何人かの被験者には敗者は負けて当然だった，つまり敗者に対する暴力は正当であるというストーリーを見せた。もう1つのストーリーでは，負けたボクサーは犠牲になった，すなわち敗者に対する暴力は正当ではない，というものだった。

その後，学生たちは，別の学生（バーコビッツの実験の協力者）が作った「独創的で創造的な住宅設計プラン」を「評価」するよう求められた。被験者の学生に気づかれないようにして，すべての被験者に同じその学生の設計図を見せた。被験者の学生の半分には協力者を「大学生ボクサー」であると紹介し，もう半分のグループには，「スピーチ学専攻」だと紹介した。ここでは「新しい評価方法」として電気ショックが用いられることになっていた。電気ショック1回なら非常によい，電気ショック10回の場合は，非常に悪いという評価とした。もちろん，協力者の学生が本当に電気ショックを受けるわけではない。被験者が送る電気ショックの量は計量器で測られ，協力者はショックを受けた

---

■**攻撃の手がかり** メディアの暴力的な描写に含まれる情報で，特定の犠牲者に対する攻撃の適切性を示す（または暗示する）もの。

ふりをした。被験者が送る電気ショックの違いは，スクリーン上に違いとなって表れる。問題をより複雑にするために，この評価を始める前に，被験者の半分に対して，実験者が彼らを侮辱する（怒る）ということも行なわれた。その結果，何が起こっただろうか。「大学生ボクサー」のほうが，「スピーチ学専攻」よりも多くの電気ショックを受けた。さらに，怒られた被験者はショックを受ける学生がどういう人物かにかかわらず，より多くのショックを与えた。そして暴力を正当だとする映画を見た被験者はより多くのショックを送っていた。バーコビッツの結論はどうだったのだろうか。1つは，被験者の心理状態がどうあるかによって，テレビ番組の手がかりへどう反応するかが変わり，その心理状態の欲求充足を得る可能性がある。第2に，正当化された暴力を見た人たちはその行動を学習するだけでなく，問題解決策として，良い，あるいは有用であるということ（非抑制）を学習する。第3に，犠牲者と結びつく手がかりは，この場合はボクサーであるが，これによって実際の世界で似たような人に対して攻撃を抑制しない可能性があることである。バーコビッツは次のように述べている。「この研究の結果は，映像の文脈は人々の攻撃欲求の抑制に影響を与える可能性があり，映像を見た後すぐに偶然会った人がどういう人かによって，攻撃的な反応が呼び起こされる度合いは変わるということを示している」(Berkowitz, 1965, p.368)。その後の研究（Berkowitz & Green, 1966）で，バーコビッツは，視聴者の攻撃対象となる実在の人物に，映画の犠牲者と同じ名前（Kirk カーク）をつけるだけの実験をし，同様の結果を得ている。

「攻撃の手がかり」に関するこうした考え方は，現在は「ある特定の意味をもった刺激を提示することによって，意味論的に関連しているほかの概念についてもそれと同じ認識が促され，その結果，提示した刺激とほとんど同じように認識する可能性が高くなる」(Jo & Berkowitz, 1994, p.46) という**プライミング効果**により引き継がれている。攻撃の手がかりとプライミング効果は，メディアによる暴力描写に関して，現在行なわれている最も興味深く論争も多い研究の中心となっている。メディアの暴力描写と視聴者の攻撃性の関係が一般に受け入れられているなかで，この研究への関心は，特定対象，つまり女性に対する暴力の問題に向けられている。「攻撃の手がかり」の視点から見ると，メ

---

■**プライミング効果**　メディアでの提示によって，現実においてもそのことに関して同じような考えをもつ可能性が高くなるという見解。

ディアでの描写は視聴者に，女性には暴力を振るってもかまわない，あるいは暴力のターゲットとしてふさわしいと認識させる手がかりを与えている。プライミング効果の視点から見ると，メディアが女性を暴力の犠牲者として描けば，実社会で視聴者は女性に対して同じように認識する可能性が高くなる。

リチャード・フロストとジョン・ストーファー（1987, p.29）は，次のように述べている。「しかし，暴力的な映画やテレビ番組を見たオーディエンスは，たとえ実際には模倣しなくても，普段とは違う感情の高まりは体験するのではないか……この感情の高まりは描かれた暴力の種類に影響を受けるのだろうか。たとえば，男性への暴力と反対に女性への暴力のような……」。女性に対する暴力を描いたロックとラップのビデオが，ピーターソンとフォストの研究（1989）では，女性に対するマイナスの評価を導くこと，ジョンソン，ジャクソンとガットの研究（1995）では，女性に対する暴力の容認を助長し，また女性との間の葛藤を解決するのに暴力を用いる傾向を高めることを示している。

## メディアの暴力描写の文脈

1994年にバンデューラは社会的認知理論のそれまでの知見をまとめ，テレビ視聴者は，「モデルとなった感情経験と，それに関連する人，場所，ものに対する持続的態度，感情的反応，行動傾向を獲得する」（p.75）としている。では，モデリングを通してこうした傾向が促されるのは，メディアでどのように暴力が提示された場合だろうか。W・ジェームズ・ポッター（1997）は重要な**文脈変数**を7つあげている。

1　**報酬／罰**　報酬を受ける攻撃性はより多くモデリングされ，罰を受ける攻撃性はあまりモデリングされない。これをそれぞれ非抑制効果，抑制効果という。
2　**結果**　マイナスの結果，あるいは有害な結果を生み出すような，メディアの暴力描写は，あまりモデリングされない。これもまた抑制効果が働いていることを示す。

---

■**文脈変数**　媒介された暴力表現をめぐる情報，または文脈。

3 **動機** メディアでの攻撃性が正当な動機のあるものであれば，よりモデリングされる傾向があり，正当化されないメディアの暴力描写は視聴者の攻撃性を減少させる。視聴者は，攻撃的か適切か（不適切か）に関して「手がかり」を与えられている。
4 **リアリズム** 特に少年の場合，メディアで描写される暴力が写実的だと，現実の世界で攻撃的になる傾向がある。これはポッター（1997, p.234）が説明しているとおり，「メディアで描かれる加害者に現実味があると，抑制力が低下する傾向がある。なぜなら彼らの行動は，漫画やファンタジーのキャラクターのような実在しない加害者よりも，実際の状況で応用しやすいからである」。
5 **ユーモア** ユーモアによって行動の深刻さが減少するため，ユーモラスに描かれた暴力は，視聴者が現実の世界で攻撃的に行動する可能性を高める。
6 **メディアの登場人物との同一視** 視聴者がメディアの登場人物（たとえば自分と似ている人，自分が魅力的に感じる人）と自分を同一視するほど，視聴者はその登場人物の行動をモデリングする可能性が高くなる。
7 **覚醒** ポッターは，「感情的なアピールは，物語のドラマチックな性質を高め，それによって注目度を高め……暴力を用いる登場人物に対して肯定的になり，……その結果，攻撃的な行動をする可能性が高まる」（1997, p.235）と説明する。

## テレビ視聴の能動理論

こうした文脈変数の作用は，メディア消費者が視聴状況に何かを持ち込んでいるということをはっきりと示している。すなわち，視聴者は自分が何を見ているかについて判断を下しているのである。たとえば，この暴力は正当化されるのか。こういう行動をしたらどういう結果になるのか。ダニエル・アンダーソンとエリザベス・ローク（1983, pp.27-28）が「テレビ視聴の認知的能動性を主要な前提とした，テレビへの注視に関する理論」を提示したこと，また他の人たち（たとえば，Bryant & Anderson, 1983; Singer & Singer, 1983）も同様の観点を示したことは，「テレビ視聴は基本的に受け身の受動的行動である」

とする視点に対して異議を唱えることになった。このテレビ視聴の**能動理論**は，一般的に視聴者を，メディアの暴力描写をめぐる論争では特に子どもを，能動的で意識的にテレビの内容を理解しようとする存在と見なす。研究者たちは，子どもは2歳半ですでに，テレビ番組特有の慣例が理解できる**視聴スキーマ**を発達させているとする。「2歳半をすぎて，テレビへの注視は就学前まで増加していく……学校に通う年齢では横ばいになるだろう……こうして増加していくのは，認知的発達や，世界に関する知識が増加してきていること，テレビの映像的記号や構成形式を理解してきていることを反映していると考えられる」(Anderson & Lorch, 1983, p.13)。

テレビ視聴の能動理論に賛成する人たちは，社会的認知理論の論者はおおむね「子どもは能動的で，認知能力をもち，社会的な存在であるが，テレビを例外的に強力な影響を与えているものと見なし，子どもはその前で受け身になっているという仮定」(Anderson & Lorch, 1983, p.5) を支持していると主張している。子どものテレビ視聴と認知能力に関するこの悲観的な視点は，必然的に，社会的認知の支持者たちに，メディアの影響を過大評価させ，個々の視聴者がメディアの効果を左右できる力を過小評価させてしまうという。言い換えると，「受動理論」は，注目することが理解することにつながり，それによって影響が生じると仮定する。一方，テレビ視聴の能動理論は，理解するから注目するようになり，それによって影響が生じる（または生じない）とする。

## 発達論的視点

しかし，明らかなのは，すべての視聴者が能動的な視聴者ではないということ，特に子どもの場合はそうであるし，すべての人が同程度に能動的なわけではない。この考えが**発達論的視点**を支持する方向へ導いた。発達論的な観点では，「子どもは生まれてから大人になるまでに認知面で幅広く多様な成長……非常に豊かで，複雑で，多面的な成長」(Flavell, 1992, p.998) を経験すると仮

---

■**能動理論** 視聴者は番組を理解することで，あるものに注目するようになり，その結果，効果が生じる，あるいは生じないとする，テレビ消費に関する視点。
■**視聴スキーマ** メディア内容の慣例を理解するよう手助けする解釈スキル。

定する。したがって、テレビを扱う能力において重要なのは、私たちは、知的発達段階の各段階でテレビを理解するそれなりの能力をもっているということである。論理的に考えて、年齢が上の子どもは、下の子どもとはテレビの「読み方」が違うだろう。エレン・ワーテラ（1979, p.7）が書いているように、この発達論的視点は「4歳、6歳、10歳の子どもと、大人のコミュニケーション能力の違いを描写し、説明しようとする」（1979, p.7）。子どものコミュニケーション能力に発達段階の概念を適用するのは、発達心理学、とりわけジャン・ピアジェの業績によるものである。彼は、子どもは幼児期から青年期に移行するにつれて、自分がもつ認知能力や知的能力のレベルが質的に変化するのを経験する、と論じている。年齢の高い子どものほうがテレビメッセージの処理能力が発達しているからテレビの影響からも逃れられる、と仮定するのは容易であるが、これは発達研究の結論でもないし、目標でもない。ワーテラは、「テレビで描かれる行動を子どもがどのようにモデリングするかという問題が、実験や調査研究の主たる焦点となってはいるが」、発達研究では、「新しい問いを立て、子どもがテレビから学習していることとテレビを利用していることに関して、異なる種類のコミュニケーションの問題」を扱っている（1979, p.8-9）という。実際、多くの発達研究が、注意力と理解力が発達段階ごとにどのように違うのかということに焦点を当てたが、これは年齢に応じたよりよい教育番組を作るためであった。

## メディアと子どもの社会化

　子どもに対する注目は、社会的認知を超えて広がっている。子どもの社会化にメディアが及ぼす影響について、かなりの関心が寄せられているのである。特に幼年期が失われてしまうこと（あるいは幼年期という時期が意味するものが変化してしまうこと）や、ジェンダーや性役割の理解、広告について、関心が集まっている。

---

■**発達論的視点**　メディアを通じた学習に関する視点で、メディアとの相互作用とその効果のあり方に、子どもの知的段階やコミュニケーションの段階がどのように影響するのかを明らかにする。

テレビは**初期の窓**である。すなわち，テレビは子どもがうまく世の中と相互作用できるようになる前に子どもに世の中を見せる。あるいは，ジョシュア・メイロウィッツが説明しているように，テレビは，「子どもが道を渡るのを許される前から，子どもに世界を見せてまわる」（1985, p.238）。テレビが子どもたちを「小さい大人」として扱うと，子どもの社会的発達に何が起きるだろうか。たとえば，子どもが自分で読めるのは子ども向けの本だけであり，その本はテーマも子どもの関心と体験に合わせて作られている。しかし，メイロウィッツが指摘しているように，すべてのテレビは「教育的テレビ」であり，「子ども向けのテレビ」のようなものはない。テレビは，

> 非常に小さい子どもを，大人の相互作用の場に「居合わせる」ことを許している。かつて，年齢の違う人や読む能力の違う人を社会のなかでそれぞれの居場所に振り分けていた垣根を，テレビは取り除いてしまった。テレビが広く行き渡り利用されるということは，戦争や葬式，求愛や誘惑，犯罪現場やカクテル・パーティに小さい子どもが居合わせることを許す，ということを幅広く社会が許しているということに等しい。小さい子どもは，テレビで描かれる性，死，犯罪，およびお金の問題を完全には理解できないかもしれない。言い換えれば，こうした問題を子どもらしいかたちでしか理解していないかもしれない。それにもかかわらず，テレビは，大人が何世紀もの間，子どもには見せないようにしてきたさまざまな問題と行動を子どもに見せている。テレビは子どもを複雑な大人の世界へと押しやり，テレビがなければ，聞くことも読むこともない行動や言葉の意味を，子どもが尋ねたくなるような刺激を与えている（1985, p.242）。

　初期の窓から子どもが学習するものの1つにジェンダーまたは性役割がある。ジョージ・コムストック（1991）は，子どもの性役割の社会化に関して何十年間にもわたる諸研究をレビューし，テレビを見ることと，伝統的なジェンダー観や性役割観を抱くこととの間には「中くらいではあるが正の関係」が存在す

---

■**初期の窓**　子どもたちが現実の世界でうまく行動するスキルをもつ前に，テレビが世界を見せているとする考え。

> **インスタント・アクセス**
>
> ## 社会的認知理論
>
> 【有効性】
> 1 メディアと行動との因果関係を提示している。
> 2 さまざまな視聴者と視聴状況に適用できる。
> 3 説明力が高い（カタルシスや攻撃の手がかりなど）。
>
> 【限界】
> 1 実験室研究であるため、一般化できるかどうかが問題になる。
> 2 実験による検証は、メディアの影響力を過大評価する可能性がある。
> 3 メディア消費の長期的効果について説明するのが困難である。
> 4 人々の能動的なメディア・メッセージの利用を過小評価している。
> 5 文化的効果ではなく非常に狭く個人的レベルの効果だけを焦点化している。

ると結論づけている（p.175）。彼は伝統的でないジェンダー描写を見た子どもは、伝統的ではない性役割を認識できるし、実際にそうした認識を発達させているとも指摘した。さらに、メディアでの描写は、子ども自身にある種の期待を抱かせることによって、子どもを社会化していく可能性があるだけでなく、他者への期待を促す可能性もある。コムストックは、「かなり魅力的な人をテレビやほかのメディアが描けば、現実世界での異性の魅力に対して不満を抱いたり低く評価する可能性もある」としている（1991, p.176）。

子どもの社会化に広告が与える影響は、いくつか異なる角度から研究されてきた。このような研究は、7歳の子どもでもコマーシャルとほかの放送内容との違いを区別できることを示しているが、コマーシャルの売ろうとする意図は理解できないこともあるので、多くの広告、特にプレミアム広告（商品を買うとプレゼントやおもちゃがもらえる広告）のような広告が原因で、親と子どもがもめてしまう場合もある。また、商品の多くが、子ども向けの広告が抱かせた期待どおりのものではないので、欲求不満を起こしたり、ひねくれた感情をもつようになる場合もある（Liebert & Sprafkin, 1988）。

しかし，メディア，とりわけテレビによる社会的認知や社会化が，子どもの行動，特にその攻撃性に与える影響をめぐっては依然として疑問が残されている。バーナード・ベレルソンが「実務派」（Practicus）（第3章参照）と呼んだ人たちからずっと抵抗があったにもかかわらず，現在最も受け入れられている見解は「子どもに影響を与えるものは多いが，メディアは，自分をとりまく大きな社会や，その社会による脅威，社会が与えてくれるチャンスを概観し理解するうえで，最上の手段として突出している」（Ball-Rokeach, 2001, p.16）というものである。そして，『アメリカ医学会誌』（Journal of the American Medical Association）でブランドン・センターウォール博士は，「すべての暴力的な行為は，貧困，犯罪，アルコール，麻薬乱用，ストレスのような一連の要因が重なって出てきた結果であり，子ども時代のテレビ視聴がその1つにすぎないのは明白である。それでもなお，疫学的証明によれば，もし仮に，テレビ技術が発達していなかったら，アメリカの自殺は毎年1万，強姦は7万，傷害事件は70万件減っていただろうといえる」としている（Vander Neut, 1999, p.40からの引用）。

## コミュニケーション過程のシステム理論

　心理学者はコミュニケーション研究者たちの関心を，メディアが個人（ミクロレベル）にもたらす可能性のある影響に向けさせたが，技術者は，社会的，あるいはシステムレベル（マクロレベル）での影響について包括的な説明を展開する方向へと向かわせた。
　**システム**とは，システムの各部分が相互に関連づけられていて，その各部分が組み合わされて1セットになったものであり，ある部分が変化すると他の部分にも変化が生じるものである。システムの各各部分は，機械的に直接つながっている場合もあるし，また，コミュニケーション技術によって間接的に結びついている場合もある。各部分がすべて連結されているので，要素が1つ変化するだけでシステム全体が変化しうる。長期的な目標を達成するよう設計された

---

■**システム**　相互に関連する部分から構成され，コミュニケーションとフィードバック・ループを通して，お互いに影響し統制することができる。

場合，システムは目標志向的になることもある。システムによっては，環境を監視し，環境変化に応じてその作用を変えることもできる。

　システムへの関心は，目標達成のため，目標を追求し，環境を監視し，作動を調整できるようプログラム化されたシステムを開発した電子技術者から始まった。技術者たちは，コミュニケーション・リンクが効率よく機能し，情報を正確に伝達できるシステムを設計することに関心があった。コミュニケーションはある目的を実現するための手段の1つであった。コミュニケーション・リンクがうまく機能しない場合，その解決法は明白である。すなわち，期待どおりの効果と正確さが得られるよう，コミュニケーション技術が改善されればいいのである。このように，こうしたタイプのシステムを設計し管理する場合，コミュニケーションの問題は技術が進化することで解決された。その結果，1950年代，60年代には，社会レベルで重要なコミュニケーション問題もやはりメッセージ伝達の正確性を改善することで解決しうるという楽観論が存在した。

## システム理論の出現

　第二次世界大戦後，社会理論家たちはマクロな現象とミクロな現象を概念化する方法の1つとしてシステム概念に関心をもつようになった。一部の人は，システム概念は，コミュニケーションを含むさまざまな社会過程で役に立つモデルを構築するうえで，発見的な手段となったとした。これらのモデルは，単に，より多くの変数を追加するということよりもむしろ，変数間の関係をどう理解するかという考え方を根本的に変えてしまった。このようなモデルを開発する場合，理論家はさまざまな文献を引用する。ウォルター・バックリー（1967）はシステムの概念に関して，17世紀の機械モデル，19世紀の有機モデル，20世紀初めの過程モデルにまでさかのぼっている。しかし，1960年代のほとんどの社会システム理論家は，システム理論を発展させるうえで，一番重要で最新の推進力は，複雑な機械を統制したり管理することについて研究する**サイバネティクス**という工学分野からきているとしている。サイバネティクスでは，機械の各部分のコミュニケーション・リンクが，どのようにして複雑な課

---

■**サイバネティクス**　複雑なシステムにおける管理と統制に関する研究。

題の遂行を可能にするのか，またどのようにして外部環境で起きる変化への適応を可能にするのか研究する。

　サイバネティクスは精巧な武器を設計するのに役立つということもあり，第二次世界対戦中に新しい分野として登場した（Wiener, 1954, 1961）。サイバネティクスは特に通信工学，たとえばレーダーのような，軍の装備として強力で新しい通信システムを設計するときに有用だった。コミュニケーション技術者らは，1940年代までには，コミュニケーション過程について単純な線形モデルを捨て，循環型でありながら徐々に変化していくコミュニケーション過程を概念化した。ここではメッセージが受け手から戻ってきて送り手に影響を与え，次々にメッセージが変更される過程が描かれている。こうした循環的な過程は**フィードバック・ループ**と呼ばれた。こうしたシステムでは常時相互調整することが可能で，最終的に，長期的な目的や機能を遂行できるようになる。

　複雑な機械は，環境が引き起こす変化に常に適応していく手段としてフィードバック・ループに依存している。フィードバック・ループを用いると，送り手は，発したメッセージが受け手に与える影響を監視できる。しかし，それと同時に受け手側も送り手に影響を与えることができるというのも重要である。効果が予期したものや望んでいたものでない場合，送り手は望ましいフィードバックが得られるまでメッセージを何回でも変更できる。第二次世界大戦中，レーダーやテレビカメラのような，従来より強力なコミュニケーション技術を利用した機械が情勢を監視するために作られた。これらの機械はわずかな変化まで発見できる精巧な手段を整え，武器システムはその目的を達成できた。これらの機能が主にコミュニケーションを促進するためであるなら，私たちはこれらのシステムを**コミュニケーション・システム**と呼ぶことにする。この定義によると，誘導ミサイルはコミュニケーション・システムではなく，コミュニケーション・サブシステムを保有する武器システムである。

---

■**フィードバック・ループ**　システムにおける持続的・前進的相互調整。
■**コミュニケーション・システム**　主にコミュニケーションを促進するために機能するシステム。

## コミュニケーションの数学理論

　さらにコミュニケーション技術者たちはほかにも重要な進歩を成し遂げた。それは，現在のコミュニケーション技術革命において中核をなしている (Shannon & Weaver, 1949)。システムが有効に働き，長期目標を達成するためには伝達内容の正確性が必須である。些細なエラーでもやがて悪化して，深刻な問題になってしまうことがある。こうした状況に対処するため，コミュニケーション技術者たちは，システム内部の，ある部分からほかの部分へのコミュニケーションの流れを概念的に説明するために，精巧な方法を考え出した。この流れを**信号**といい，そのなかの各単位を**情報ビット**と名づけた。最終的な情報ビットはデジタルビット，すなわち在るか無いかのいずれかである。ビットが正確に伝達されているかどうかを監視する方法も考案された。ある部分が送り出した信号は，別の部分で受け取られた信号と比較される。送られた信号と受け取られた信号の間に違いがあればそれはエラーまたは**ノイズ**と見なされる。信号は数千，数百万のビットから構成されることもあるので，問題を引き起こさない限り，ある程度のノイズはだいたい許容される。伝達内容が**重複**する場合，すなわちメッセージのなかに同じ情報を運ぶビットがたくさん含まれる場合は，ノイズのレベルが高くても許容することがある。重複するビットがすべてなくなるか変形していなければ，ノイズは問題を引き起こさない。各コミュニケーション・リンクは**チャンネル**として見なされ，各チャンネルは信号を正確に伝達できるだけの容量をもっていると見なされる。この**チャンネル容量**はほとんどエラーなく複雑な信号を運ぶほど大きい場合もあるし，簡単な信号が正確に伝達できるだけのものでしかない場合もある。明らかに，複雑な信号を正確に伝達できるチャンネルがあったほうがよい。正確性が問題である場合は，

---

■**信号（シグナル）**　システムの，ある部分から他の部分へのコミュニケーションの流れ。
■**情報ビット**　信号の個々の要素。
■**ノイズ**　送られた信号と届いた信号との相違。
■**重複**　信号が同じ情報を運ぶビットを多く含んでいる場合。
■**チャンネル**　信号の伝達手段。
■**チャンネル容量**　正確な信号を伝達できるチャンネルの能力。

重複性が増加する可能性もあるが，この場合は，同じ情報が1回以上送られるので効率は落ちてしまう。

　たとえば，AMラジオを聴くと，雑音が聞こえる。雑音は実際には数千の間違った情報ビットで，ラジオの送信装置から家庭のラジオへ移動するときに，信号に入ったものである。信号伝達においてこうしたエラーを最小化することの重要性は，コミュニケーション・リンクの目的もしくは機能によって異なる。FM信号は送信装置からラジオへ移動するときにエラーが起こる可能性が少なく，本来の信号をより正確に受信できる，すなわちハイファイ（HIFI：高精細度）で受信する。このような理由で，トーク番組とスポーツ番組はAMに，雑音が問題になる音楽番組はFMに多い傾向がある。

　この例は，通信工学で共通してみられるある傾向を示している。技術が発達すると，ノイズを減らすかなくす方法，効率性を上げる方法，チャンネルの容量を大きくする方法が見つかる。現在，これを達成する有力な方法はデジタル技術である。信号はまず，デジタルビットに暗号化され，デジタル化された信号が伝達されて受信される。そして元の信号が，再構成されるかもしくはデジタル化された情報から解読される。既存のコミュニケーション・リンクのチャンネル容量はデジタル技術を利用すれば膨大に増やすことができる。重複する情報を送信する必要も減るので，リンクの効率はよくなる。現在のデジタル・ハイビジョンテレビ（HDTV：高感度テレビ）はこの技術にもとづいている。既存のテレビが1秒に30コマ（30静止画像）を伝達するのに対して，ハイビジョンテレビはコマごとに変化していく部分のデジタル情報だけを伝達すればよい。2人のニュース・キャスターがニュースを伝えている場面を考えてみよう。背景セットは同じだし，服も髪型も髪の色も，顔までも同じである。キャスターの口と表情が変わるだけである。まずはじめに家庭のテレビ画面で再構成するのに必要な情報を伝達したら，次にハイビジョン・テレビ・システムで伝達され受信されるのは，元の画面のなかで変化した情報だけである。ノイズは減少し，効率はよくなる。そして必要な情報だけがシステムに入るのでチャンネル容量は増加する（Fisher & Fisher, 1996, pp.343-345）。

　信号，ノイズ，ビット，効率性，重複性，チャンネル容量という概念は，さまざまな文献を通してマス・コミュニケーション理論に導入された。その最初で最も重要な文献が，1949年にクロード・シャノンとワレン・ウィーバーによって著わされた『コミュニケーションの数学的理論』である。シャノンはベル

電話研究所の数学研究者で，ウィーバーはスローン（Sloan）財団の科学プロジェクトの顧問であった。彼らはこれらの新しい概念が，すべてのコミュニケーション形態についての理解を変えるだろうと信じていた。彼らは非常にミクロなこれらの概念を使って，マクロで社会的なレベルのコミュニケーション問題を解決していくことも可能だろうと楽観的に考えた。この考え方が**情報理論**と呼ばれるようになる。

シャノンとウィーバーが情報理論で示した大きな野望はまだ実現されていない。コミュニケーション技術とコミュニケーション・システムの設計で，この理論はかなりの成功を収めた。この理論にもとづいた技術は情報スーパーハイウェイ［NII, National Information Infrastructure, 全米情報基盤のこと。社会基盤としての情報通信網の構築を目指す政策］を構築する土台となった。このスーパー・コミュニケーション・システムを設計した人たちは，このシステムによって，私たちは，低コストで便利でユーザーが利用しやすいかたちで，大量の情報を得ることができると断言した。そしてこれは達成されたようである。

しかし，情報を正確に，かつ効率的に伝達するだけではまだ十分ではない。情報時代に突入して厄介な社会問題も増加した。理想的には，システムの概念は，複雑な社会システムを概念的に説明し，その社会システムのなかでコミュニケーションが果たす役割を分析する有力な方法を提供することができるかもしれない。重大な社会問題が解決される可能性もある。

### モデリング・システム

システムという用語は，通信工学とサイバネティクスで使われているもので，相互に関連づけられている部分から成るセットであり，各部分はコミュニケーションとフィードバック・ループを通して互いに影響し，そして統制しあう。言葉や図でシステムを表現したものが**モデル**である。システムでは，チャンネルを通じて各部分が相互に関連しているため，ある部分での変化がほかのすべ

---

■**情報理論**　情報の流れに関する機械論的概念を，すべてのコミュニケーション形態の理解に適用した理論。
■**モデル**　言葉やダイアグラムでシステムを表現したもの。

ての部分に影響する。**相互依存性**と**自動調節**がシステムの主な特徴である。各部分には専門の役割や機能があるが，すべての部分は，システム全体が目標達成のため適切に働くよう組織的に連結していなくてはならないし，目的を達成できるよう自らを統制しなければならない。システムは比較的簡単なものもあるし，かなり複雑なものもある。内部が高度に組織化されている場合も，あまり組織化されていない場合もある。静的に働く場合も，発展してやがて重大な変化を遂げる場合もある。そのシステムが単独で機能する場合もあるし，さらに大きなシステムの一部としてほかの組織と連結して，より大きいシステムを形成する場合もある。

これらシステムのもう1つの重要な特性は，**目的志向的**であるということである。すなわち，システムは常に，全体的あるいは長期的なある特定の目的を達成しようとする。私たちは普通，目標を思考や計画と関連づけて考える。しかし，もちろん機械は考えることができない。システムの目標の方向づけは最初からハードウェアに組み込まれたものであるか，プログラム化されたものである。機械がいったん作動し始めると，目標が間違っていたり達成できないものであっても目標を達成しようとする。三流のSF（空想科学）映画で見るロボットのように，機械は，自分のやっていることが何の意味をなさずとも，自分の使命を果たすのである。

## 簡単なシステム・モデル

複雑なシステムは説明するのも理解するのも難しいが，自動調節システムの基本的な原理は，家庭にある暖房やエアコンが作動するのを見るとよくわかる。暖房やエアコンは，外部環境に適応するために，簡単なフィードバック・ループを利用した自動調整システムである。両方とも環境を監視し，必要に応じて，自動温度調節装置とコミュニケーションをはかり，その結果その装置を「作動

---

■**相互依存性**　システムの各要素は特定の機能をもつが，1つの要素の変化が他のすべての要素に影響してしまうこと。
■**自動調節**　システムがもつ性質で，目標達成のために，全体のシステムをシステム自体が適切に働かせ，制御すること。
■**目的志向的**　特定の全体的，長期的目的を達成しようとする努力。

する」，もしくは「切る」という信号を送る。家の温度が望ましい状態であれば，暖房やエアコンは作動しない。自動温度調節装置が，気温が望ましい状態より低いと感知したときは暖房のほうに電子メッセージを送り，暖房が作動する。暖房は家の空気を暖めることによって自動温度調節装置とコミュニケーションをとる。自動温度調節装置は空気の温度を監視し，望ましい状態に達したとき，暖房に電源を切るようメッセージを送る。こうした簡単なシステムで暖房と自動温度調節装置が共同で働いて適当な温度を保っているのである。暖房と自動温度調節装置をつなぐ単純なフィードバック・ループ形式でとられるコミュニケーションが，そのシステムを効果的に動かしているのである。

## システム・モデルのヒューマン・コミュニケーションへの適用

　簡単なシステム・モデルでも，人と人とのコミュニケーションのいくつかのタイプを示すのに利用できる。あなたと友人が1つのシステムを形成していると仮定してみよう。このシステムでは友人が「自動温度調節装置」の役割をしているとしよう。その友人とのコミュニケーションから，あなたは自分の行動が適切かどうかがわかる。この服は今着るものとして適切だろうか。ダンス・パーティに行ったほうがいいか，あるいは友達と映画を見にいったほうがいいのだろうか。この友人と話しているとき，あなたは，あなたが友人に影響を与えようとするのではなく，その友人に自分をガイドしてくれるよう望むかもしれない。つまり，自分の行動を調節するために，友人からフィードバックを得たいのである。

　この例はまた，ヒューマン・コミュニケーションをシステム・モデルで説明する際の，重要な限界も示している。それは，最も簡単に創れるモデルは，あまりにも単純で静的すぎる傾向がある，ということである。もし，あなたと友人が非常に特殊な関係でないならば，あなたは他にもさまざまな役割を果たしており，広範囲にわたる話題でお互いにコミュニケーションをとっているだろう。あなたの友人が果たしている機能が単に自動温度調節装置の機能と同じなら，あなたはその関係を見直す必要がある。あなたと友人の関係がより複雑なものだと仮定すると，その相互関係の複雑性を説明するためのシステム・モデルを描くのに，おそらく数週間かかるだろう。あなたはきっと，それを描き終

わる前に，また重要な変化が生じたことを見つけて，そのモデルがもうすでに正確ではないことに気づくだろう。単純なコミュニケーション形態で連結されている機械の各部分とは違い，あなたと友人は，自分の役割やコミュニケーション・リンク，メッセージの内容を容易に変えることができる。言い換えれば，あなたは，規則的に，そして定期的に自分と他人を結ぶシステムを変えているのである。古いフィードバック・ループがなくなると，新しいループができる。システム理論家たちは最近になって初めて，システムが継続的に変形する，より複雑なモデルを認め，それを発展させ始めている。

## マス・コミュニケーション理論家によるシステム・モデルの採用

　ほかの社会科学者と同様，マス・コミュニケーション研究者たちもシステム・モデルに関心を寄せた。適度に複雑なモデルはコミュニケーション過程を説明する理想的な手段と見なされるようになった。これは，1960年以前に一般的だったコミュニケーション過程の単純な線形モデルに比べると大きな進展であった。初期の効果研究にはそのほとんどに**伝達モデル**的な特徴があったが，システム・モデルがそれに取って代わった。ハロルド・ラスウェル（1949）はコミュニケーション過程を，誰が，何を，誰に，どのメディアを用いて言い，どのような効果が生じるのかと表現し，説得力のある，簡潔な伝達モデルを提示している。この伝達モデルでは，メッセージの送り手がコミュニケーション過程を支配し，この過程の主な結果は，受け手に与える何らかの効果であると仮定する。その効果は通常，送り手によって意図されたものである。影響は送り手から受け手へと直線的に移動するか，流れる。メッセージの受け手が送り手に影響する可能性は無視される。関心は，送り手が意図した効果がもたらされるのか，それとも意図しなかったネガティブな効果が生じるのかに向けられているのである。相互の影響は考慮されない。

　コミュニケーション理論家たちは，受け手が送り手に影響することもできるし，お互いに影響しあうことが可能なフィードバック・ループを含む新しいコ

---

■**伝達モデル**　マスメディアを，情報の単なる送信者または伝達者として見なす視点。

# ウェスリーとマックリーンの
# コミュニケーション過程のモデル

**ボックス 8b**

ウェスリーとマックリーンのモデルはシステムとしてのコミュニケーションを明確に描いている。

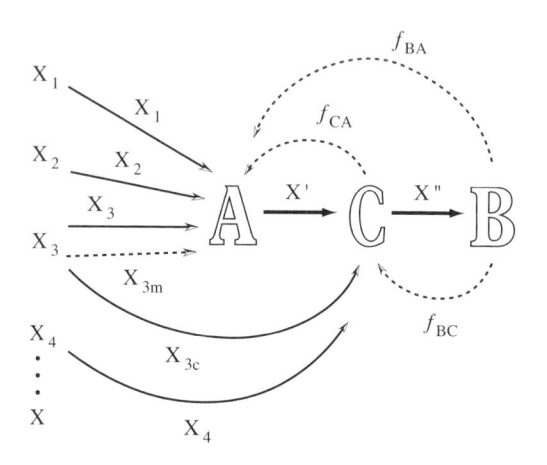

```
           X₁
X₁                            f_BA
    X₂          f_CA
X₂
    X₃      X'      X"
X₃ ────→ A ────→ C ────→ B
    X₃ₘ
X₄                 f_BC
    X₃c
⋮
X       X₄
```

出典：ジャーナリズムとマス・コミュニケーション教育学会（Association for Education in Journalism and Mass Communication）の許可を得て，*Journalism Quarterly* Vol.34, No.1, Winter, 1957, pp.31-38 より転記。

マス・コミュニケーション過程においては，Cはメディア，Aはニュース・ソース，Bは受け手，$f$はフィードバック，Xはさまざまな出来事や現象などであり，メディア（C）が受け手（B）に伝達するメッセージは，メディア側で直接取材するものもあれば（$X_{3c}$，$X_4$），$X_1$，$X_2$，$X_3$のように企業や政治関係のニュース・リリースやさまざまなニュース・ソースを通して入手する場合もある。視聴者や読者が，メディアからのメッセージを受け取った後，商品を購入したり特定の政治家や政党を支持するなど，企業や政治関係者に直接反応を送り返している場合もあれば（$f_{BA}$），メディアのメッセージに対し，番組への手紙や，読者便りのようなかたちでマスコミにフィードバックをすることもある（$f_{BC}$）。メディアは数多くのニュース・ソースから情報を得て，不特定多数の受け手にメッセージを送っており，その受け手はそのほかの多くのメディアからもメッセージを受け取っている。

ミュニケーション・モデルを提案した。相互的な影響をモデル化できるという可能性は，特に対人コミュニケーションを解明しようとする理論家たちにとって魅力的なものであった。ブルース・ウェスリーとマルコム・マックリーン（1957）はボックス8bで示したとおり，このタイプのモデルのよい例をあげている。ほとんどの会話が相互の影響によって成り立っている。参加者はメッセージを送り，フィードバックを受け，自分の行動を調整する。日常の生活のなかで，人々は常にお互いに合わせている。社会環境を全体的に見ると，それは行為者間で絶えることなく行なわれる交渉によって作られるもの，として理解することもできる。

マス・コミュニケーション過程を説明するのにシステム・モデルが有用かどうかはそれほど明白ではなかった。伝統的なマスメディア形態では，受け手から送り手へ直接つながるコミュニケーション・リンクはあったとしても少ない。メッセージの送り手はメッセージの効果に気がつかない場合もあるし，数日，数週間後にわかる場合もある。しかし，1960年代には，メディア評価システムが整備され，世論調査が改善され，より科学的になって，メッセージの送り手と受け手の間の間接的なコミュニケーション・リンクが可能になった。メディア評価と世論調査の結果によって，メッセージ生産者たちは，受け手の反応に関してフィードバックを得ることができた。このフィードバックは，人々がテレビ番組を見ているかどうかという程度の，評価としてはかなり粗いものであった。視聴者が見ていない場合，視聴者がどういう番組を見たいのかについてあまり把握しないままメッセージを変えてしまう。評価が高い場合には，人々が同じ番組に飽きて最終的に他の番組にチャンネルを変えてしまうまで，同じ内容を送り続ける。世論調査というフィードバックは，メッセージの送り手に少しは情報を伝えているが，それほど多くではない。たとえば，政治家は，有権者の意見を変えて好意的な評価を得ようと，常にさまざまなメッセージを試している。

## 閉じられたシステム 対 開かれたシステム

システムは，基本的に2つのタイプに分けることができ，それぞれ，異なるコミュニケーション形態をモデル化するときに用いられる。システムが，閉じ

られていて**ホメオスタティック（恒常的）**なものと，開かれていて**動的にバランスをとっている**ものがある。閉じられたシステムは，課題を延々と遂行する単純な機械のようなものである。外部環境に対しては限られた監視しか行なわない。各部分が常に変わらず相互に関連している限り，機械は問題なく作動する。ある部分が磨耗して作動を中止したり，コミュニケーション・リンクの一部分である電線が擦り切れたりすると，システムはうまく作動しなくなるだろう。このシステムは問題に対応する能力がまったくない。システムの一部が磨耗したり，コミュニケーション・リンクが故障するとシステムを維持できない。こうした閉じられたシステムにおけるコミュニケーションの役割は高度に構造化され，予測可能である。単純な機械の各部分は，お互いにあまり多くのことを伝える必要がない。電源を入れるか消すかといった非常に単純なデジタル・メッセージでコミュニケーションをとる場合が多いからである。

　開かれたシステムは，これとはかなり違う。開かれたシステムは，システム全体が環境を監視でき，そのシステムの各部分は，内部と外部両方の変化に対応できるように相互に関連している。このシステムの各部分は，ある部分がうまく働かない場合，他の部分がそれに対応し，その機能を果たせるよう機能を変更することもできる。こうしたシステムは時間とともに成長し，変化することができる。多くの場合，環境との関係も変化させることができる。こうしたシステムを，動的にバランスがとれている，という。すなわち，重要な変化が起きても統合性と高い組織性を維持できるのである。安定性と変化を結合することができるのである。

　開かれたシステムの古典的な例は生物有機体である。身体のなかではさまざまな器官がさまざまな方法でコミュニケーションをとっている。そこでは，神経系と循環器系のシステムによって電気的・化学的メッセージが伝達されている。身体が成長すると，各器官の関係も変化する。一部は拡大し，重要な機能をより多く果たすようになるのに対し，衰える部分もある。身体は一部がうまく働かないときや外部環境の変化に応じて，非常に複雑なかたちで適応することができる。調整は複雑だが，身体全体は物理的統合性を維持する。すなわち

---

■**ホメオスタティック（恒常的）**　閉じられたシステムで，同じ課題を絶え間なく遂行する。
■**動的にバランスをとっている**　開かれたシステムで，各部分が相互関連しているため，環境を監視しそれに適応することができる。

身体は成長し変化するものの、常に高度に組織された状態を維持している。

1960年代に初めて関心が寄せられてから数十年後、システム理論は、マス・コミュニケーション理論に実用面で最も大きな影響を与えた。メディアに関連するシステム理論については、10章で情報処理理論を取り上げるときに検討する。しかしここでは、この章で検討した社会的認知理論とシステム理論という2つの考え方が、両方ともマス・コミュニケーション以外の分野からきたものであり、マス・コミュニケーションを考える際の重要な転換のきっかけとなったことを覚えておく必要がある。

## システム・モデルの有用性

システム・モデルに対する批判は主に2つに分かれる。システム・モデルに内在する機械論的類推に反対する人文学者と、研究は因果的説明と予測に焦点を当てるべきだとする社会科学者の批判がそれである。これらの批判は互いにかなり違うものである。

システム・モデルを用いることに基本的に反対する人文科学者たちは、システム・モデルが非人間的で、単純すぎると考えている。彼らはシステム・モデルが精巧な隠喩、つまり類推を記述したものにすぎないと主張する。人文学者たちはシステム・モデルが、複雑な人間、あるいは複雑な社会的相互関係を適切に説明できるのが不満なのである。どう考えようと、人間は機械の部品ではない。家族関係は、旧式の懐中時計の機械装置のようなものではない。複雑な機械的システムでさえも、家族内の人間関係に比べると単純すぎるのである。人文学者たちは機械論的な類推を用いることで、私たちが人間の品位を下げ、人間の存在を矮小化すると恐れているのである。

システム理論家たちは機械的モデルを出発点として用いることを認めながらも、システム・モデルは非常に複雑な現象を表現するために改善できると論じている。機械的システムではなく、生物学的なシステムにもとづく新しいタイプのモデルも作られてきている。現在は、コンピュータによって、新しくて有望なモデルタイプの開発と適用が可能になっている。作用因（agent）間の複雑な相互関係が存在する複雑な社会システムの**シミュレーション・モデル**を作

ることも可能である。システムの動きをコンピュータでシミュレートしていくこともできる (Simon, 1981)。

　コンピュータで一定時間をかけてシミュレーション・モデルを実行させた後，その結果を実際の結果と比較することもできる。大きな相違が見つかった場合，実際のシステムの作用とほぼ同じ結果が得られるようになるまでそのモデルを改善することができる。こうしたモデルを，将来の予測に利用できるだろうか，あるいは利用すべきだろうか。さまざまなシステムに変化を引き起こす際に，その根拠として利用すべきだろうか。シミュレーション・モデルは，複雑な機械を統制し管理するのに有用であることがすでに証明されている。それと同様に社会システムに対しても有用なのだろうか。

　システム理論家たちは，自分たちは，さらに有用なモデルを作る能力があると楽観視しがちである。しかしながら，彼らはこうした主張を控え，システム・モデルの限界を明確にするよう気をつけている。多くの場合，理論家は，より大きなシステムの一部だけ，あるいは，複雑なシステムを短期間，モデル化するだけである。大きいシステムのモデルは，システム全体の長期的な作用を予測するには有用であるが，そのなかのある特定の部分の作用を説明するには有用でない。

## 因果関係の評価

　冷暖房システムのモデルでは，どの作用因が原因となり，どの作用因が影響を受けるのだろうか。暖房炉が自動温度調節装置を作動させるのだろうか。そうである。自動温度調節装置が暖房炉を作動させるのだろうか。これも，そうである。そうすると，この関係ではどちらが支配的なのだろうか。どちらがもう一方を制御しているのだろうか。こうしたモデルでは，どちらの作用因も明らかに支配的である，とはいえない。お互いに変化を引き起こしているのである。すなわち，フィードバックを含む非常に単純な処理装置でさえも，因果関係を見きわめるのは難しい。もしたった1回ある時点で暖房炉と自動温度調節

---

■シミュレーション・モデル　複雑な社会システムの作用を示すモデル。

装置を測っただけでは，これらの関係について完全に間違った印象を得てしまうだろう。こうした過程が，さらに多くの作用因やフィードバック・ループでいっそう複雑になると，影響の流れを整理するために図式が必要になる。しかし，こうした因果関係を明らかにしようとする試みはすぐ，意味のない作業であるということに気付くだろう。たとえば，私たちが他の人と相互に作用しあうときに生ずるシステムの複雑性を考えれば，ごくごく単純で非常に限定されたシステムや，システムの一部分のみを対象にする場合以外には，因果関係を明らかにするのは事実上不可能である。

　因果関係の説明と強力な規定因の把握は，限定効果パラダイムの中心的な問題であり，今でも多くの社会学研究者は，これこそが科学的な方法の本質であると考えている。したがって，システム・モデルに対して別の批判をしている一部の社会研究者が，システム・モデルでは明確な因果的説明ができないという理由で問題が多いと主張するのも驚くことではない。システム・モデルを用いれば複雑な相互関係のパターンをたどることができるが，こうしたパターンが複雑になればなるほど，多様な作用因が相互に及ぼす因果的影響を正確に把握するのは難しくなる。

　私たちは，システム・モデルで因果関係を把握するのは難しい，ということを気にするべきなのだろうか。因果関係を把握するという課題は，真に科学的な理論を開発するのに必要なことだろうか。あるいは，この理論が，ほかの，より限定的な目的のために有用であれば，それで満足すべきだろうか。もし，あるわずかな時間内に，ある状況で，ある役割を果たしている人々を洞察できる相互関係をシミュレーションできれば，それで十分だろうか。Xという役割をしている人がYという役割をしている人に対してもつ規定力が0.23であり，このYという役割をしている人がXに対してもつ規定力が0.35である，と言えなくてはならないのだろうか。シミュレーションを意味あるものにするために，こうした相互関係をどれくらい正確に理解する必要があるのだろうか。必要な時間と研究活動を考慮すると，どれくらい正確なシミュレーションができるのだろうか。

　因果関係を明らかにすることが重要であると論じる研究者は，因果関係への関心が低くなると，情報にもとづいた推測にすぎないものを基盤としてシステム・モデルを作って，用いることになると危惧している。システム・モデルが精巧であれば，構築されるコンピュータ・シミュレーションもすばらしいだろ

うが，それは実際的な目的に使えるのだろうか。因果的分散による説明を基準として用いないときには，こうしたモデルの有用性はどう評価されるのだろうか。あるモデルは特定の関係に適していて，各部分同士の相互関係をよく説明しているように見える場合もある。しかし，どうしたらそれについて確信をもてるだろうか。ある関係を同じように上手に説明するモデルが2つあって，それらが競合しているとき，そのうち1つをどうやって選ぶのだろうか。こうした批判をする人たちは，作用因間に複雑な相互関係があるモデルを構築することにはかなり懐疑的である。彼らは，システム・モデルは**非倹約的**，すなわち，変数が必要以上に多く，それらの相互関係が複雑すぎると考えている。

## 構造と機能への注目

　システム・モデルの3つめの限界は，システム・モデルを批判する一部の人が厄介だと思っている問題である。システム・モデルは現状維持しようとする傾向があるので，私たちは観察可能な構造，つまり機械の各部分に注意を向けがちになり，このような構造の機能や役割は主にシステム全体を維持しシステム全体のために働くことである，と見なすようになる。たとえば，「ある部分は，それがすべきことをきちんと遂行しているのか，正確にコミュニケーションをとっているのか，他の部分と適切な関係を維持しているか，システムを正確に作動させているのか」というような研究課題を提起するようになる。各部分の価値は全体への貢献度から評価されるのである。システムをこのように見ると，コミュニケーションにも関心をもつようになるかもしれないが，限られた視点でしか見られなくなる。コミュニケーションを，神経システムや循環システムが身体の各器官を連結するのとほとんど同じように，単に各部分を連結するものとして見るようになる。コミュニケーションは主に命令し統制するための手段として働くものである。身体のなかでは，ある器官がほかの器官に何をするか伝える。このような生物システムではコミュニケーションがうまくいったかどうか，システム全体の作用を見て判断する。システムが，やるべき課題を遂行している場合，コミュニケーションは適切だったに違いないと結論づ

---

■**非倹約的**　必要以上に多い情報を含んでいること（倹約的の反対）。

ける。システムがうまく機能してないと思われる場合は，コミュニケーションの問題点を探す。しかし，システムはときどき失敗するものである。システムはときには必要に応じて変形する。既存の構造が機能しなくなり，新しい構造が取って代わるのである。このような場合には，コミュニケーションは必然的にかなり違う役割を果たすことになるだろう。

　命令と統制に対する関心を考慮すると，現状維持の傾向があるシステム理論は，個々のメッセージの内容に表面的な関心しかもたない傾向がある。メッセージを検討する場合でも，システム全体のなかでメッセージがもつ機能，すなわち，システムを維持するための相互関連機能やシステムを管理するための適応機能に応じて，すぐ分類してしまう傾向がある。曖昧で，正確でないメッセージはシステムの機能を悪化させ，失敗させてしまう可能性があるため，メッセージの正確性と明瞭さが重視される。メッセージは，相互に連絡をとりあいシステムを統制するという目的しかもたないものと見なされる場合が多い。こうしたシステム理論では，コミュニケーションによって，予想外の結果，あるいはインパクトの大きい結果がもたらされる可能性がほとんどなくなってしまう。システム理論では，コミュニケーションがシステムの構造や長期的な目標を根本的に変える力をもつ場合があることや，そうした力をもつ必要があるということを認めない。

　より最近のシステム理論である**第2次サイバネティクス理論**（second-order cybernetic theory）は，現状維持の傾向を克服しようとする。この理論では，重要なシステムの多くは，頻繁に，また継続的に，根本的で，多くの場合無秩序に構造変換する，としている。こうした変化は非線型的といわれ，単に過去のシステム活動を検討することでは予測できない。これについてジェームズ・グリークは次のように説明している。

> 私たちの世界には複雑なことが多く，自然の習性を全体的に理解するために科学に頼っている人たちには，無秩序の法則がより役に立つだろう……自然はパターンを作り出す。空間的に秩序立っていても時間的には無秩序なものもあり，時間的に秩序立っていても空間的には無秩序なものもある（1987, p.380）。

■**第2次サイバネティクス理論**　多くのシステムは頻繁に，あるいは継続的に，根本的で，多くの場合無秩序に，構造変換するとする理論。

第8章　支配的なパラダイムへの挑戦　　309

## インスタント・アクセス

### システム理論

【有効性】
1 ミクロなレベルの理論としても，マクロなレベルの理論としても概念化できる。
2 コミュニケーションをプロセスとして説明している。
3 非常に多様なコミュニケーション過程のモデル化に利用できる。
4 マス・コミュニケーション理論を単純な線形効果概念を超えたものにした。

【限界】
1 因果関係を把握するのが難しい。
2 多くの場合あまり単純すぎて，複雑なコミュニケーション・パターンは示せない。
3 一部からは機械論的で非人間的であると指摘されている。
4 コミュニケーションの本質を無視し，観察できる構造に焦点を当てる。
5 非倹約的である。

グリークはその一例として生態学的システム理論の発達をあげている。単純なモデルは，「自然のバランス」の存在を仮定している。「モデルには，均衡状態があり，植物と動物の世界は，その均衡に近い状態を維持している，と仮定している」(1987, p.315)。しかし，こうしたモデルは，さらに複雑なモデルに取って代わられる。グリークによれば，「従来のモデルは，自らの線形傾向によって裏切られている。自然はそれよりもっと複雑なのである……無秩序は，生態学において最も長く前提とされていたことを覆すことになるかもしれない」(1987, p.315)

大きく変化している機械的システムや生物学的システムでは，変形力のあるメッセージが中心的役割を果たしうる。システムが，混乱している発達段階を通りぬけたり，既存構造の限界を克服しようとする場合，変形力のあるメッセージが必要となるかもしれない。表面的にはこうした変化は悲惨に見える。古いシステム構造から見ると，それは破壊的なものである。しかし，古いシステムが克服されるためには，かなり急進的な変化が必要である。新しい関係が形成されなければならないし，そして下部構造も新しく作られなければならない，その結果変形したシステムが立ち現われる。たとえば，森林の大部分ではなく

一部分の森林火事に限れば，それは，実際は環境のバランスに悪影響を与えるというより環境のバランスを維持するのに役立つ，という現代の生態学的な考え方の背後にも，この考えがある。第2次サイバネティクス理論はこうした変形に焦点を当てており，それを恐れたり，抑制するというより，理解しようとするものである。(Gleick, 1987)。

したがって，単純で，動的にバランスがとれていて，変化しないシステムのなかでは，コミュニケーションの役割はかなり限られている。私たちはコミュニケーションのこの役割についていろいろと想定することができるし，コミュニケーションを，その正確性と明瞭さに焦点を当て検討することもできる。常に変貌を遂げる複雑なシステムでは，メッセージはさまざまに働く可能性がある。たとえば，曖昧なメッセージは，同時にさまざまな働きをすることができるので，意図的に伝達されるかもしれない。クラウス・クリッペンドルフ(1986)は，「独創的な研究や，政治的な発言で，故意に曖昧にしているときがあるように，ノイズを必ずしも好ましくないと思う必要はない」と指摘している（p.21)。彼は，ノイズが混乱を引き起こさないで，むしろ機能的で，有用なシステム・モデルを構築することは可能であると論じた。

システム・モデルを批判する人たちは，システム・モデルがあまりにも多くの場合，コミュニケーションの狭い範囲に関心を限定させてきたと指摘する。複雑な問題が，正確さとチャンネルの容量という単純な問題に縮小される。しかし，こうした批判は第2次サイバネティクス理論家たちによって論じられたもので，彼らはより精巧なコミュニケーション形態を扱うシステム・モデルを作り出すことが可能であるとしている。

## まとめ

新しいメディアはいつも，たまたまそのメディアの導入時に起こった社会問題のせいで批判を受ける。それでも青少年に対するメディアの影響を分析した限定効果研究の多くは，もしメディアが影響していても，少なくとも教会，家族，学校のような伝統的な機関によって軽減されていると結論づけた。しかし，1960年代に，テレビのような強力で新しいメディアが大量に普及し，社会に重要な変化が起きると，青少年に対する伝統的な機関の影響は弱まり，メディア

と視聴者の攻撃性に関して鋭い視点がいくつか示された。

カタルシスという視点，つまり，暴力映像を視聴することが，視聴者が実際に暴力を振るうことの代わりになるという視点は，結局，信憑性がないとされた。

社会的認知理論が，人々がどのようにテレビから行動を学習するのか理解するための有用な方法であることは証明されたが，この理論は解明されていない多くの問題を残している。特に，この理論の視点が，マクロレベルの影響の説明については，ミクロレベルの分析から（それらの視点はもともとミクロレベルで考案された）推定されたものである，というような問題である。

攻撃の手がかりとプライミング効果の研究は，発達論的視点がそうであったように，社会的認知理論にいくつかの特性を追加しようとした。青少年オーディエンスに関するもう1つの説明であるテレビ視聴の能動理論は，メディア効果を否定するわけではないが，視聴者は，メディアとの相互作用に，社会的認知理論が示唆する以上の影響を与えているということを示した。

1950年代と1960年代のシステム理論の台頭に力を得て，理論家たちは，マス・コミュニケーションの単純で線形的なモデルを超えて前進した。通信工学の技術者によって開発された概念は，マスメディアのシステムにも適用された。システムというのは，各部分のセットから成っており，各部分は相互に関連づけられていて，ある部分が変化すると他の部分にも変化が生じる。このシステムの研究というのは，複雑な機械を統制し管理する研究であるサイバネティクスから発展してきたものである。システム理論があれば，さまざまなシステムの相互依存性や，自己調節性，目的志向性を示すモデルを作ることができる。またシステム理論によって，閉じられた（恒常的）システムと，開かれた（動的にバランスのとれた）システムを視覚化することも可能である。システム理論を，マス・コミュニケーションへ適用することは，限定効果パラダイムを再考するこの時期に多くの重要な問題を提起しているが，第10章で検討するように，数十年後には最も価値のある実を結ぶだろう。

### さらに深く検討しよう！

**1** メディアの暴力描写とそれを見た後の視聴者の攻撃性との関係は，メディア効果について最もよく議論される問題の1つである。じつに数百の

優れたウェブサイトがこの問題を扱っている。次に，特に興味深いものを紹介しておこう。

アメリカ心理学会（The American Psychological Association）
http://www.apa.org/

テレビ効果研究センター（Center for Research on the Effects of Television, CRETV）
http://www.ithaca.edu/cretv

子ども，青少年，メディア研究センター（Center for the Study of Children, Youth, and Media）
http://www.ccsonline.org.uk/mediacentre/main.html

アメリカ公衆衛生局長官事務局（The Office of the Surgeon General of the United States）
http://www.surgeongeneral.gov/sgoffice.htm

**2** システム理論とサイバネティクスはインターネットとWWWに打ち込んでいる人々にとって当然関心があることがらだろう。次のサイトは多数のサイトのなかでも，これらの分野について一般的な知識をもっている学生にきっと役に立つだろう。またこのサイトはほかの魅力的で意欲をかき立てるようなサイトへのリンクも豊富である。

プリンシピア・サイバネティクス・プロジェクト（The Principia Cybernetics Project：サイバネティクスとシステム理論分野に関連する文献のリンク）
http://pespmc1.vub.ac.be/masthead.html

**3** インフォ・トラック学生版を使って，できるだけ多くの心理学ジャーナルの目次をざっと見てみよう。アルバート・バンデューラとレオナルド・バーコビッツを探してみよう。バンデューラは，社会的学習と社会的認知理論とほとんど同一視される名前であり，バーコビッツはこれらの理

第8章 支配的なパラダイムへの挑戦

論をメディア効果，特に暴力問題に適用した指導的な人物の1人である。彼らの論文のなかで興味のあるものを1つずつ選んでこれらの理論が実験でどのように検証されているのか検討してみよう。

**4** インフォ・トラック学生版を使って，できるだけ多くの心理学，社会学，政治学，経済学，コミュニケーション関係のジャーナルの目次を検討してみよう。システム，システム理論，サイバネティクスという単語を検索してみよう。各分野でそれぞれ独自に扱っているテーマを発見することができるだろうか。つまり，経済学者はシステム理論をこう扱っているが，社会学者はそれとは違うかたちで，コミュニケーション理論家はまたそれとは違うかたちで扱っている，という場合があるだろうか。

### 批判的思考のための問い

**1** あなたが子どもの頃，テレビに対する家族の態度はどうだっただろうか。あなたの家では子どもがテレビを見ることに何かルールのようなものがあっただろうか。

**2** 10代以前と10代はじめの頃を思い出してみよう。そのときに学んだ教訓で今でも残っているものは何かあるだろうか。それは，学校，教会，家族からのものだろうか，あるいはメディア，友達からのものだろうか。それはどのようなものだろうか。

**3** あなたの実生活からメディアによる社会的認知の例を考え出せるだろうか。それは，模倣の例だろうか。同一視の例だろうか。

**4** システム・モデルの主な要素をあげ，簡単に説明してみよう。そしてあなたの仲間集団をシステムとして説明してみよう。そこではどんな要素がメンバーを結びつけているのだろうか。その集団の目標は何だろうか。いろいろあげてみよう。それらの目標を確実に達成するために，システムはどのように役立っているだろうか。

## 重要な人物と文献

Ball-Rokeach, Sandra J. (2001). "The Politics of Studying Media Violence: Reflections 30 Years After the Violence Commission." *Mass Communication & Society*, 4, 3-18.

Bandura, Albert (1971). *Psychological Modeling: Conflicting Theories*. Chicago: Aldine Atherton. (バンデュラ編『モデリングの心理学——観察学習の理論と方法』原野広太郎・福島脩美共訳，金子書房，1975)

Bryant, Jennings, and Daniel R. Anderson (1983). *Children's Understanding of Television: Research on Attention and Comprehension*. New York: Academic.

Buckley, Walter (1967). *Sociology and Modern Systems Theory*. Englewood Cliffs, NJ: Prentice Hall. (バックレイ『一般社会システム論』新睦人・中野秀一郎訳，誠信書房，1980)

Jordan, Amy B. (1996). *The State of Children's Television: An Examination of Quantity, Quality, and Industry Beliefs*. Philadelphia: Annenberg Public Policy Center.

Krippendorf, Klaus (1986). *Information Theory: Structural Models for Qualitative Data*. Newbury Park, CA: Sage.

Liebert, Robert M., and Joyce N. Sprafkin (1988). *The Early Window: Effects of Television on Children and Youth*. New York: Pergamon.

Potter, W. James (1997). "The Problem of Indexing Risk of Viewing Television Aggression." *Critical Studies in Mass Communication*, 14, 228-248.

Wiener, Norbert (1954). *The Human Use of Human Beings: Cybernetics and Society*. Boston: Houghton Mifflin. (ウィーナー『人間機械論——人間の人間的な利用』鎮目恭夫・池原止戈夫訳，みすず書房，1979)

## 監訳者・訳者紹介

**宮崎寿子**（みやざき・としこ）【監訳，序章，1章，12章】
1951年生まれ。国際基督教大学卒業，同大学大学院修士課程修了，オランダ・ライデン大学，アムステルダム大学客員研究員。東京工科大学メディア学部教授を経て，現在FCTメディア・リテラシー研究所所長，代表理事。
主な著訳書に『マスメディアと社会』（J・カラン他編，共訳，勁草書房），『メディア・リテラシーを学ぶ人のために』（共著，世界思想社），『表現する市民たち』（共編著，NHKブックス），『メディア・リテラシーの現在と未来』（共著，世界思想社）などがある。

**李　津娥**（イー・ジーナ）【2章，5章，8章】
1967年生まれ。韓国延世大学新聞放送学科卒業，同大学大学院修士課程修了，慶應義塾大学大学院社会学研究科博士課程修了。現在東京女子大学現代文化学部コミュニケーション学科准教授。
主な著書・論文に『現代社会心理学』（共著，慶應義塾大学出版会），「テレビ・コマーシャルを題材としたコミュニケーションに関する探索的研究」（『広告科学』），「広告とユーモア知覚」（『日経広告研究所報』）などがある。

**李　光鎬**（イー・ゴアンホ）【3章，4章，11章】
1963年生まれ。韓国延世大学新聞放送学科卒業，同大学大学院修士課程修了，慶應義塾大学大学院社会学研究科博士課程修了。東京工科大学メディア学部教授を経て，現在慶應義塾大学文学部教授。
主な著書に『変容するメディアとニュース報道』（共著，丸善），"Media and Conflict"（共著，Transnational Publishers），『現代社会心理学』（共著，慶應義塾大学出版会）などがある。

**鈴木万希枝**（すずき・まきえ）【6章，7章】
慶應義塾大学文学部卒業，同大学大学院社会学研究科博士課程修了。現在東京工科大学メディア学部准教授。
主な論文に「消費者の情報探索におよぼす知覚されたリスクの影響」（『社会心理学研究』）がある。

**大坪寛子**（おおつぼ・ひろこ）【9章，10章】
1957年生まれ。国際基督教大学卒業，慶應義塾大学大学院社会学研究科博士課程単位取得退学。現在，慶應義塾大学メディア・コミュニケーション研究所研究員，武蔵大学社会学部非常勤講師。
主な著訳書・論文に『テレビと外国イメージ』（共著，勁草書房），『ステレオタイプとは何か』（C・マクガーティ他編，共訳，明石書店），「明示される米国イメージに暗示される日本イメージ」（『メディア・コミュニケーション』）などがある。

## 著者紹介

**スタンリー・J・バラン**（Stanley J. Baran, Ph.D.）
ブライアント大学（アメリカ合衆国ロードアイランド州，スミスフィールド）教授，コミュニケーション学科長。ペンシルベニア州立大学でジャーナリズムを専攻し修士を終えたのち，マサチューセッツ大学でコミュニケーション・リサーチを専攻し博士号を取得。学生指導に関して数多くの賞を受賞している。最近ではフルブライト奨学金の，コミュニケーションやメディア関係の分野の審査に貢献。また，5専門誌で編集委員会に名を連ねている。10冊の著書のほか学術記事を多数執筆。著作はこれまで6カ国語に翻訳されている。

**デニス・K・デイビス**（Dennis K. Davis, Ph.D.）
オタゴ大学（ニュージーランド，ダニーデン市）教授，コミュニケーション学科長。ペンシルベニア州立大学コミュニケーション学部のメディア学教授職と映画・ビデオメディア学科長職は休職中。1967年にミネソタ州のセント・オラフ大学を卒業し，1973年にミネソタ大学のジャーナリズム＆マス・コミュニケーション学部で博士号を取得。1994〜1997年には『ジャーナル・オブ・ブロードキャスティング・アンド・エレクトロニック・メディア』の編集長を務めるほか，数々の専門誌の編集委員を務めている。1979〜1980年には，フルブライトのプログラムで，オランダとベルギーでシニア講師を務めた。

---

マス・コミュニケーション理論　上
メディア・文化・社会

初版第1刷発行　2007年5月1日©

著　者　スタンリー・J・バラン
　　　　デニス・K・デイビス
監訳者　宮崎寿子
訳　者　李　津娥・李　光鎬
　　　　鈴木万希枝・大坪寛子
発行者　堀江　洪
発行所　株式会社新曜社
　　　　〒101-0051　東京都千代田区神田神保町2-10
　　　　電話(03)3264-4973(代)・FAX(03)3239-2958
　　　　e-mail info@shin-yo-sha.co.jp
　　　　URL http://www.shin-yo-sha.co.jp/

印刷　銀　河　　　　　　　　　　　Printed in Japan
製本　イマキ製本所
ISBN978-4-7885-1050-0　C1036

――――――― 好評関連書 ―――――――

J・メイロウィッツ／安川一・高山啓子・上谷香陽 訳
### 場所感の喪失 上
電子メディアが社会的行動に及ぼす影響

四六判416頁
本体3800円

異なる場所に同じ経験を強いる電子メディアがもたらす変化の本質。メディア論の古典

---

C・マーヴィン／吉見俊哉・水越伸・伊藤昌亮 訳
### 古いメディアが新しかった時
19世紀末社会と電気テクノロジー

四六判512頁
本体4500円

電灯，電信，電話，ラジオなどが実用化されていった時代のメディア状況を活写する

---

C・A・バウアーズ／杉本卓・和田惠美子 訳
### コンピュータを疑え
文化・教育・生態系が壊されるとき

四六判272頁
本体2800円

コンピュータ依存社会が招く「文明の危機」は，どこで，どのように進行しているのか

---

P・バーク／井山弘幸・城戸淳 訳
### 知識の社会史
知と情報はいかにして商品化したか

四六判410頁
本体3400円

知はいかにして社会的制度となり，資本主義社会に取り入れられたか，を鮮やかに展望

---

花田達朗・吉見俊哉・スパークス 編
### カルチュラル・スタディーズとの対話

Ａ５判672頁
本体5500円

Ｓ・ホールらを迎えて熱気に満ちた対話と討論を交わした記念碑的な知の饗宴の記録

---

B・サンダース／杉本卓 訳
### 本が死ぬところ暴力が生まれる
電子メディア時代における人間性の崩壊

四六判376頁
本体2850円

メディアと人間性の発達との関係への深い洞察から生まれた「書物復興」への熱い提言

---

R・ダーントン／近藤朱蔵 訳
### 禁じられたベストセラー
革命前のフランス人は何を読んでいたか

四六判400頁
本体3800円

「マントの下」で流通していた書物によって，革命の気分が醸成されていく過程を描く

――――――― 新　曜　社 ―――――――

（表示価格に税は含みません）